逻辑交易者

把 ACD 方法用到极致

马克·费舍尔（Mark B. Fisher）◎著　　朴　兮◎译

The Logical Trader :
Applying A Method To The Madness

保罗·
都铎·琼斯
郑重推荐

北方联合出版传媒（集团）股份有限公司

万卷出版公司
VOLUMES PUBLISHING COMPANY

著作权合同登记号： 06-2009年第355号

ⓒ 费舍尔 2010

图书在版编目（CIP）数据

逻辑交易者：把ACD方法用到极致／（美）费舍尔著
；朴兮译．--沈阳：万卷出版公司，2010.5
（引领时代）
ISBN 978-7-5470-0867-6

Ⅰ．①逻… Ⅱ．①费…②朴… Ⅲ．①股票—证券交
易—基本知识 Ⅳ．① F830.91

中国版本图书馆 CIP 数据核字（2010）第 079387 号

出 版 者	北方联合出版传媒（集团）股份有限公司
	万卷出版公司（沈阳市和平区十一纬路29号　邮政编码　110003）
联系电话	024-23284090　　**邮购电话**　024-23284627
电子信箱	vpc_tougao@163.com
印　　刷	北京天来印务有限公司
经　　销	各地新华书店发行
成书尺寸	165mm × 245mm　**印张**　15.5
版　　次	2010年7月第1版　2010年7月第1次印刷
责任编辑	李春杰　　　　**字数**　225千字
书　　号	ISBN 978-7-5470-0867-6
定　　价	45.00元

丛书所有文字插图版式之版权归出版者所有 任何翻印必追究法律责任

热情地感谢我的爷爷山姆，是他的教导让我知道，对人的投资比对智力的投资更为重要。

Contents
目　录

5

| 前言 |

20世纪80年代早期，在纽约商品交易所的白银交易池里，我第一次遇见马克·费舍尔。那时他常常在那边做白银期货，我却很少过去。交易池里的交易商们举止都十分"绅士"。那一次，在交易所楼上经纪公司工作的一个朋友给了我一个指令，要买200张白银合约，这就如同把一块血淋淋的鲜肉，扔进了一个狮笼，里面有几只饿得半死的狮子。记得当时马上就有四五个情绪激昂的自营商扑过来，大声蛊惑，滔滔不绝，我应接不暇，只看见一个人胸牌上写着"FSH"（费舍尔名字的字头，交易所大厅里的人们都这么叫他）。就像他平时一样，费舍尔凭直觉就准确地知道我需要买进多少。他一直在等，我还差二三十张合约的时候，他以收盘前的最高价卖给了我。他就是这样，没有人比他更棒，也不会有人比他做得更好，马克·费舍尔总是能嗅出交易池里的经纪人要执行多少指令。

你读这本书后不久就会发现，马克·费舍尔身上充满了一种人类通常情况下不会具备的能量。从这一点上，说他是个"控制狂"简直都是贬低。但对于那些想要学习交易并肯花时间来阅读这本书的人说来，毫无疑问，费舍尔拥有救世主情怀，愿与公众分享他研究出来的成功方法，这的确是一个值得充分利用的好机会。他有条有理，系统翔实地介绍了如何进场交易，创造可观的报偿／风险机会。对于所选择的任何一种交易时间期，从即日交易到长线持仓，都可以运用他独到的方法，创造有利的交易机会，就能带来丰厚的回报，很多人已经成功实践了他的方法。我对此有所了解是因为在做场内操作的时候，许多为我工作的员工成功地应用了他的方法，获得了巨大的收益。

马克的交易经验和ACD系统，提供了非常有价值的蓝图，帮助那些在交易行业中刚刚起步的人们取得成功。他的交易方法的核心就是铁的纪律，这是他多年来作为一个经纪人的标志。贯穿本书他一再强调，对于交易者来说，最为重要的就是判断出犯错时的离场止损点。如果交易者们不能从这本书中学到其他的东西，学会在哪里止损离场，也将会使他们避免遭受身体、情感和资金上的痛楚。

除了给出一套逻辑严谨的进场交易方法外，马克还和读者分享了许多故事。这些故事讲述了一些与他共事多年的交易商们，在交易大厅里上演的崩溃和突破的戏剧场面，让人忍俊不禁。第07章名为——ACD版"雷普利的信不信由你"[①]，讲述了一些发生在交易所里的真实故事，让人有些觉得匪夷所思。经验老到的交易人会从中看见自身的弱点，新手会从交易行家的错误中汲取教训。

每每遇到对学习交易业务感兴趣的人，我总是给他们推荐四本书，我认为这些都是这个行业里的圣经：埃德温·利弗尔的《股票做手回忆录》，一部关于一个虚构人物杰西·利弗莫尔的传记；麦吉和爱德华所著的《股票趋势技术分析》，是20世纪上半叶出版的一本书，其基本原则如今仍然适用；罗伯特·普莱切特和A.J.弗罗斯特的《艾略特波浪理论家》，也是一部经典；杰克·史瓦格的《市场奇才》，是一部对一些杰出交易人的访谈辑录。《股票做手回忆录》是一部非常有意思的书，它深度描绘了人们在交易和看盘过程中所经历的情感峰巅和低谷。《股票趋势技术分析》和《艾略特波浪理论家》对于如何进入市场，获取最佳报偿／风险率，提供了非常具体和系统的方法，如果方法适当，考虑周密，每一笔交易都应取得良好的收益。最后，《市场奇才》是一本好书，书中讲述自己故事的每一个真实的交易人，都反复地强调一个教训，即要想赚到一大笔钱，你首先必须学会如何在犯错时减少损失。

注 释

[①]"雷普利的信不信由你"：原文是Ripley's Believe It or Not。这是美国雷普利娱乐公司的著名的注册商标，该公司专门销售关于内容怪诞的事件和物品的商品，包括音像、电视、书籍系列、弹球游戏以及博物馆展览品等。

在这里我提到另外一本书，是因为读过《逻辑交易者：把ACD方法用到极致》之后，我要将费舍尔的这本书添加到推荐给交易初学者的必读书单上来。见证过成百上千的交易人，在都铎集团进入交易行业的大门，我总是感到惊奇，因为他们总是用各自不同的方法，进入市场并收获利润。这些赚钱的方法即使没有几百种，也确实有几十种。他们的交易技巧不同，但是在这些方法的背后，最终都有共同的特征，那就是创造可观的报偿／风险率，这也正是《逻辑交易者：把ACD方法用到极致》所直言不讳的内容。这本书提供了一套完整的、系统的方法，能有效地应用到市场的杠杆中去，获得显著收益。一个史上最成功的场内交易人，愿意与我们分享他的卓见，我们怎能不带着感激去侧耳倾听呢？在我与他相识的20年里，马克·费舍尔在他生活的每个方面都是一个慷慨大方的人，他给予自己认识的和不认识的人们许多无比宝贵的财富，这本书仅仅是其中的一个。谢谢你，马克。

保罗·都铎·琼斯

都铎投资公司主席兼CEO

致谢

开始决定写这本书的时候，我认为这是易如反掌的事情。我对自己说，没什么问题，两个月后就会大功告成。事实上，当时我对自己将要面对的状况所知甚少。

没有乔伊·特雷诺瓦，这本书根本写不成。我们俩花掉无数个小时写作、编辑、重写，希望使本书尽可能地惠及更广泛的读者大众。我也要感谢塞思·科恩，他是我最欣赏的实习生，他帮忙把所有的图表插入到本书中来。还有，我说不准应该感谢他还是应该掐住他的脖子，我的朋友迈克·瓦拉赫，就是他最先建议我进行这个写作计划的。

最后，尤其要感谢帕特里夏·科立沙佛利。开始写作本书时我曾提醒过她，尽管她早已习惯同芝加哥商业交易所和芝加哥期货交易所的交易商们打交道，但同一伙来自纽约的疯子们一道工作可是完全不同的游戏！她的柔韧和耐心在本书中的每一页中都能体现出来。

| 导言 |

一个交易人的计划

在交易中，就像在生活中一样，你需要一个计划。这个计划不仅包括微观的——你做的每一项交易的策略，也包括宏观的——即你为什么做交易，你打算如何达到目标（你实现最终结果的方法），以及如果无效你将采取什么替代的方法。在20年的交易生涯中，我花了基本上同样的时间教给其他人如何去做交易，结果我发现大部分人都无法按照计划交易。从微观的层次来说，大部分交易者在交易时没有纪律，他们总以为是在顶部卖出了，结果市场继续上涨；或总想在底部买入，结果市场却继续下跌。他们无法管理好自己的风险、资金和自身。对于新手来说，有个交易计划至关重要，即使对经验老到的交易人也同样重要。

在宏观意义上，极少有人对自己要在生活中得到什么有清晰的想法。我在来我们公司进行暑期实习计划的实习生身上不断看到这种现象。这些实习生有高中生、大学生，以及来自各种不同背景而有志于从事交易的人。每年我带25-30个暑期实习生，其中包括一些毕业于哈佛、沃顿或其他常春藤联盟学府商学院的学生，还有一些人甚至高中没有毕业。我总是试图囊括一些来自贫困家庭和工人街区的孩子们，我认为来自各种不同背景的人在一起工作很重要。我带暑期实习生的原因既是利他的也是利己的，一方面，我想回报于人，因为很久以前有人曾经给我机会；另一方面，也很希望借此发现天赋优秀的交易人，并招募他们来为我工作。这也是我写作本书的原因。

根据在暑期实习计划里的所见，我得告诉你，一个人的教育背景和成功的交易生涯真的关系不大。尽管我本人得到了宾夕法尼亚大学沃顿商学院最优等成绩的MBA，我还是坚持这么认为。最关键的是计划，你要有计划。计划帮助你到达要去的地方。还要有一个备援策略，即如果计划失利怎么办。

优秀的交易人还要有其他的品质，其中包括像运动员那样能看到运动场全景的能力，这个话题我们在引言的后面部分会继续讨论。现在，我们先集中探讨计划，这是本书的主题。

《逻辑交易者：把ACD方法用到极致》，确实是根植于我自己作为一个交易人的经验和多年来成功交易所应用的计划。而且，这些年我把这个方法传授给了大约四千人，包括大约有300-500位纽约商品交易所的交易人，我自己也在纽约商品交易所工作。我个人所拥有的MBF清算公司也开在这里。MBF是纽约商品交易所最大的一家清算公司，负责清算全世界五分之一的原油期货合约和四分之一的天然气期货合约，详情请参见我们的网站www.mbfcc.com。我也教授我们公司的50多位证券自营商来使用这个系统，他们在一层交易大厅工作，或者在楼上的经纪公司办公室工作，负责交易能源、私人股票和其他商品期货。换句话说，这个方法已经得到广泛的检验、调整和应用。

我刚刚创办清算公司的时候，急需客户，这是显而易见的，但我没有尝试用比他人略低的清算率招揽客户，或用这种方法来保持客源。因为我知道，交易人真正的优势是学会如何交易，正像我多年来掌握的一样，我开始学习的时候也还只是个孩子。"授人以渔，养其一生。"我想也可以这么说："授人交易，必将得到忠实一生的客户"。由此，《逻辑交易者：把ACD方法用到极致》诞生了。这本书总结了我使用并传授的方法，以及它所包含的许多教训。

在我尝试传授的四千人中，大概有一半是在课上打瞌睡的，他们并没有真正的学习兴趣。有二千人投注了相当的注意力，学到了一些知识。其中，大概有一千人实践了他们学习的知识。别以为这会让我这个老师颇感失望，事实并非如此，因为应用这种方法的一千人中，大概有一百人每年从交易中得到超过75,000美元的收入。对于一个清算公司来说，这是一个多么理想的客户群啊。

这个统计数据将对读者很有启发，它将告诉你这套交易系统不仅对我卓有成效，对其他应用的人来说效果也相当好。并且，不论你在交易大厅做场内交易，还是做场外交易，不论你做商品交易，还是私人股票交易，都同样有效。你可以在家里应用，也可以到即日交易室应用，或者在交易大厅也是一样。只要市场上波动性和流动性充足，就可以运用这套系统。根据我教授这套方法的经验来看，我敢说，它将会极大地提高你成功的机率。我总结了一下，在正常情况下进场交易，成功机率大概是10%—15%，但对于我教过的交易人来说，成功机率大概有40%—50%，这基本上达到了3倍。

当然不能仅听我一个人的观点，这本书里还讲述了很多应用这套交易方法的其他交易人的故事、例证和趣闻。如果你还是心存疑虑的话，请看那些为这位量子基金经理，传奇人物保罗·都铎·琼斯工作的场内经纪人，多少年来我就是他们的老师。

我的交易方法，我所说的ACD，不是魔法，也不需要你去购买昂贵的软件来应用。这是一套条理分明的系统，如果你不介意的话，我要说，这些年来我一直努力把它做成一套完全的傻瓜系统。这套系统给你提供执行交易的参考点：A点和C点进场，B点和D点离场。用ACD方法，你能计算出一个价格，在其上方你要做多，在其下方你要做空。然后运用其他的基于ACD方法的指标和量度，你就能设计出一个基于现行价格和市场走势的交易计划来。要查看相关评论和ACD系统的参数，请登录我们的网站www.thelogicaltrader.net。

你也可以把ACD系统和自己的交易规则和风险管理结合起来。事实上，这套系统凭借严格的纪律能够控制风险，保护资金。我不欣赏会引起大起大落的交易方法，即便那可能会有一两个大额交易的赢利机会（但愿如此）。我主张从亏损的交易中快速撤离，即我所说的找"下一个"机会的概念。还要有一个让你的赢利快速上涨的计划和目标。或者，也可以用ACD系统来帮助你确认自己的信号，知道何时赢利机会最大，风险最小。我想把它叫做知道什么时间去踩油门。如果整个系统一系列指标相继出现，看起来局势良好，那就去踩油门。如果你不按计划行事，任意而为，这套系统会帮助你把脚撤离油门，踩住刹车，这种情况我们每个交易人都会遇到。换句话说，如果是一个盲目的交易，那至少要做得投入小一些。

如果你觉得这听起来简便可行、逻辑严谨，那恭喜你发现了这套系统的精妙之处。ACD系统不是质能方程，不是量子物理，甚至不是代数，它简单得很，就和算术一样，而这就是这套系统的好处。

不妨把ACD系统想像成一个倒三角形。最下面的一点就是支点，支撑整体的平衡。这一点就是ACD参考点，没有它整个结构就会坍垮，其他指标和方法都叠加在ACD方法之上，没有这个基础，其他的都不能使用。

同时，我还会讨论到一些非常重要的、和ACD相关的交易心理教训，可以应用到任何交易风格和方法中，包括：

- 要有参考点
- 赌博理论
- 自负要不得
- "下一个"概念
- 为什么说"没有付出就没有收获"不正确
- 最大仓位，最小风险
- 好消息，坏行动
- 为什么最难做的交易就是最好的交易

开始讲解这套方法之前，我来解释一下它的起源。这套系统是我在宾大沃顿商学院所做研究的一部分。读书期间，我就是一个全职交易员，不得不竭尽全力同时应对两个要求性都极高的角色。因为不可能同时出现在两个地方，我就雇了一个替身：一个收钱帮我在课堂做笔记的同学。协议是，如果我以优异成绩毕业，就要把她带到商品交易所大厅，给她做交易实习生的机会，租给她一个交易人的座位。这期间，我过着双重职业身份的生活：每天做交易到午后2点左右，下午从纽约乘美铁到宾大，听沃顿商学院的晚间课程，晚上或者第二天早上返回纽约，如此周而复始。

对我来说，这就是我的计划。当然，我也可以跳进交易池然后就待在里面，我一直都工作在商品交易市场里。准确地说，当我还是未成年时，就已经在一个经纪公司里当传递员，以后一直都在这个环境里工作。但我知道，人生计划中需要一个备援方案，如果由于某种原因交易工作不再适合我，我还可以去从事别的工作，所以我才去沃顿商学院，在一个速成的项目中攻读MBA。有了这个学位，我就可以到投资银行工作，甚至到交易所楼上的经纪公司里工作。我相信交易工作是我的职业，但不能把这个职业当做障眼罩。除非知道如果需要的话，有另外的职业证书做备援，我不能把自己锁定在交易工作中。

在沃顿商学院，我学习了随机游走理论，市场有效性理论和其他一些讲述你不可能打败市场的理论。怀着对母校教授们应有的尊敬（我本人也常常去那里做客座教授的），我必须承认，作为一个有20年经验的交易人来说，如果可能，我想证明那些理论是错的。我在交易市场中长大，从18岁起就用我祖父的账户定期交易。我相信交易市场不是随机的，尽管看起来好像是这样。我相信交易市场藏有规律，可以识别，可以分析，可以策划，然后用做指南。

我12岁的时候，嘻皮笑脸地央求一个邻居给了我一个在商品交易所里当传递员的工作，从那时起就在交易市场里面摸爬滚打。多少年来，每天都在研究《华尔街日报》上刊登的市场数据，上面有各种商品的开盘价、收盘价、最高价和最低价的数据。每当从这些数据中看出一些门道来，都使我着迷，似乎能够驳倒市场是随机行为的观点。为了证明这种观察，我去找教我的金融学教授，告诉他我要做一个有关市场预测模型的研究课题，主题是设计出一个在商品期货市场上短期交易获利的模型。为了这个课题，我研究了大豆，白银（我曾经跟随纽约商品交易所里最大的白银经纪商学习过，他负责亨特兄弟公司的业务）以及美国短期国债。

我收集数据并认真分析，研究的结果就是交易模型ACD的基础。今天我还在运用，而且会在本书中教给你。如果在某一点上你不能理解某个概念，请回过头来重新开始。本书的结构就像这套交易系统一样，始于ACD，然后随之不断增添概念和层次。

这个系统本身无法提高你作为一个交易员的业绩。你还必须讲求纪律，严格执行系统，接受系统所产生的预警信号，犯错时快速止损离场，然后继续寻找下一个机会。这就需要你在进场前不断检查自己的心态，摆脱自负。不管你有多聪明，或者你对金融市场有多么丰富的知识，学习ACD时，我要你把那些都暂时放到一边。因为，基于多年培训暑期实习生的经验我可以告诉你，高学历在交易市场上毫无意义，起决定作用的是某些内在的能力，重要的是你必须有能力做到：

- 收集信息
- 分析信息
- 做出决定
- 执行决定

就我所知，没有任何研究生院会教授这些内容。或者你有这个能力，或者你愿意开发这种能力，否则你就是无能为力。你越是迅速地把这些能力整合到一起，并且遵从纪律，你就有越大的成功交易的机会。

如果你对数字敏感，我把这种能力叫做"收银员算数"，会很有帮助。你去便民店或者街角的熟食店，买1个三明治、1杯饮料或者1包饼干，收银员只看一眼你买的东西就说："4块2毛6。"作为交易人，这个能力大有帮助。

来听一个叫罗布的小伙子的故事。他曾是一个冰淇淋销售商，在一个冰淇淋售卖车的窗口前工作，车上不断重复播放着吵闹的流行歌曲，40多个孩子围着售卖车吵嚷着要吃冰淇淋，妈妈们掏钱包找钱。罗布从容应对，说着："3个锥形蛋卷，3块7毛半。两只冰棍，1块半。两个锥形蛋卷和两只雪糕，5块钱。"他整天都做着同样的事情，从没有弄错一个要求，也没给任何一个孩子少找钱。

设想罗布在交易池——风云变幻的交易池里，在一群大声叫喊着买进卖出的交易人中间，假设我告诉你，罗布天生具有吸收这些信息的能力，在脑中做计算的能力，就会帮助他成为一个非常成功的期货交易人，这是不是有些超出了你的想象力？可是这确实是真实的故事！

当你在场内或者场外做交易时，有来自各种不同渠道的信息冲击你的大脑。你需要能够观察得到并能吸收来自这些渠道的信息。

做到这一点的一个前提是能够同时应对10件不同的事情。如果你有窄视的问题，一次只能处理一件事情，你就会看错市场的整幅图景。

为什么我认为运动员会在交易市场里做得很好呢？不仅是因为他们天生有竞争冲动，而且，不论从事何种运动，大多数运动员都有纵览运动场全景的能力。所以，他们大多数人尝试做交易时，都能应用这种能力看到市场全景，他们的视觉范围更为宽广。如果你要从事交易，就需要拥有或者开发这种能力。

给你讲讲我最喜欢的一个故事，讲的是我同时培训的两个实习生。一个是哈佛法学院的硕士，班上的前五名，学历背景十分显赫，所以我雇了他。同时还雇了一个登门售卖五金配件的小伙子。他告诉我他太太怀孕待产，需要一份比登门售卖更好的工作。并且保证说："我一点儿都不会自负，我知道自己一窍不通，所以一定会拼命去学。"

于是两个我都雇了下来，同时开始培训。你觉得这两个小伙子后来怎么样了呢？哈佛的小伙子后来去从事法律工作了，大概每小时要收取客户500美元，当然他做的很好，但他没有做成交易人。而那个五金配件售卖员，全力以赴地学习交易。他夜里和周末去卖五金配件，白天来做交易。今天，他是一个场内交易人，每年有7位数的收入。

为什么呢？哈佛硕士认为自己无所不知，所以很难接受任何东西。五金配件售卖员是一个很普通的小伙子，有一套很好的工作信条和最强烈的动力。他太渴望成功了，所以能放下所有的骄傲，像海绵一样吸收能学到的所有知识。终于，他笑到了最后。

学习这套交易系统时你须谨记这些教训，准确理解ACD方法是成功应用的保证。同样重要的是，了解你自己和自己的意愿，把之前的知识统统放到一边，用一种开放的心态来学习，抛开所有的自负。把这一点当做学习ACD的计划的一部分，开始交易，或者运用到你的交易中去。知道你要的目标在哪里，如何实现，如果遇到困难怎么办。做一个计划，持之以恒。这在交易中有效，在人生中也同样有效。

第01章

认识ACD

去做年度体检时，医生要量血压、听心肺、抽血化验等。根据这些指标的结果，医生判断你是否健康。假设患者突然在检查台旁倒地而死，没有脉搏了，那么现在发现胆固醇水平高低就已经无所谓了，对不对？没有脉搏，就没有生命。

我用这个比喻来解释ACD方法。在交易中，要考察很多指标，比如枢轴、移动平均线和其他一些指标。有一个基础因素，就像患者的脉搏一样，没有这个因素其他指标毫无意义，这个脉搏就是ACD指标。在一笔交易涉及的65个指标中，即便有64个指标说这是一笔可行的交易，如果ACD指标没有出现，这笔交易也不能做。

那么到底什么是ACD？它讲的是什么？ACD是我用于执行交易的一套方法的名称，只要市场有充足的波动性和流动性，就可以运用到商品、股票和外汇交易中。ACD的基本前提是，在相对于开盘价幅的位置上，标识出某些特殊的价格点，随后我们将深入讨论具体方法。

在引言中说到，我使用ACD方法做交易已经将近20年，如今还在使用。在过去的15年里，我把这个方法传授给成百上千的学生，然后他们把这个方法运用到自己的交易风格和系统中。我是要说，不仅我的业绩记录证明了ACD方法行之有效，而且许多其他的职业交易人也证明了这一点。因此，你可以把它结合到自己的交易方法中去，用它来帮助你设计和执行交易策略。

在往下进行之前，我必须说明的是，交易是一种有内在风险的尝试，并非适合所有人。在金融衍生品和股票中的任何一种投资，都可能使你陷入比最初投资额更大的亏损中。

在本书中我的目的不是为了推销交易本身，而是要展示我和其他我教授过的人所应用的这种交易方法。随着通览本书，请随手拿一只笔和一打纸，这样你就可以跟上交易的实例讲解。不管是新手，还是已经有一些经验的交易人，我相信你会发现ACD系统会对你和你的交易风格大有帮助。

开盘价幅

ACD系统从开盘价幅的概念开始。开盘价幅是股票、商品、外汇、债券和其他金融衍生品在每一个新的交易时段开始的时间域。对于股票来说，开盘价幅的时间域是指一个交易日开始交易的前20分钟，即如果股票X在某个交易日的前20分钟从30.00开始到30.75结束，30.00-30.75就是交易当天的开盘价幅，就可以用到交易当天的ACD系统中。如果一支股票开盘时间延后，就应该把有效交易的前20分钟计入开盘价幅。

在商品期货交易中，用做开盘价幅的时间跨度从5分钟到30分钟不等，这就要看交易者的具体投资期有多长。某些商品期货合约，在交易期内以每月滚动的方式进行交易。这种情况下，我就用起始的交易期，即从某月合约开始交易的时间，到下一个月这张合约暂时停止交易的时间，作为开盘价幅。如果做某种商品期货的即日交易，尤其如果是做场内交易的话，开盘价幅就要选用5分钟。如果在楼上交易室做即日交易的话，可以选择10-15分钟的开盘价幅。如果做某种长线交易的话，就可以选用更长一点的时间域，比如20-30分钟（参见附录中当前开盘价幅时间域的列表）。界定开盘价幅的时间段尤为重要，并要在交易中保持一致。

另一个要考虑的重点是，开盘价幅要基于本土市场的开盘情况来确定。我这么说是什么意思呢？如果做天然气期货交易，那么它的大本营就是纽约商品期货交易所，开盘价幅要在那里确认；如果做日元的交易，那么美国外汇市场的开盘价幅是不能使用的，而应该考察日本市场的开盘情况，这同样适用于外国的商品期货大本营，例如北海勃伦特原油。对于股票，也是同样道理。例如，总部在英国的沃达丰公司（VOD），尽管这支股票也在美国上市，但是它的本土市场是在伦敦股票市场，开盘价幅大概是纽约时间的凌晨3：00-3：20确认的，美国预托证券（ADRs）也一样，它代表着在美国交易所里交易的外国股票。真正的开盘价幅要在交易标的的本土市场里确认。

我是在多年前运用ACD系统做外汇和债券时发现这个道理的。开始时我难以理解为什么系统没有效果，然后意识到了美国不是这些交易商品的最初市场。因此，我必须去看这些商品、货币和债券所属市场的开盘价幅。

一旦确认了开盘价幅，价格变动区间就成为交易策略的重要参考指标。

如果你同意随机游走理论，认为市场活动是随机的、不可预测的，那么确立的开盘价幅对于某个特定交易日说来，就不再具有比其他价格水平更重要的意义了。例如，原油交易时间是从美国东部时间上午9：45到下午15：10，如果把每10分钟作为一个时间段，整个交易时间就会被分割成32个时间段（另外剩下5分钟），每一个10分钟的时间段都大致反映1/32的市场活动。

根据随机游走理论，我们就会期望开盘价幅（交易的前10分钟），是属于1/32中较高的时间段，或者是1/32中较低的时间段。随机游走理论会认为1/16的时间里，开盘价幅或者属于一半较高的价格区间，或者属于另一半较低的价格区间。

现在，如果我告诉你在波动的市场上，开盘价幅基本上处于较高或者较低价格区间的17%-23%的位置上，你会怎么想？这会引起你的高度关注吗？是的。因为这个观察结果说明开盘价幅大约位于全部交易时间中或高或低的1/5位置，这正是我们所说的统计学意义。用外行能理解的话说，这意味着开盘价幅不仅仅是某个交易日的1/32的时间段，它比其他时间段重要得多。

再举一个例子。我们把一个交易日分做大概64个时间段。随机游走理论认为，开盘的5分钟或者是较高价格区间的1/64，或者是较低价格区间的1/64，这样它是两边价格区间的或高或低的1/32。但在波动剧烈的市场里，开盘价幅的5分钟属于交易时间里15%-18%或高或低的区间，所以这5分钟不是随机游走理论预言的3%的时间，而是在交易时间里15%-18%或高或低的价格区内，这仍旧具有重要的统计学意义。从交易人的角度说，如果你知道15%的时间里市场会形成在较高价格区间或较低价格区间的移动，你就会非常想知道那是发生在哪一个方向上的移动，对不对？

并且，如果仔细看交易日里其他的5分钟或者10分钟时间段，开盘价幅的价格最高点或最低点在交易日的其他时间里重复出现的次数很少。这就是说，一旦确定了开盘价幅，市场不会轻易回到那个价格区间，这和随机游走理论所持的观点完全不同。因此，ACD方法的第一个概念产生了：

开盘价幅具有统计学意义，标志着大幅波动市场行情里大约1/5时间的较高或较低的价格区间。

这条信息会起到什么作用呢？作为交易人和市场的学生，我相信开盘价幅具有统计学意义。于是，我建立了一个交易模型，如果行情在开盘价幅形成某种突破，就很可能在相应方向上持续运行，这些突破也是由应用到开盘价幅的时间和价格来确定的。在本章里你将要学到，确定了开盘价幅以后，就能确定建仓做多或者做空的A点、B点、C点和D点。我们先来看看起始点A点。

A点

先做一个练习。假设你在纽约商品交易所里做原油期货即日交易，这里可是原油期货的本土市场。作为场内交易人，你确定用交易开始的前5分钟做开盘价幅。在这个交易日里，原油期货的开盘价幅是25.60-25.70。开盘价幅确定之后，我们在下面图表中标出来（见图1.1）。

在开盘价幅的上方或者下方，就可以绘制出A点，A点是确立进场开立空头头寸或者开立多头头寸的参考点，具体位置由设置参数确定。这些参数是我们通过自己的私人研究得到的，在这里我不会详细讲述具体的计算过程，但可以告诉你，ACD数值是根据某个特定股票、商品或者其他金融衍生品的波动率数值计算出来的（参

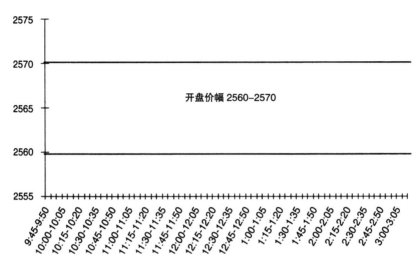

图1.1 原油期货开盘价幅

见附录中的一些商品和股票的现行A值，以及最新的开盘价幅时间域）。

在下面原油的例子中，A点就设置在高于或者低于开盘价幅的7–8个价格增额上。见图1.2。

如果市场迅速上行来到开盘价幅上方，到达25.77–25.78价格水

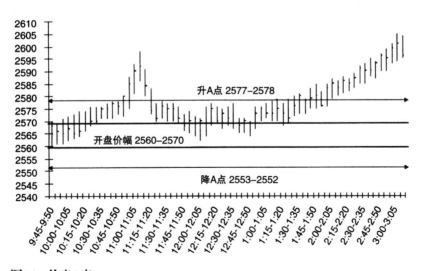

图1.2 绘出A点

平，在这个价格水平上持续交易相当于开盘价幅一半的时间，那么市场就确立了升A点。具体的说，如果市场行情到达25.77-25.78价格水平并持续交易2.5分钟（开盘价幅5分钟的一半时间），你就可以在25.77-25.78上方开立多头头寸或者确立做多偏好。

相反，如果市场开盘后旋即下跌，低于开盘价幅，在25.53-25.52区间交易持续2.5分钟，市场就确立了降A点。这时，你就可以在25.53-25.52下方开立空头头寸或者确立做空偏好。

A点——或升或降——是开盘价幅在上方或下方加上一定数值的价格增额，条件是交易要在这个价格水平上持续停留到开盘价幅的一半时间。

记住，在任何一个给定的交易日里，市场或者确立了升A点，或者确立了降A点。市场交易运行到开盘价幅以上或以下决定了A点的水平。如果市场上行，攀升到25.77，确立了升A点，那么，即便市场随后反转下行，在开盘价幅下方交易，也不会产生降A点。

一天里只有一个A点。意思是，一旦升A点确立，该交易日里就没有降A点。或者说，如果确立了降A点，该交易日里就没有升A点。

确定不同的价格参考点时，必须不断提醒自己如果出错，应该在哪里止损离场。做买卖时你怎么会不想知道需要投入多少资金并承担多大风险？交易中也如此。做一笔交易，必须知道如果市场没有按照你的想法运行，要在哪里离场，可以承受多少损失。此处我们就引入了B点。一旦确定了升A点或降A点，并决定从一笔不能赢利的交易中退出的价格水平就是B点。B点水平也是由开盘价幅确立的，在B点，偏好中性。

还用上例来说明，如果在25.77-25.78上方开立了多头头寸，而市场旋即下跌，止损离场的价格水平就应该是开盘价幅的最低点，这个例子中就应该是25.60。相反，如果在25.53-25.52开立了空头头寸，平仓离场点就应该在开盘价幅的最高点25.70。

26

要记住，终止某笔交易的止损价格水平未必一定就是执行指令的价格水平。偏移——你的目标价格水平和实际执行指令价格水平的差异——是市场中不可避免的，偏移或大或小，依市场情况而定。

遵循ACD系统，需要记住它是对称的，做多的策略就是做空策略对面的镜子。

假设市场运行到达确立做多的A点目标，即落实升A点。继续使用上文的实例，市场上行到达25.77-25.78，在这个价格水平上交易持续2.5分钟的时间，你在25.79开始建仓做多。在26.10，你获利平仓。现在，市场交易下跌到开盘价幅低点25.60以下。你怎么办？答案是，袖手静观。

在这种情况下，市场首先上行确立升A点，然后下跌到开盘价幅下方，到达B点，在这里应该保持中性。下一步是要等待出现下一个ACD信号来确定新的偏好，在这种情况下就是要等待市场出现C点。

C点

A点确立以后，ACD系统中的下一个进场点就是C点。C点就像A点一样，是在开盘价幅上方或下方若干价格增额基础上计算出来的。在原油期货的实例中，A点是低于或者高于市场开盘价幅的7个或8个价格增额，C点则是高于或者低于开盘价幅的11个或13个价格增额（请参看附录，其中有多种股票和商品计算C点的最新参数）。商品期货计算A点和C点的参数完全不同，但是对于股票来说，计算A点和C点的参数则完全相同。现在请看图1.3。

在这个例子中，如果市场行情一路下跌到降C点要怎么做？C点是从看多到看空，或者从看空到看多转变偏好的拐点，如果市场下跌到25.49-25.47，在这个水平或者更下方交易持续2.5分钟（开盘价幅的一半时间），就要建仓做空或者确定做空偏好。

C点是从看涨到看跌，或者从看跌到看涨转变偏好的拐点。

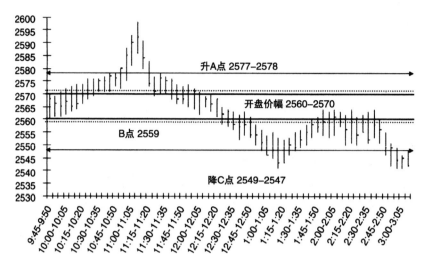

图1.3 C点

如果在C点下方开仓做空，必须首先确定，如果方向错了要在哪个水平止损离场。和A点相同，C点的止损点也由开盘价幅确定。如果市场确立降C点，止损点就是D点，即开盘价幅高点加上1个价格增额（见图1.4）。

ACD系统完全对称，图1.5描述出降A点和升C点的情形（如果

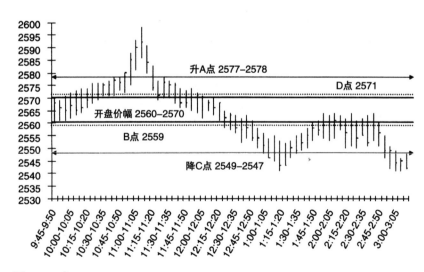

图1.4 D点

28

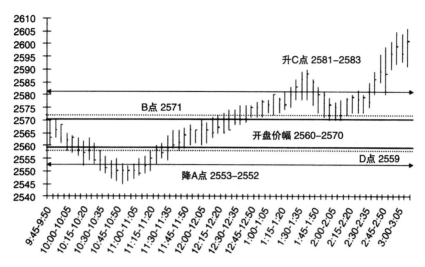

图1.5 对称的ACD

市场确立升C点，D点就是开盘价幅低点向下的一个价格增额）。

时间因素

标识出升/降A点和升/降C点时，必须明确另一个概念：时间。很多交易人仅仅注意价格，忽视时间。换句话说，绘制交易图时，不仅要确定价格水平，还要观察市场在这个价格水平停留多长时间。我认识的大多数交易人只做价格交易，不关注时间。你是否听别人说过一旦确定了持仓偏好，行情如果在某个价格水平上盘整二三十分钟，没有出现明显变化，就该马上平仓离场？一定很少听过。我在此要说明时间是交易中最重要的因素，如果你预期的交易情形没有在一定的时间里变成现实，就该离场止损，寻找下一个交易机会。

在交易中，时间比价格更重要。

那么如何在交易中判断时间呢？很简单。你要把时间参数放到一个确定发生的场景来。至少，市场应该在某个特定的价格水平保持相当于开盘价幅的一半时间；如果市场没有在预期的方向，交易最多到相当于开盘价幅的时间，就要止损离场，我们随后会继续讨论最多的时间量具体是多少。现在，先看看如果市场达到某个特定的价格水平，但没有在那里停留足够的时间该怎么办。

假设在62.125标出升A点水平，市场上行到达了这个位置，旋即下跌，我们达到目标了吗？没有。市场必须在这个目标价格水平上停留开盘价幅的一半时间才能奏效，我讲的就是这个意思。如果做即日交易，确定了5分钟的开盘价幅，行情至少必须在目标价格水平上盘整2.5分钟才会触发动能。在上面的例子中，如果市场没有在62.125停留2.5分钟，而只是一触到这个位置马上跌落，就不能确立升A点。

现在问一个问题，看看你是否用心在读：如果没有确立升A点，降A点的目标价格水平会确立吗？

答案是：待定。市场还没有确立升A点，也许随后会出现，或者，市场继续抛售形成降A点。此时此刻，既可能出现升A点，也可能出现降A点。重复强调一下，采取任何行动前必须先观望一段时间。

假设你是一个短线交易者，持仓一天或者几天，你喜欢使用20分钟的开盘价幅。市场下跌到开盘价幅之下，触及到降A点的目标价格水平。市场要在这个价格水平附近停留多久才能落实一个有效的降A点呢？当然，就是10分钟。

设想市场这时突然止跌回升，突破开盘价幅达到了的升C点。（记住，C点总是在A点的反方向上。如果确立了升A点，C点就在开盘价幅下方。如果确立了降A点，C点就在开盘价幅上方。）

接着说上面的例子。市场要在C点水平盘亘多久才算有效呢？还是10分钟。

往下进行之前，我们来看几个交易战略的实例，来说明我们一直讨论的A点和C点原则。下面是2001年6月12日的7月份天然气期货市场的实例。见图1.6。

在当天交易的前20分钟里确定了开盘价幅4.085-4.150。天然气期货的A点参数是15个价格增额，升A点就在4.165。看上面这个20

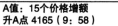

A值：15个价格增额
升A点 4165（9：58）
开盘价幅：4085-4150（9：30-9：50）
收盘价：4330（3：10）

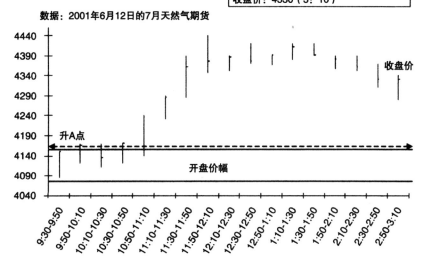

图1.6 落实的升A点

分钟的柱形图，可以看到市场在第四个20分钟确立升A点，从那一刻起，市场再也没回到过开盘价幅之下，那一天的收盘价在4.330，远高出开盘价幅。

ACD系统完全对称。市场上行时有效，下跌时也有效。

图1.7的例子是2001年6月27日的7月份无铅汽油合约。从当天交易前20分钟确定开盘价幅是0.7440-0.7580，A值是25个价格增额。在图1.7中可以看到，市场很快下跌，在第二个20分钟柱上就确立了降A点，从这一点开始直到收盘，市场再没回到过开盘价幅区间来，市场收盘时暴跌到0.7065。

在前面的例子中，我们看到，当天市场确定升A点或者降A点后基本上沿着一个走势运行。现在，我们来看A点和C点都出现的情形。回忆一下，一旦（升或降）A点确立，如果市场反转方向，那么

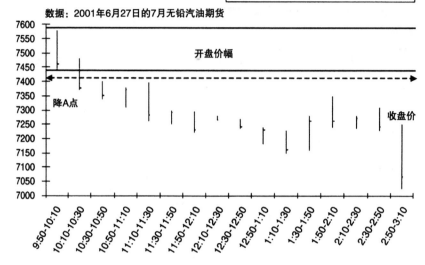

| A值：25个价格增额 |
| 降A点 7415（10：25） |
| 开盘价幅：7440−7580 （9：50−10：10） |
| 收盘价：7065（3：10） |

数据：2001年6月27日的7月无铅汽油期货

开盘价幅

降A点

收盘价

图1.7 落实的降A点

目标价格水平将会变成C点，在此市场从牛市转为熊市，或者完全相反。

图1.8的例子是2001年5月29日的7月份无铅汽油期货市场的情况。当天开盘价幅是0.9700−0.9780，A点参数是25个价格增额，市场从开盘开始攀升，在交易当天的第二个20分钟柱上，确立升A点0.9805。市场接下来继续走高，在第五个柱位上创出最高点，然后市场走低，进入开盘价幅区间，最后在开盘价幅下方收盘。记住，一旦升A点确立，当市场交易回到开盘价幅下方时，不能明确做空，要保持中性的判断，直到行情到达下方的C点目标价格水平，再进场交易。

无铅汽油期货的C点参数是开盘价幅低点下方的85个价格增额，降C点就确立在0.9615。一旦市场在这个价格水平交易持续10分钟（相当于开盘价幅的一半时间），就可以开仓做空。市场然后下跌到更低的水平，跌到0.9500，随后出现小幅回涨。当天在C点下方0.9555上收盘。

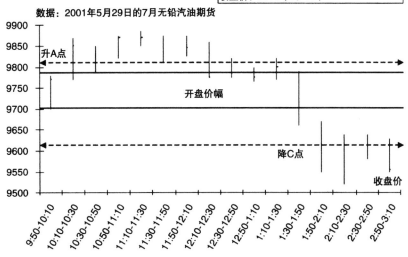

A值：25个价格增额
C值：85个价格增额
升A点 9805（10：19）降C点 9615（1：59）
开盘价幅：9700-9780（9：30-9：50）
收盘价：9555（3：10）

数据：2001年5月29日的7月无铅汽油期货

图1.8　落实的降C点

在下一个例子中，我们将看到相反的情形。市场情况是落实了降A点，然后止跌回升到达升C点。图1.9是BRCM公司股票在2001年3月1日的交易情况（我前面说到，只要市场有充足的波动性和流动性，ACD系统对于股票和商品交易同样有效）。

股票交易中A点和C点的参数是相同的。在BRCM公司的例子中，价格增额是76美分，开盘价幅是44.25-46.44。这支股票在前7个20分钟柱上基本都在开盘价幅区间交易，然后市场开始下行穿破开盘价幅，在下一个柱上确立降A点43.49，行情继续下跌，创出当天的最低点40.76，而后市场稳步攀升，穿过开盘价幅（这时要保持中性偏好），一直到达在开盘价幅高点46.44上方76美分的47.20，确立了升C点。这种行情发生在当天尾盘，创出高点48.00，然后回落到开盘价幅区间的46.00水平。

在上述每一个例子中，确立A点和C点，并不是说市场运行到这个价格水平上就奏效，而是要求市场在这个价格水平盘整的时间必

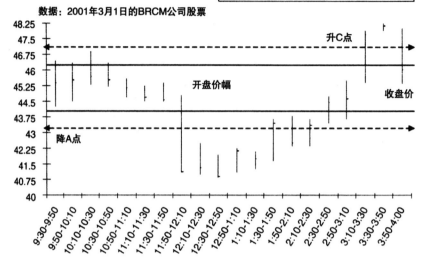

图1.9　落实的升C点

须达到开盘价幅一半的时间。如果市场触及某个价格水平，比如升A点的目标价格，但没有在这个水平上久停，怎么解释呢？如果没有在那个价格水平上持续停留，而是迅速跳回，就是我所说的"橡皮筋交易"。

找来一个橡皮筋，用左手和右手的大拇指和食指撑住橡皮筋，分开两手，直到橡皮筋伸长到达极限。松开手，橡皮筋会怎样？它会迅速弹回去。

市场如果以同一种方式伸展直到不能再伸长，就会向反方向快速弹回。记住橡皮筋的样子，设想A点（或升或降）就是极限，如果市场拉伸到达或者接近那个点的话，就需要预期市场可能会出现快速的反弹。

这里有一个例子：交易当天，原油期货在前5分钟确立开盘价幅是20.60-20.70，升A点的目标价格水平是20.78。市场吃力上行到达20.77，距离升A点的目标位置20.78还有一个价格增额，就开始快速

34

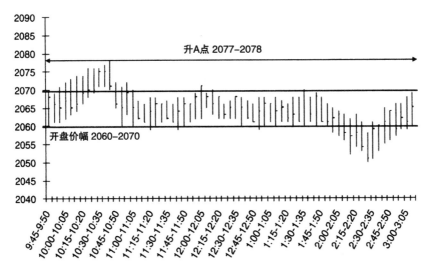

图1.10 橡皮筋交易形态

下跌，所以升A点就没有落实。市场几乎触及了这个目标水平，但是像一个橡皮筋伸展到极限一样，不能再抻长了，就迅速反向弹回（见图1.10）。

现在，如果认定市场将加速下跌，在这个橡皮筋交易中就不必等到落实降A点再决定开仓做空。一旦市场在达到或者接近升A点的目标水平并开始快速反弹下行时，就可以选择在反弹点下方做空，因为升A点没有确立成功（见图1.11）。

在此，需要考虑一下所承担的风险。记住，要不断地问自己，如果方向选错要在哪里止损离场。在这个例子中，升A点的目标价格水平仍然有效，因为行情已经位于开盘价幅上方，但是仅仅高于进场水平5个价格增额，所以，如果市场反转升至A点目标水平20.78，你平仓离场，就损失5个价格增额。如果市场没有在随后的10分钟里出现加速下跌，就要离场（记住，时间比价格重要得多）。

假设市场确实开始加速下滑，穿过开盘价幅，在20.60下方交易，就可以选择在这里平掉空头头寸获利离场。市场也有可能从这里又反转回到开盘价幅，那么也要平掉空头头寸。同样，风险仍旧

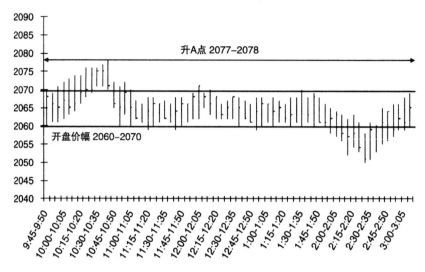

图1.11　橡皮筋交易形态

仅仅是向上的5个价格增额，而建仓做空的赢利机会则可能是市场出现大幅下跌。当目标是为了获利20个价格增额时，没有人会被5个价格增额的亏损风险吓跑。

让我们从相反的角度讨论"落空的A点"概念（见图1.12）。在上面的例子中，市场在开盘价幅过后下行，到达降A点20.52。开盘价幅是5分钟，市场必须在20.52停留2.5分钟后，才能落实降A点。然而，如果市场回到20.53，然后像个橡皮筋一样弹回到更高的价格水平。在此，由于降A点落空，在市场反弹后开仓做多的风险就很小，但是必须明确如果看错行情要在哪里离场——即降A点。

在升A点落空后开仓做空或者在降A点落空后开仓做多，会带来远超出所受风险的获利潜力。

记住，橡皮筋交易概念仅仅适用于升（或降）A点没有落实的时候。一旦A点确立，就必须保持相应的偏好，即在开盘价幅上方看多，开盘价幅下方看空。

当然，即使是应用最好的交易系统，交易员有时也会破坏原则

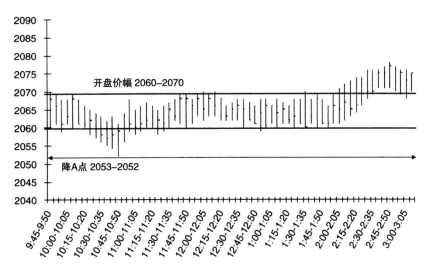

图1.12　落空的A点

感情用事。让我们把这种情况看成是人性的一部分吧，或者人们就是喜欢以这种方式展示自己的自由意志，谁知道呢！甚至有的时候这样鲁莽行事还真的管用，但我希望能够这样。所以最好用少量仓位去做这种毫无理性的交易。我的意思是说，ACD系统不能强迫你去执行某笔交易。也许你做一笔交易的原因，可能就是因为对自己错过了一个ACD系统没有强令的交易感到十分懊恼，比如市场确立升A点后，你没有跟进，错失了进场买进的机会，然后市场回落到升A点下方，这时你应该等待出现建仓做多的新的参考点。相反，你做出决定，在A点下方建仓做空，没有理智的原因，你就是喜欢这么做，要是你的脑子里进行的是这种逻辑，除了你自己，没人能说服你放弃。

　　这可不是交易的充分理由。但是，交易员也是人，而且常常还是情感最丰富的那一群人。所以，他们才不会像小机器人一样遵循逻辑。相信我吧，做了20多年交易，教了几千个交易员，事情确实就是这样。

　　那么你在真实交易中应该怎么做呢？如果ACD系统指标没有同你坚持要做、决心要做的交易相一致的话，那就千万不要踩住油门，别在这笔交易上投注太多头寸。如果你无论如何仍然要做这笔交易的话，一定要缩小规模，并记住适时刹车。做这种盲目的交易（任何没有充分理由的交易都是盲目的交易），至少不要承担太大的风险。

相信我，只能做那些ACD系统指标认可的交易，我会反复强调这一点，一直强调到下个"千禧年"。但是总会有这样的时候，我自己也一样，还包括其他为我工作的交易员们，有时会无视这套系统的规则，用发神经的方式做交易。做这种事情的时候，你一定有自己情感上的、非理性的原因。可能是前一天晚上，你家里的那一位，你的了不起的另一半，在和你吵架的时候，把一只餐盘像飞盘一样甩到你身上……第二天早上你还在抓狂，完全没有理智，非要去把整个市场都买下来。或者是，你岳母决意要来你家探亲，怀着不可预知的想法，而且要呆6个星期！在一种怒不可遏的状态下，你决定必须要卖出，因为这简直和世界末日没有两样啊！这种疯狂的状态，你肯定经历过的。

我不可能阻止你做这种交易，你自己都不能阻止自己！但是如果你能保持一丝一毫的纪律，就不要在这种交易中投入仓位过大，这样冒险的时候只能做10张合约，而不是100张。

回到我们的例子中来。假设你正在遵循ACD系统，商品Z的开盘价幅是14.10-14.40，A值是10个价格增额，市场拉升到开盘价幅以上，又继续攀升，触到14.49，然后突然抛售。你能做什么？

如果你看出这就是一个潜在的橡皮筋交易，在市场触及14.49反转以后，比如说在14.46上开立了空头头寸，平仓止损点就设置在14.50，即升A点，所受风险就是上方的4个价格增额。现在，假设市场迅速下跌，穿破开盘价幅，跌到13.20。假设你决定就在这个价格获利平仓离场，最后这真的就变成了当天的最低点，这一天你简直是鸿运当头啊！你赚到126个价格增额，而只承担4个价格增额的亏损风险！

当市场触及目标价格水平后开始强力反弹，就形成了橡皮筋交易的形态。在这种情况下，要在升A点下方开仓

做空，或者在降A点上方开仓做多。离场止损点就是升A点或者降A点。或者，如果市场在确定的时间域内没有按预期方向涨跌，就要马上平仓离场。

至此，其实我们才刚刚开始讨论ACD方法。需要注意到的重点是，这套系统是由价格参考点组成的。换句话说，可以凭借价格点执行交易，使你能够做到最大仓位，最小风险。ACD系统中A点的运用，应该和你在市场中利用其他信息完全相同。例如，在95.75上做空1000股微软公司股票，如果这时你看见有一个指令要在96.00上做空100万股，那么你还有什么风险？全世界的信心都是你的，对不对？用同样的方式运用A点目标价格。

ACD的参考价格水平给你提供了可以凭借的交易工具。如果看错方向随时都知道应该在哪里止损离场，结果自然就是充满信心地做交易。

运用理性逻辑总是能够知道如果看错方向要在哪里止损离场，你就能运用ACD系统去做其他类型的交易，比如用ACD参考点在回调时买进，或者反弹时卖出（见图1.13）。

按照ACD系统，市场确立A点之后，你确定的偏好要反映市场和开盘价幅的关系，如果市场在开盘价幅上方就做多，在开盘价幅下方就做空。假设说市场在20.58确立升A点，你开立多头头寸，在21.50获利平仓。现在，市场交易下跌，跌破升A点，但还是高于开盘价幅的低点，你相信市场还有上行的潜力，因此，就决定在这个回调价格上买进。

关键在于你买进的是弹回的价格。永远都不要试图等待最高点和最低点，让市场去发现价格过低然后开始推动上涨，而你就得到一个参考点，在这种情况下就是市场这一次价格变化的低点，你就在此开仓做多。

需要再次强调的是，要不断问自己如果错了要在哪里离场。在上面的情形下就是在升A点下方进场做多，止损离场点就是开盘价幅

39

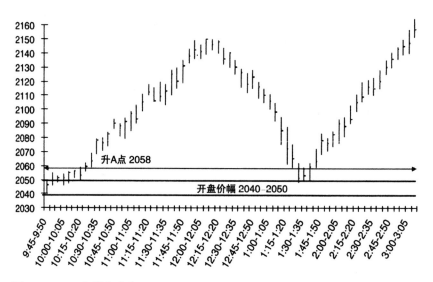

图1.13 ACD交易参考点

的底部，在这里你的偏好要从看涨转为中性。

我们再看一看相反的情形。设想开盘价幅是20.50-20.40，市场在20.33确立降A点，在这个价格水平交易持续2.5分钟，你开始买进空头合约，当市场下行到19.85时获利平仓离场，然后市场出现轻微反弹，但仍然处于开盘价幅下方。在20.38时，市场交易萎缩，然后开始走低，你在20.37再次开立空头头寸，离场止损点就是开盘价幅的高点。

ACD策略中，这些回调时买入反弹时卖出的小技法，并不违背其基本原则。一旦确立升A点或者降A点，你就在开盘价幅上方看多，在开盘价幅下方看空，做出逆市而行的决定必须要根据对市场的观察。任何时候都要保持清醒，知道出错时在哪里止损。

像这样遵循纪律执行交易，有时可能会受到一些不可避免的小打击。例如，当你试图在回调时买进合约的时候，市场崩盘了，在这个市场里，没有人百分之百从不失手，但是你需要把自己想象成一个拳击手。如果保护好自己（比如用叫停的方法），你可能会受到一些无关痛痒的刺拳，但是会躲得开让你倒下就爬不起来的重击拳。能够做到这一点最终就会成为市场里的交易行家，就会成为那些幸存者。使用这套系统的参考点，你就可以谋划自己的交易策略，而且随时知道如果错了该在哪里止损离场。

以下五个ACD原则将会大幅提高你的交易绩效：

1．绘出参考点A点和C点。

2．凭借这些参考点执行交易。

3．当行情有利时就使交易仓位最大，同时使风险降到最小。

4．随时知道如果错了在哪里止损离场。

5．如果能回答第四个问题，就可以信心十足的去做交易了。

下面我们来探讨以参考点A点和C点为根据的另一个策略，即在C点逆市而行。我们先来做一个回顾：一旦确立A点，市场在开盘价幅上方或者下方，反向运行达到足够的幅度时就出现了C点。

例如，在原油期货中，A值是7-8个价格增额，C值是11-13个价格增额，如果开盘价幅确定在20.50-20.60之间，升A点就落在20.67-20.68，降C点就落在20.39-20.37。

我们假设原油期货走高确立升A点，然而旋即开始出现抛售，市场加速下滑，穿破开盘价幅（这时的偏好改为中性），到达20.39-20.37的降C点的价格水平，但是市场没有在到达这个水平之后继续下滑，而是触及到20.38，立刻就像前面例子中的橡皮筋一样强力反弹，行情急剧拉升。

这就是标准的落空的降C点。市场触及C点，但没有在这个价格水平持续开盘价幅的一半时间，市场从落空的降C点反弹后，你可以做出决定逆市而行，在C点上方建仓做多。止损点就是C点，在这个价格水平必须放弃看空的偏好，现在你的获利潜力从进场水平开始，横贯开盘价幅，而承受风险相对很小。

下面是另一个这类交易形态的实例。我们把它叫做落实的升A点，落空的降C点（或者相反，落实的降A点，落空的升C点）。图1.14是2001年1月22日的3月份标准普尔500种股指期货交易情形。在交易当天的第三个15分钟柱上，升A点确立在1353.50。当天尾盘，市场下跌，触到1344.50的降C点，但未能在这个水平停留整理7.5分钟（开盘价幅的一半时间）。市场从此处反转上升，在高出开盘价幅很远的位置上收盘。

时间的重要性怎么强调都不过分，在本书刚刚开始讲解的部分尤其如此。在上面这个例子里，市场触及到C点，但没有在这里持续足够的时间，即没有在C点或其下方停留7.5分钟（开盘价幅的一半时长），就是落空的降C点。

如果是另一个极端的情况——超过时间会怎样？在本章前面我曾经提到，时间因素即包括市场在某个价格水平交易的最少时间段，也包括最长时间段。换句话说，如果在一个合理的时间（要根据你的交易时间域确定）内，市场没有按照走势行进，就要离场。

还是用上面的例子，标准普尔500种股指期货交易情形。假设在即日交易中使用15分钟的时间域，你决定在落空的C点上方建仓做多，但是假如市场没有稳步上行，而是一直在横盘整理，在15分钟

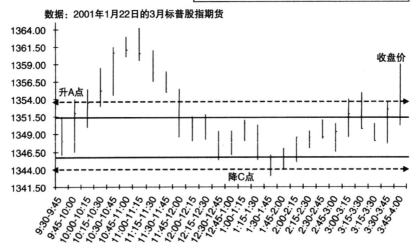

图1.14　落实的升A点，落空的降C点

的时间内没有明显走势变化。在这种情形下，就应该平仓离场，寻找下一个机会，为什么呢？因为市场在某一价格水平上盘整时间越长，做同样操作的交易人就越多。记住，多数人总是错的，过于容易做的交易，常常没钱可赚。你等待预期目标实现的时间过长，就可能会变成我下面讲到的"公交乘客"。

如果你和我一样住在纽约，就会对把人们载进大西洋城卡西诺赌场的公交车很熟悉。那些公交车好像都是免费的，到达目的地时甚至还会给10美元的筹码，但是等到乘客们离开大西洋城的时候，毫无疑问，他们的钱全都装进了赌场老板的腰包，早都不在他们的口袋里了。交易场里也有自己的"公交乘客"：非职业的爱好者，缺少信息的人或者门外汉。我这么说大概对描述中的这些人有些失敬，但是别急，先保留你的判断。问题是这群人做交易时几乎总是百分之百的犯错。所以作为一名合格的交易人，你不会愿意像这些"公交乘客"一样犯错，因此，你做一笔交易时，如果市场就停滞在那里，你不应该冒险和很多人同时做着同样的事情——和他们同时买进或者同时卖出。如果真是这样，结果毫无疑问对你是不利的。

做交易时，选择自己的时间域并且持之以恒。别在一个仓位上耗时过久，变成"公交乘客"中的一员。记住，"公交乘客"几乎总是错的。

当然，市场有时候确实会捉弄你。交易下跌，形成降A点，然后很快反转，在开盘价幅区间让你被迫平仓离场，接下来市场反弹形成升C点，你刚在这个价格水平上开仓买进合约，市场又反转下跌，最后停在开盘价幅区间盘整——就这样下跌、上涨，然后回到中间。这就是一个F（即finger，英文里指"手指"——译者注），你认真执行交易，而市场给你展示那个久负盛名的手指（意指经济学中所说的"市场是看不见的手"——译者注）。即便你丝毫不差地严格遵循ACD系统，还是毫无进展，实际上当天你还可能有两笔交易亏损呢。

好在这种日子通常只是少数，只要市场满足下面这两个基本条件，多数时间里ACD系统效果良好：

- 足够的流动性。市场必须有充足的交易量，这样你可以在目标价格进场或者离场。

- 交易日内的波动性。即使市场像欧元一样有充足的交易量，但是当天没有出现充分的波动幅度也不行。没有波动性，就没有应用ACD系统交易的机会。必须要有波动性。

随时要知道预测出错时该在哪里离场，不然就可能会像下面这位交易员的遭遇一样，我们叫他哈勃。哈勃在纽约商品交易所为我的公司做取暖油期货。某一天，在一笔很不走运的交易中，他发现自己是交易大厅里唯一的一个买家，所有的人都在卖出，只有他一个人在买进。当然，市场正在下跌（这就是为什么大家都想成为卖家的原因）。

不知道为什么。哈勃也许是想等待最低点，也许在等待最终的反弹，或者他就是忘了应该说"卖出"，而说了"买进"。不管是什么原因，反正哈勃一直在买进。尾盘的时刻，哈勃突然跑到交易池的指挥台上掀起了风暴。提醒你一下，指挥台是交易所行政人员们站的地方，他们在那里监控价格，发布各种和价格相关的公告。哈勃控制了指挥台上的麦克风，高调宣布"60买进，有多少要多少"。他就这样告诉站在下面的人群，人们目瞪口呆。然后他把自己的交易卡留在指挥台上，大声说，谁想要卖给他只要写下自己的名字就行。故事的结局是，大概有25个经纪人跑上指挥台，写下名字，以60价格水平卖给了哈勃。

不用说，之后我们让哈勃稍事休息了一下。在恢复自我控制以后，他最终还是回到了交易场，但这一次他是带着好得多的纪律观念进场的。

你看，哈勃忘记了什么原则？他不知道自己明显犯错时该在哪里离场，怎么离场。

第02章

枢轴的概念

交易员都希望识别出这样一些关键区域，在这些价格区域里市场比较容易遇到支撑或者阻力。如果市场在某个价格水平遇到支撑，就很可能出现反弹，拉升行情；或者在某个价格水平上遇到阻力，就可能出现反转，行情下跌。你应该知道，如果存在充足的"动力"，市场就会突破支撑位，或者击穿阻力位，在相应走势上发生显著移动。

我们在ACD系统中要讲解的下一个概念就是枢轴价幅，枢轴价幅是另一个十分重要的概念。枢轴价幅能够准确地确定出这些支撑或阻力的关键区域，从而对交易策略起到引导作用。在第01章中我们讨论的A点和C点，是用来判断在哪个价格水平确定看多/看空的市场偏好，或者在哪个价格水平决定进场建仓做多/做空，枢轴价幅也可以用来判断关键的价值区间。

枢轴价幅是什么？

通过枢轴价幅识别出的这个行情区间，我喜欢把它叫做市场核心。这个价格区间是根据某个交易时段的最高价格、最低价格和结束价格计算出来的，分析这个区间，能够帮助我们看出市场在某个价格水平上可能遇到支撑和阻力，一旦突破，市场随后会在哪个走势上出现显著变化。

枢轴价幅也试图找到这样一些价格区间，在这些区间，多方更倾向于开始建仓（构成支撑），或者空方处于支配地位（构成阻力）。与其他交易系统不同的是，枢轴价幅很容易计算，只需要使用交易时段的最高价格、最低价格和结束价格，本章随后会详细解释计算方法。换句话说，就像在第01章里通过计算很容易找到A点和C点一样，找出枢轴价幅也非常简单。

开盘价幅和交易当天出现的高点和低点之间的关系很重要，开盘价幅的突破点被用来作为确定开立头寸的参考点。每个交易日的枢轴价幅的作用和开盘价幅很相似，它能帮助判断市场行情会在什么价格水平发生变化。枢轴价幅的含义，就是指市场运行走势上的枢轴，如果行情从枢轴价幅的下方开始，向上攀升，就会在这个价格水平遇到阻力；如果行情突破枢轴价幅，一定有足够大的动能在其背后支撑，使其突破卜行；相反，如果行情在枢轴价幅上方开始，向下跌落，它就会在这个价格水平上受到支撑；如果行情打破支撑，也表明市场存在足够的动能造成它的大幅下跌。

枢轴价幅是市场易于遇到支撑和阻力的区域。如果市场突破枢轴价幅，它就较容易在此方向发生显著价格变化。

用一个比喻也许能更清楚地解释枢轴价幅的概念。一幅画面中，一个胖男人侧面站立。他的前腹部和他的后背脊梁骨之间就是枢轴价幅。现在，设想市场是一柄利剑，如果这个男人身穿盔甲，剑就很难刺穿到腹部，而是会被盔甲弹开；但是如果这套盔甲不够结实，锈迹斑斑，上面还有一个破洞，市场的利剑就会穿破盔甲，刺到其腹部，当然可能会需要些力气才行。一旦剑的利刃刺进他软弱的腹部，就会不费吹灰之力刺穿他的身体，在他身体后面暴露出来。那么，这个男人（枢轴价幅）就会在他的后背突出一把利剑（行情）来！

现在你大体了解了枢轴价幅的概念。下面来看一下我们如何计算枢轴价幅。枢轴价幅是根据某个特定交易时段的最高价格、最低价格和结束价格计算出来的。如果是即日交易者，要使用前一个交易日的高点、低点和收盘价计算；如果是长线交易者，要用一段长时间的高点、低点和结束价计算，本章随后将详细讨论这个计算方法。现在，我们看一看即日交易者是怎么计算每天的枢轴价幅的。

每天的枢轴价幅是根据前一个交易日的最高价、最低价和收盘价计算出来的。

计算当天的枢轴价幅

计算当天的枢轴价幅，先要开始计算当天的枢轴价格。首先，把前一个交易日的最高价、最低价和收盘价加起来除以3。假设商品X在前一个交易日内最高价是21.00，最低价是20.00，收盘价是20.75，三个数值加起来除以3得到20.58（舍去百分位以后小数），这就是当天的枢轴价格。

现在，把最高价和最低价加起来除以2。在这个例子中，把最高价21.00和最低价20.00加起来除以2，就得到20.50。那么，来计算出20.58（当天枢轴价格）和第二个数值20.50之间的价差，结果得到8个价格增额，这就是当天的枢轴价差。

当天的枢轴价幅就是枢轴价格加上和减去枢轴价差所构成的价格区间。在这个例子中，枢轴价幅就是20.58加上8，和20.58减去8，就是20.50-20.66。

交易当天的枢轴价幅是根据前一个交易日的枢轴价格加上和减去枢轴价差计算出来的。

使用以下公式计算枢轴价格和枢轴价幅。

$$\frac{高点+低点+收盘价}{3}=枢轴价格$$

$$\frac{高点+低点}{2}=第二个数值$$

枢轴价格 — 第二个数值 ＝枢轴价差

枢轴价格＋/—枢轴价差＝枢轴价幅

例如：商品Y的最高价是24.50，最低价是22.50，收盘价是23.25。

$$\frac{24.50+2.50+23.25}{3}\approx 23.42 \ （枢轴价格）$$

$$\frac{24.50+22.50}{2}=23.50$$

$23.50 - 23.42 = 0.08$ （枢轴价差）

$23.42 + 0.08 = 23.50$

$23.42 - 0.08 = 23.34$

23.50-23.34就是交易当日的枢轴价幅

枢轴价幅的运用

现在已经计算出当日枢轴价幅，它能够表明什么呢？首先，比较前一个交易日的收盘价和交易当天枢轴价幅的不同，就可以看出当天市场的情绪和气氛。如果前一个交易日的收盘价在当天的枢轴价幅上方，就可以认定当天市场是牛市行情；如果前一个交易日的收盘价低于当天的枢轴价幅，就可以认定当天市场是熊市行情。

记住，交易当日的最高价格，最低价格和收盘价格决定了交易次日的枢轴价格和枢轴价幅。

例如，如果市场昨天的收盘价是20.75，而今天的枢轴价幅是20.45—20.60，这就说明今天市场是牛市行情。反之，如果市场昨天的收盘价在20.30，而今天的枢轴价幅在20.45—20.60，那就预示着今天的市场是熊市的气氛。

下一步就要把枢轴价幅的因素结合到当天的交易策略里一同考虑。相对于前一天市场的收盘价，当天的枢轴价幅或者构成支撑（低于收盘价），或者形成阻力（高于收盘价），如果收盘价格水平在枢轴价幅区间内，说明市场就是中性的气氛。

现在，把交易当日的市场行情和枢轴价幅做个比较，枢轴价幅或者是印证了前一天的市场走势，或者是改变了前一天的市场走势。例如，假设在星期一，市场在当天交易期间触底反弹，在枢轴价幅上方很高的位置收盘，这显然预示了星期二的牛市行情气氛。如果要使这种牛市行情的气氛得到确证，市场必须在枢轴价幅获得支撑，而不能运行到其下方，但是如果真的发生相反的情形，在星期二市场穿破当天的枢轴价幅区间，下跌到区间下方，那么就说明星期一的牛市行情指示是无效的。

市场的这种变化，即穿破当天枢轴价幅运行到其下方，还指示出另外的意义。在这个例子中，当天枢轴价幅构成支撑，穿破这个区间就意味着市场随后很可能会出现大幅下跌趋势（记得那柄利剑穿过那个男人的腹部吗？）。如果你已经找出支撑行情的枢轴价幅，并且看到市场很快穿破这个区间，你就可以推测这是建仓做空的好时机，为什么呢？因为市场如此轻易就穿破了枢轴价幅，就极可能跌到更低的价格水平。

简而言之，当天枢轴价幅完全可以帮助你做出交易计划。在看具体的例子之前，我们先总结一下刚刚讲过的关于枢轴价幅的内容：

- 枢轴价幅是根据某个交易时段的高点、低点和这一时段的结束价格（对于即日交易者，就是前一个交易日的收盘价）计算出来的。
- 市场相对于枢轴价幅在哪里闭市，可以表明市场的情绪（例如，高于枢轴价幅就是牛市气氛，低于枢轴价幅就是熊市气氛）。
- 枢轴价幅高于市场就形成阻力，低于市场就构成支撑。
- 如果市场穿破枢轴价幅（支撑或者阻力），可以预期市场将在这个方向出现大幅价格变化。

枢轴价幅策略

我们来看一些单独使用枢轴价幅的实战策略。在图2.1中，股票X的枢轴价幅是35.00-35.20，前一交易日收盘价在35.40，预示了一个牛市行情的气氛。第二天，这支股票在35.35开盘，枢轴价幅35.00-35.20构成支撑，交易走低，跌到35.22，但是没有运行到35.20之下。在这个位置上，行情反弹，迅速拉升到35.25，这说明什么呢？

在这个例子中，市场在接近枢轴价幅区间时快速弹回，同我们第01章所讨论的橡皮筋交易很相似。市场大幅拉伸，但没有到达枢轴价幅区间，在接近枢轴价幅时快速反弹。这里，就要应用橡皮筋交易的策略，在市场运行到低点35.22然后开始反弹时，建仓做多。

我们来看看其中的逻辑。枢轴价幅构成支撑，市场运行中接近支撑水平，但没有继续下行，而是快速跳回，这就可能演变成上行的趋势。

在任何一笔交易中，必须随时清醒地知道如果错了在哪里离场。正如第01章所讲到的开盘价幅、A点和C点能够帮助确定止损点一样，枢轴价幅也可以起到这个作用。在这个例子中，在枢轴价幅

49

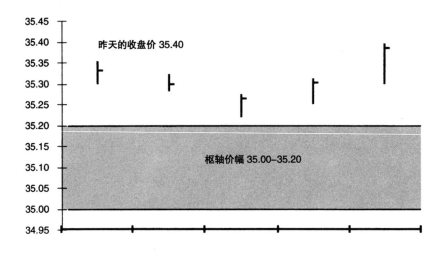

图2.1 枢轴价幅支撑位

上方确立做多或者看多偏好，止损点就是枢轴价幅的下方，在这里偏好要转为中性。

现在，我们换一个情形。在图2.2中，可以看到股票X的枢轴价幅是35.00-35.20，前一交易日收盘价和前面的例子同样是35.40。交易次日在35.35开盘，然后交易下跌，在这种情形下，随着市场向枢轴价幅接近，抛售压力升高，市场下跌到35.25，然后是35.20，然后是35.15，市场轻松穿进枢轴价幅（记得那柄"利剑"吗），一直下跌到35.10。至此，交易者会一直盯盘，等待市场跌落到枢轴价幅以下，如果跌到35.00以下，就开仓做空。重复一次，止损点在哪里？就是枢轴价幅的高点，即35.20上方。

在ACD系统中所有情形都是对称的。市场在枢轴价幅上方的变化情形，在枢轴价幅的下方也同样适用。例如，在图2.3中，股票XYZ的枢轴价幅是44.72-44.80，前一交易日收盘价是44.65，交易次日开盘价是44.68。

市场在开盘价幅附近整理，然后缓慢拉升到44.70，44.71，然后是44.72，在这个位置上市场开始反转，下行到44.71，44.70，然后是44.69，这时应该怎么办？这就是一个很标准的橡皮筋交易形态。

50

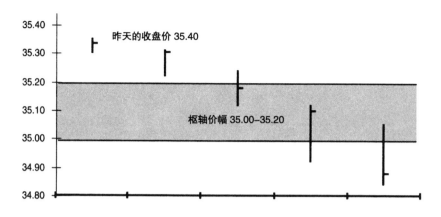

图2.2 穿破的枢轴价幅支撑位

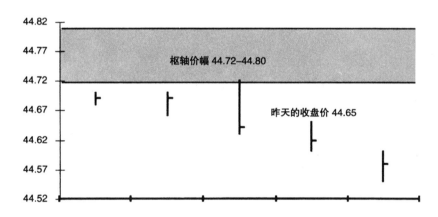

图2.3 枢轴价幅阻力位

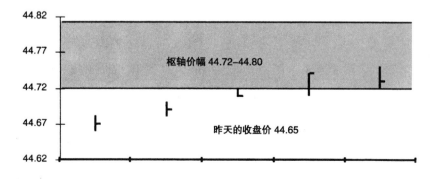

图2.4 在枢轴价幅区间交易

一旦市场在44.72开始反向弹回，这就是一个建仓做空的机会，为什么？市场触及枢轴价幅的边缘，但没能刺穿这个阻力区，随后出现下跌趋势的概率就非常大。如果市场不跌反升，你所承担的风险，就是市场到达枢轴价幅另一侧的价差。

另一种情形，还用股票XYZ的例子：在图2.4中，可以看到枢轴价幅是44.72−44.80，前一交易日收盘价是44.65。这一次，假设市场在44.68开盘，然后行情稳步上升，到达44.70、44.72，然后是44.75，位于枢轴价幅的中间，这时应该怎么做？一定要等待，在枢轴价幅区间内交易，就如同在开盘价幅区间交易一样。这是一个中性区，在这里要等待市场开始向某一个方向移动，或上行或下行。

在另一种情形下，股票XYZ的枢轴价幅还是44.72−44.80（见图2.5），但这一次，市场开盘后稳步攀升，44.78、44.79、44.80，然后到达44.81。

可以看到，市场轻松突破枢轴价幅阻力区，运行到枢轴价幅的上方。现在应该怎么做？答案显而易见，枢轴价幅（阻力）被攻克，市场运行到另一侧，策略就是建仓做多。止损点就在枢轴价幅的低点44.72下方。

概括一下，我们用市场围绕枢轴价幅的活动来决定策略，如果市场从枢轴价幅弹开，就表明这是一个逆市而行的机会。我们确信市场已经竭尽全力拉伸，或者下行到枢轴价幅的支撑位，或者上行

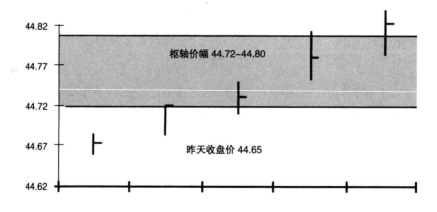

图2.5 在枢轴价幅上方建仓做多

到枢轴价幅的阻力位，我们就启动一个反向的持仓行动，在市场无力继续攀升而开始反转时建仓卖出，在市场不能持续下跌开始反弹时建仓买进。相反，如果市场确实穿破了枢轴价幅，我们就要按照市场运行的走势建仓做空或者做多。如果市场穿破了枢轴价幅支撑位，我们就做空；如果市场突破了枢轴价幅的阻力位，我们就做多。

应用枢轴价幅执行交易

以上这些是假设的例子，下面我们来看一看在市场中应用枢轴价幅的实例，图2.6是2001年8月7日的天然气期货交易的情形。

可以看到，当日枢轴价幅确立在3.025-2.997，在图中第一个20分钟柱上，市场在高位3.100上交易，在随后的柱上行情下跌，到达当日枢轴价幅，但是此后市场一直在枢轴价幅上方整理，直到午后1：50-2：10柱上，市场穿破枢轴价幅。在紧随其后的那个柱上，市场继续稳步下跌，收盘时在远低于枢轴价幅的位置上。我们可以清楚的看到，一旦市场穿破枢轴价幅的支撑，就有足够的下跌动能在枢轴价幅下方交易，最终在远低于枢轴价幅的位置上收盘。

小枢轴价幅和缺口日的枢轴价幅

比较每天的交易价格区间和枢轴价幅，我们会很容易观察到另一个现象：如果连续几天的交易价格区间幅度不大，而随后一天确定的枢轴价幅非常狭窄，就预示着这一天会有幅度很大的交易价格区间。请看图2.7，我们来说明一下，这是从2001年6月25日到28日连续四个交易日里7月份原油期货的柱形图。

6月25日，市场的枢轴价幅是26.72-26.78（6分价差），当天的交易价格区间是42分。6月26日，当天的交易价幅是27.04-27.13（9分价差），交易价格区间是36分。6月27日，市场当天的枢轴价幅仅仅是2分价差。这个枢轴价幅是根据前一天的交易活动得到的，前一天的市场交易是常规的36分的价格区间，这种情形意味着什么？它意味着交易当日将会出现一个比常规价格区间幅度大得多的价格区

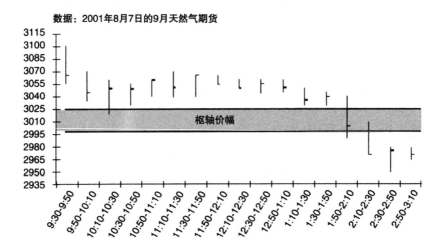

图2.6　在枢轴价幅下方建仓做空

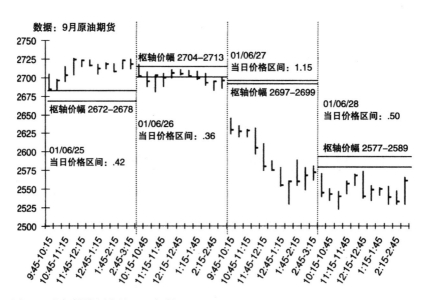

图2.7　小枢轴价幅和缺口日枢轴

间，正如6月27日的市场运行图上所看到的那样。

　　6月27日，市场跳空低开（形成缺口日的枢轴价幅26.97－26.99），形成比常规交易价格区间1.12大得多的幅度。需要记住的是，跳空低开的缺口日枢轴价幅，对于未来一段交易时间来说构成重要的阻力，所以，在随后的几天或者几周里，如果市场接近26.97~26.99的枢轴区间，可以预期在这个水平上有明显的阻力。相反，如果市场跳空高开，在枢轴价幅上方交易，在随后的几天或几周里，可以预期缺口日枢轴价幅就形成对市场的强力支撑。

有特殊意义的时间域

到现在我们已经学习到，ACD系统的很多内容都是以某个特定时间域为前提的，比如开盘价幅和枢轴价幅，它们能帮助确立做多或做空/看多或看空偏好。从长线投资角度说，还有其他的重要时间域，可以用于确定偏好。其中，某月的第一个交易日，相比其他交易日，更有可能成为当月的最高点或者最低点。换句话说，某月的第一个交易日相比当月其他交易日，有更重要的统计学意义，就如同开盘价幅（在第01章里所讨论到的）在同一交易日里更具有统计学意义一样。

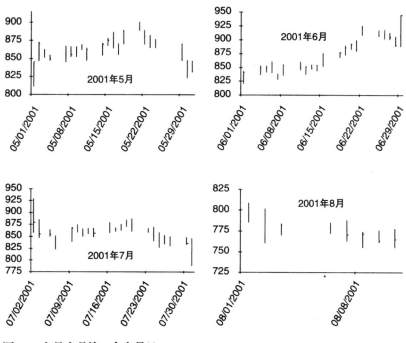

图2.8 交易当月第一个交易日

为了说明这一点，请看上页图2.8，这是2001年连续4个月的原糖期货。请注意5月、6月、7月和8月的第一个交易日，都是当月的最高点或是最低点。

三日滚动枢轴

另一个枢轴概念是三日滚动枢轴，对于选择中期持仓的交易者来说，比如持仓几天，或者对于有些获利丰厚的特殊交易，需要持仓几周，都可以应用这个概念。这种枢轴是根据连续三个交易日的市场活动得来的，用三个交易日的最高价格、最低价格和第三个交易日的收盘价格来计算，根据枢轴价幅计算公式（见本章前面的"计算当天枢轴价幅"），用这三个参考数值来计算三日滚动枢轴价幅。

运用三日滚动枢轴有很多方式，比如决定交易进场点。在三日滚动枢轴上方，可以确立做多/看多偏好，在其下方可以确立做空/看空偏好，三日滚动枢轴还可以用于确定跟踪止损点。

跟踪止损点就像如影相随的安全网。跟踪止损点随交易的走势移动，做多时上行，做空时下行，在头寸持有期内施行保护。计算跟踪止损点，也用三日滚动枢轴的计算方法，去掉最早的一天，加上新的一天，紧随仓位变化移动。

例如，假设你在某个价格水平开立了空头头寸，随着市场走低，你可以用三日滚动枢轴来决定平仓止损点（对于空头头寸，止损点就在枢轴价幅高点的上方。对于多头头寸，止损点就在枢轴价幅低点的下方）。在获利平仓离场之前，一直可以使用跟踪止损点管理头寸，如果市场穿破枢轴价幅，要将偏好转为中性，那么，由于跟踪止损点随交易方向移动，因此在止损离场之前，赢利可以得到保证。

使用滚动枢轴确定跟踪止损点的一个关键问题就是保持连续性，必须每次使用同一个时间域来计算枢轴。如果开始交易时使用三日滚动枢轴，就必须保持在整个交易过程中都使用三天的时段，不能在交易中间换成两天的时段或者四天的时段。

　　使用较长时间段计算枢轴，也可以在发生外部突发事件导致某个交易日里波动性突然增大时，起到控制好仓位的作用。例如，如果使用短线交易系统，在某些数据报告出炉期间，就很难持仓等待，因为这些报告通常可能会牵动市场，出现剧烈价格变化，如GDP报告和就业报告，原因是短线交易系统设定的止损点通常距离市场价格太近，如果使用长时间段确定枢轴，就能平滑掉某些经济数据报告带给市场的短期反应，市场活动可以延伸到更宽的时间段，市场的假动作，比如不能持续的突然上涨或下滑，就不会对交易仓位构成明显影响。

　　滚动枢轴是枢轴价幅概念的延伸，不管在使用一个交易日还是三个交易日（或者更长的时间段，在本章中我们还将继续讨论），概念都是相同的，由最高价格，最低价格和特定交易时间段的结束价格得出的滚动枢轴价幅，可以用来确定进场点和止损点。

　　图2.9是6月无铅汽油期货3日滚动枢轴价幅，5月11日的三日滚动枢轴在1.070下方构成支撑，市场穿破枢轴，确立在1.051的降A点，这时建仓做空。注意看图，现在市场继续下跌运行到三日滚动

数据：2001年的6月无铅汽油期货（60分钟图）

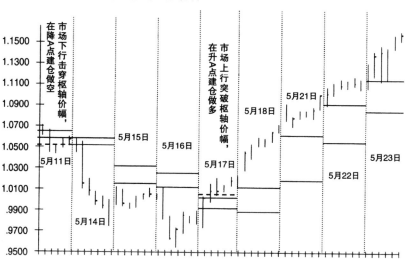

图2.9　3日滚动枢轴价幅

枢轴的下方，5月16日下跌到接近0.95的低点，然后5月17日，市场突破三日滚动枢轴，到达其上方（但仍然远远低于5月11日的三日滚动枢轴水平），在1.0010确立升A点。再看一看数据，看市场在随后的四个交易日里如何在三日滚动枢轴上方运行。

上涨日和下跌日

由枢轴价幅的概念得到的另一个概念就是上涨日和下跌日。上涨日和下跌日的计算很简单，就是把这个交易日的市场价格变化和当天的枢轴价幅相比较，把这个交易日分为上涨日或者下跌日，我把它叫做"给当天枢轴定一个数值"。

- 如果市场在枢轴价幅下方开盘，在其上方收盘，就是上涨日。换一种说法，如果开盘价低于枢轴价幅，而枢轴价幅低于收盘价，就是上涨日。

开盘价幅 < 枢轴价幅 < 收盘价 ＝ 上涨日

- 如果市场在枢轴价幅上方开盘，在其下方收盘，就是下跌日（或者说，如果开盘价高于枢轴价幅，枢轴价幅高于收盘价，就是下跌日）。

开盘价幅 > 枢轴价幅 > 收盘价 ＝ 下跌日

- 其他则是零日（或者说是中性评级）。

枢轴价幅是根据从前的市场情况，预测未来的市场变化。上涨日/下跌日概念与之相同，可以应用到以30天交易循环为基础的预测中。基于多年的交易经验，我发现如果30个交易日前是一个波动剧烈的上涨日（开盘价低于枢轴价幅，而收盘价高于枢轴价幅），从统计学意义上说，交易当天很大几率上也将是一个上涨日，而且也将经历巨幅波动。如果30个交易日前是一个波动剧烈的下跌日（开盘价高于枢轴价幅而收盘价则低于枢轴价幅），很可能交易当天也将是一个下跌日，并且盘面震荡。

如何来应用这个信息呢？假设30天前是一个上涨日（意味着市场开盘价幅低于枢轴价幅，而收盘价则高于枢轴价幅）。现在，交易当天的枢轴价幅是75-85，市场开盘低于这个枢轴价幅区间，开盘

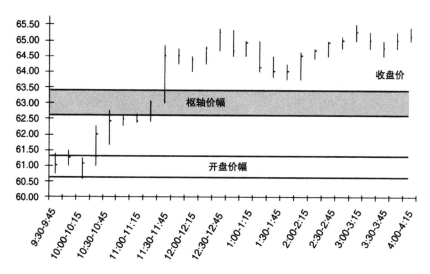

图2.10　上涨日

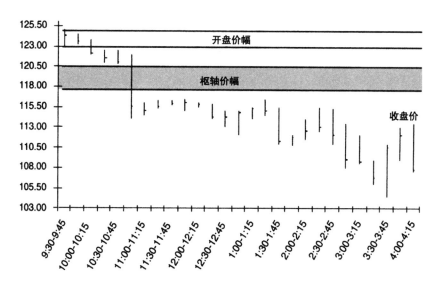

图2.11　下跌日

价幅是60~70，而且前一个交易日是一个上涨日，交易当天可能会发生什么情形？如果30天交易循环确有其事的话，既然已知开盘价幅低于枢轴价幅，就可以预期市场会运行到枢轴价幅上方，并在其上方收盘。

这里需要考虑两个关键问题。第一个问题是要确定30个交易日前是否是上涨日，或者是否是下跌日；第二个问题是，历史要在交易当天重现，从开盘起就要发生相同的情形。例如，如果30个交易日前是一个上涨日（开盘价幅低于枢轴价幅而收盘价高于它），那么就要假定今天很有可能会延续这个情形。但是，如果今天市场在枢轴价幅上方开盘，那么市场就没有按照上涨日运行，即便市场最后在枢轴价幅上方收盘，也不是上涨日，因为第一个因素没有出现——市场没有在枢轴价幅下方开盘。因此，当你应用30个交易日上涨日/下跌日的指标时，在假定市场将会在某个交易日如何收盘之前，先要确定市场情形是否是按照顺序逐一出现的（见图2.10和图2.11）。

长期枢轴

最后，还有一个重要概念：把枢轴价幅应用到几星期或者几个月的较长时间段。在本章前面我讲解过，概念完全相同：使用该时间段的最高价格最低价格和该时间段的结束价格，来计算枢轴价幅。例如，如果你使用两星期的交易时间段，先确定该时间段的最高价格，最低价格和两星期中最后一个交易日的收盘价格，把这三个数字应用到当日枢轴的计算公式里，就能得出下一个时间段的枢轴价幅。

从长期枢轴价幅的角度看，我们发现某些特定时间域具有统计学意义。根据每年的前两个星期计算出来的枢轴价幅，对于前半年具有统计学意义，后面半年的前个两星期计算出的枢轴价幅对于下半年具有统计学意义。换句话说，根据当年的前两个星期计算的枢轴价幅，对当年上半年的市场构成重要支撑或者阻力，然后市场在年中重新整理，根据7月份前两个星期得出的枢轴价幅就确定了后半年的重要支撑或者阻力。

计算出这个较长时间段的枢轴价幅后，比如确定了当年前两个星期的枢轴价幅，就能确定开立头寸或确定偏好的目标价格水平，这些目标价格水平就是升A点和降A点。与第01章讲到的A点有所不同，前面讲到的A点和开盘价幅的关系，可以用于短线的即日交易策略，这里所讲的升A点和降A点目标价格水平是从长期角度来考虑的。

我们来看一个例子。图2.12是2001年从1月到6月的天然气期货的周图。根据当年的前两星期市场情况枢轴价幅为9.005-8.650。（是用1月9日的最高价9.870，1月3日的最低价8.140和1月12日的收盘价8.472计算得来）。

根据这个枢轴价幅，计算出升A点和降A点。由于这是长线交易的角度，不是即日交易的角度，我们要选用大一些的A值参数，在这里用200个价格增额（与之相比，根据开盘价幅确定的当日A点，要用15-20个价格增额来计算）。这样，根据前两星期枢轴价幅得到升A点的目标价格水平是9.205（9.005加上200个价格增额），降A点的目标价格水平是8.450（8.650减去200个价格增额）。

现在，看一下图中第三个星期柱上发生的情形。市场在降A点8.450下方交易，在这里要确立看跌偏好或者建仓做空。市场缓慢下行，在4月出现轻微反弹，然后持续下行，直到年中。6月最后

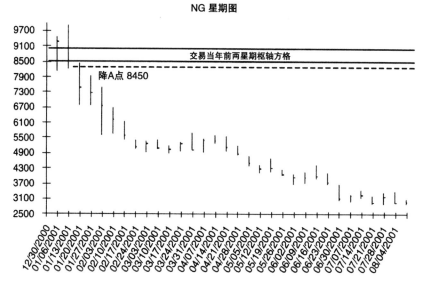

图2.12 长期枢轴

一天当半年循环结束时，天然气期货价格收在3.200，相对于降A点8.450，这是巨幅下跌！

有趣的是，在6月30日随后的第一个柱上，市场并没有出现任何明显举动。相反，市场在窄幅整理，这就表明市场在为下半年新的走势做重新置定。对于下半年，需要根据7月的前两星期市场情况计算出新的枢轴价幅，这个枢轴价幅才可能适用从7月到12月的市场活动，然后市场在那里还将再一次重新置定。

上面这张图描述了一个比较生动的例子，即如何通过长线的枢轴价幅确定长线的获利仓位。问题出现了，开立长期仓位以后，要在哪里平仓呢？答案就是在交易者确定的时间域结束的时候，在这个例子中就是6月的最后一天。如果市场运行回到参考点，枢轴价幅的上方，也要果断平仓离场，不论短线或是长线，关键要清晰思考如果出错该在哪里止损离场，参考点在哪里。重申一次，枢轴价幅是关键。对于空头头寸来说，如果市场上行到枢轴价幅上方，就要果断离场，对于多头头寸来说，如果市场下行到枢轴价幅下方，就要迅速平仓。

枢轴价幅的概念简洁明了，明确枢轴价幅会帮助我们判断市场的情绪，确定市场受到支撑和阻力的价格水平。在本章里，我们讨论了如何使用枢轴价幅这一概念。从引言中已经知道，ACD系统层层叠加，一层指标附加到另一层指标上面。在第03章中，我们要探讨如何把A点和C点同枢轴价幅结合起来制定交易策略。

第03章

ACD和枢轴价幅相结合

至此，我们学习了ACD系统的基本内容，即用A点和C点作为进场做多或做空的参考点。在第02章，我们学习了枢轴价幅如何构成重要支撑和阻力，也学习了如何运用枢轴价幅来确定进场点。现在，我们要把ACD参考点和枢轴价幅结合到一起，以求更准确地确定交易进场点和止损设置。综合两种策略，就是把两套指标融合到一起，提高交易的成功机会，这将使得仓位最大，风险最小成为可能。

当我们把两套指标融合到一起时，ACD在两者中更为重要。这套系统完全对称：上行走势发生的情形与下行走势恰好相反。

A点和枢轴价幅

我们要讨论的第一个组合策略就是穿过枢轴的A点。不妨先概括一下，市场在开盘价幅上方某个特定水平确定升A点，在开盘价幅下方某个特定水平确定降A点，如果A点目标价格水平临近枢轴价幅或者就在其区间内会怎样？两套指标如果很巧合的在同一个水平上出现，则强调了这个参考价格水平的重要程度，如果最初市场在此区间运行，然后穿过这个参考区域，这个信号的强度就达到两倍之多。我们把它叫做"穿过枢轴落实的A点"。

我们用一个假设的例子来说明。假设商品X，根据前一交易日的市场活动，确定了枢轴价幅是27.90-27.95，收盘价是27.85，这就确定了下一个交易日的熊市气氛，因为市场收于枢轴价幅下方。今天商品X的开盘价幅在第一个10分钟内确定在27.80-27.85。假设商品X的A值参数是10个价格增额，那么升A点就在27.95，降A点在27.70。

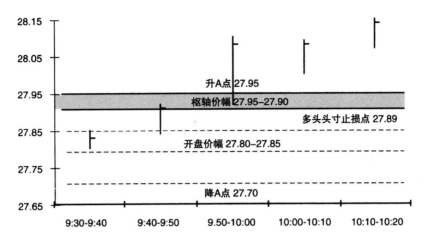

图3.1 突破枢轴落实的升A点

假设市场交易走高，很快突破枢轴价幅的低点27.90，并快速上行到枢轴价幅的高点27.95，这个位置也是升A点的位置。在这个价格水平上，市场即确立了升A点（第一个指标），也表明行情突破了枢轴价幅（第二个指标）。两个信号同时发生，就可以根据"穿过枢轴价幅的落实的A点"在27.95上方建仓做多或明确看多偏好。

两个指标同时出现，不仅可以明确做多，而且可以增加交易规模，为什么？因为出现了两个指标，我们对这笔交易就提升了信心（记住，要使仓位规模达到最大）。并且，同时应用ACD和枢轴价幅，就会得出一个比单独使用ACD指标更谨慎的止损点。在第01章中讲到，升A点的止损点是B点，位于开盘价幅低点的下方，在这个例子中就是27.80的下方，是进场点减去15个价格增额。现在，建仓做多是在穿过枢轴价幅的升A点，止损点就是枢轴价幅低点的下方，即27.90，距离进场点仅仅是5个价格增额（再次提醒，要使风险降到最小）。

当市场交易穿过枢轴价幅，到达升A点，在这个位置上确立做多，会提升执行这笔交易的信心。把止损点设置在枢轴价幅低点的下方，使得风险降到最小。

64

来看我们交易档案里存储的一个实例，2001年7月17日标准普尔500股指期货，一个"穿过枢轴价幅落实的升A点"。在图3.2里，交易当天的前15分钟确立开盘价幅在1203.50-1208.80，A值参数为2.00，升A点的目标位置就是1210.80，降A点的位置就是1201.50。根据前一个交易日的市场价格变化，当天枢轴价幅是1212.14-1215.40，枢轴价幅在升A点1210.80的上方。

如图3.2所示，市场交易上行，在当天10：30柱上到达升A点。在这个价格水平上，市场还没有进入枢轴价幅，枢轴价幅就在升A点的上方，所以不能在升A点的位置上确立做多/看多偏好，而应该等待，观察市场随后的走势。换句话说，如果枢轴价幅位于升A点的上方（或者在降A点的下方），就需要等待市场在枢轴区域会出现什么变化，来确认A点是有效的。如果市场在升A点上方突破枢轴价幅，就要建仓做多；反之，就要袖手观望。

然后交易开始略有回落。在午间市场又开始走高，穿过升A

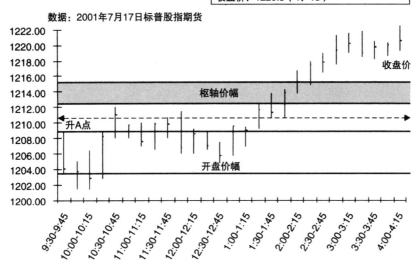

图3.2　2001年7月17日标普股指期货

点，并继续上行，突破枢轴价幅。在这个位置上，市场表现出明显的上涨动能，提升了交易者对上涨偏好的信心。市场的确稳步攀升，在1220.50上收盘，接近当日最高点。

穿过枢轴价幅的降A点

现在，我们看一下相反方向的策略，穿过枢轴价幅落实的降A点。在图3.3中可以看到，商品B，根据前一个交易日的市场价格变化，确定枢轴价幅在39.80-39.70，当天，开盘价幅在交易的前20分钟确定在40.10-39.90，A值参数是20个价格增额，降A点是39.70，升A点是40.30。

假设市场走低，穿破枢轴价幅来到降A点39.70，在这个位置上交易持续10分钟（开盘价幅的一半时长）。在此，有两个原因可以确立做空/看空偏好：一是落实了降A点；二是市场很快穿破枢轴价幅。两个指标同时出现，就可以使交易规模达到最大，这反映交易者信心的增强。

至于风险，要记住，总是要知道如果错了该在哪里止损离场。枢轴价幅就是参考点。如果我们仅仅使用落实的降A点作为交易指标，止损点是B点，位于开盘价幅上方。在这个例子中，就是在

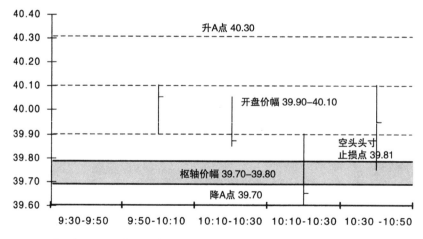

图3.3 使用枢轴价幅使风险降到最小

40.10的上方，在降A点39.70上方40个价格增额。如果使用枢轴价幅作为参考指标，止损点就落在枢轴价幅高点39.80的上方，是进场点降A点上方的10个价格增额。与使用B点做止损点相比，风险大为缩小。

在市场穿破枢轴价幅确立降A点后建仓做空，提升了交易者执行这笔交易的信心。把止损点放在枢轴价幅的上方，使得风险降到最小。

交易规模最大化和风险最小化的观念，对于每一笔交易和整个交易生涯都是至关重要的。不会有人因为少承受5个或者10个价格增额的风险而破产！同时，如果仅仅少承受5个或者10个价格增额的风险，而使得交易规模增加10倍或者20倍，回报完全超出了风险。

我的意思是：假设在市场落实了升A点以后，你买进10张原油期货合约，你的风险止损点是B点，在开盘价幅低点的下方，是25个价格增额的价差。按照现行原油价格，10张合约的25个价格增额就相当于2500美元的风险。

可是，如果市场突破枢轴价幅确立升A点，你做这笔交易的信心就会大增。你就很可能增加交易规模，比如买进25张合约，而不仅是10张合约。因为使用枢轴价幅作为参考，风险也会降低，止损点将会在枢轴价幅低点的下方，距离进场点就是10个价格增额。这样，因为止损点更紧密了，25份交易合约的风险仅仅是10张交易合约的风险，即2500美元。换一种说法，在没有增加总体风险的情况下，你应用有效参考点，充满信心地做了一个是原来的2.5倍大规模的交易。

每增加一个交易指标，就如同又找到一个专家的市场意见，市场看法相同度越高，交易者对自己做这笔交易的信心就越大。例如，假设市场突破枢轴价幅确立升A点，出现这两个指标帮助确定做多/看多偏好，交易者就有信心增加交易规模，现在，假设又增加一个30天交易循环指标。从第02章我们学习到，把开盘价格、收盘价格和枢轴价幅相比较，每个交易日可以被确定为上涨日或者下跌日

（如果市场在枢轴价幅下方开盘，而在枢轴价幅上方收盘，就是上涨日；如果市场在枢轴价幅上方开盘，在枢轴价幅下方收盘，就是下跌日）。我们知道，市场倾向于做30个交易日的循环运动，如果30个交易日前一天是一个上涨日，并且市场在交易当天相继出现与30个交易日的前一天相同情形，就很有可能是一个上涨日。

因此，如果30个交易日前是一个上涨日，今天市场按照顺序出现一系列相同情形，今天是一个上涨日的几率就很大。这就意味着市场在枢轴价幅下方开盘，然后在枢轴价幅上方收盘。现在市场已经在枢轴价幅下方开盘，并且一路走高，然后突破枢轴价幅，确立升A点。我们增加第三个有利的考虑因素之后认定：市场很可能将在枢轴价幅上方收盘，如果我们在市场突破枢轴价幅的升A点上方建仓做多，赢利的几率有多大呢？答案是几率将会非常大。市场已经克服两个阻碍，确立升A点，并突破枢轴价幅。市场在枢轴价幅上方收盘的机会相当大（上涨日），交易者的信心就提升到更高。现在，取代通常做的10张合约，交易者就可能要做20张或者30张合约，为什么？一系列信号连续出现，就可以使交易规模最大，因为风险已经降到最小。

每一个指标的使用都如同增加的一层信心。例如，如果市场突破枢轴价幅，确立升A点，并且30个交易日前是一个上涨日，市场上行的可能性就极大。

但是也有时候，从时间因素考察市场发生的情况，可能会打击交易者的信心。在第01章中我们讲到，如果市场在一个合理的时间段里没有按照预期走势运行，就必须平仓离场，寻找下一个目标。市场在一个水平上停留越久，交易就越有可能违背交易者的意图（这就如同所有的公交乘客都有机会蜂拥而至，和你做同样的交易，而他们几乎总是错的）。同样的时间概念也适用于运用枢轴价幅的交易，如果市场开始运行到枢轴价幅区间，不论是上行还是下行，市场没有继续运行穿过枢轴价幅，而是盘亘在中间，那么就要离场。如果市场停留在枢轴价幅区间超出开盘价幅时间的三倍（如果开盘价幅是10分钟，就是30分钟），那么这个枢轴对于交易当天

就没有意义了，这时就要马上离场，寻找下一个机会。当市场运行到参考区域，交易者要看到市场按照预期出现进一步价格变化，如果没有出现，则马上离场。

如果市场在枢轴价幅区间盘亘过久，这个枢轴概念对于交易当天是无效的。当市场运行到一个关键价格参考区域，它必须移动，不然这个价格水平对于当天没有意义。

枢轴内落空的A点

如果市场没有在升A点或降A点的目标价格水平停留足够长的时间，会怎么样？或者，如果市场进入枢轴价幅，但是没能到达升A点或者降A点，会怎么样？假设枢轴价幅的支撑力或者阻力足够强劲，阻止市场做任何行动，在到达A点前就耗尽动能，这种情形是什么？答案就是，这是一个枢轴价幅内落空的A点。

ACD系统中每一个概念都叠加在其他概念上面，我们现在要复习一下。在第01章中我们讲过，当市场触及或者逼近升A点或降A点，但没有在这个水平停留足够的时间（开盘价幅的一半时间），没有使这个价格点生效，就是落空的A点。或者，市场临近升A点或降A点，马上快速弹回，我们就把它叫做橡皮筋交易。现在，如果发生同样的情况，市场勉强到达枢轴价幅区间，但在到达A点后或者到达A点前立刻快速反弹，这就是枢轴价幅内落空的A点的交易形态。受到这个信号指示，交易者的信心就得到提升。

我们举个例子。在图3.4中，可以看到，商品C的枢轴价幅是20.15-20.25，交易当天的开盘价幅是20.08-20.13，使用7个价格增额的A值参数，升A点就是20.20，位于枢轴价幅区间的中央。

我们假设枢轴价幅构成强势的阻力。市场吃力地穿过枢轴价幅的一部分，但是没能到达升A点。在20.19，市场快速弹回，形成典型的枢轴价幅区间落空的A点，枢轴阻力区内在20.19价格水平上落空的A点更有意义。交易者这时极可能把这两个信息联系起来，得出结论：在20.19上开仓卖出的风险极小。A点落空，在枢轴价幅区间

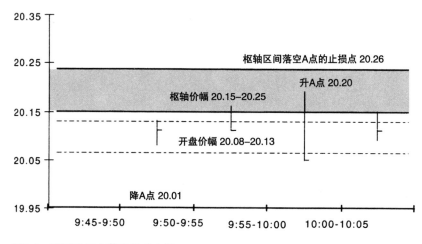

图3.4 枢轴价幅内落空的升A点

内落空，这两个现象同时发生，就增加了市场反转下行的概率，市场在这里转而上行并突破枢轴价幅的可能性微乎其微。但是，以防万一，我们要在20.26设置止损点，即枢轴价幅上方的一个价格增额。

在枢轴价幅上方或者在枢轴价幅区间内出现落空的升A点，印证了这个区间的强势阻力，也增加了在这个位置上成功做空的几率。

我们来看相反的情形，枢轴价幅内落空的降A点。在图3.5中，商品D的枢轴价幅是20.40—20.50，开盘价幅是20.55—20.60，这种情形下降A点是20.47（开盘价幅低点下方8个价格增额）。

现在，假设市场行情下跌，穿破枢轴价幅高点20.50，然后到达20.49，但是没有到达降A点20.47。在此市场快速反转，回到20.50，然后到20.51，这种情况就是落空的降A点，并且就位于枢轴价幅区间。交易下行的失败，证明市场在这个价格水平的强势支撑，增加了市场交易上行的可能性。因此，在这个橡皮筋交易的反弹点上建仓做多，风险很小，而报偿潜力很大。这时还是要知道如果出错在

70

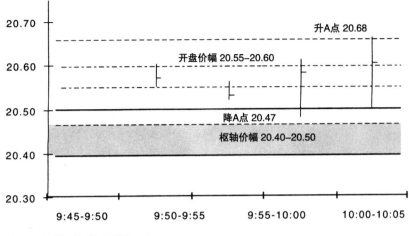

图3.5 枢轴区间落空的降A点

哪里离场止损，在这个例子中，止损点就是枢轴价幅下方。

在枢轴价幅下方或在其区间内落空的降A点，印证了这个位置的强力支撑，增加了在这个价格水平上开仓买进的获利机会。

如果在交易当天早盘发生枢轴价幅内落空的A点，就更值得留意，对于趋势明朗的市场情况尤其如此。假如市场总体来说一直是上行趋势，在某一个交易日里，市场开盘就下探到开盘价幅下方，显出疲弱，但是疲弱很快消去，市场出现落空的降A点，并在这个价格水平开始反弹上行。这里，枢轴价幅内落空的降A点，就可以认做是风险很低的进场点。出现两个指示建仓做多的信号：枢轴价幅的强力支撑，市场从降A点开始反弹。还有一个信号是，市场在向下跌落前已经确立的上升趋势，这时亏损风险很小：仅仅是距离降A点的几个价格增额而已，但是获利潜力则相当可观。

现在，添加另一个考虑因素，假设市场处于上升趋势中。今天，市场出现落空的降A点，枢轴价幅在开盘价幅上方，另外，我们假设30天前是一个上涨日（开盘在枢轴价幅下方，收盘在枢轴价幅上方），市场在降A点落空后，上涨日就变成另一个确立做多的理由。因为历史总是重演，市场将在枢轴价幅上方收盘的可能性会更大。

往下进行之前，我们先看看这个列表，表中罗列出了我们讨论过的，结合使用A点和枢轴价幅策略可能出现的情形。

- 突破枢轴价幅落实的升A点。在突破枢轴价幅的升A点上建仓买进，并且考虑增加仓位。把止损点设置在枢轴价幅低点的下方，或使用时间段止损（意思是，如果市场没有在一定的时间段内按预期方向移动，就止损离场），使风险降到最小。

- 穿过枢轴价幅落实的降A点。在穿过枢轴价幅的降A点上建仓卖出，并且考虑增大仓位。把止损点设置在枢轴价幅高点的上方，或使用时间段止损，使风险降到最小。

- 枢轴价幅内落空的降A点。市场发生枢轴价幅内落空的降A点后反弹上行，在此可以建仓买进。把止损点设置在枢轴价幅低点的下方，或者使用时间段止损。

- 枢轴价幅内落空的升A点。市场发生枢轴价幅内落空的升A点后反转下跌，在此可以建仓卖出。把止损点设置在枢轴价幅高点的上方，或者使用时间段止损。

C点枢轴

到此，我们已经讲解了如何结合使用A点和枢轴价幅，现在，来看一看如何把枢轴价幅和ACD系统另一个进场点C点结合起来。C点是转换偏好/转换市场情绪的位置。如果市场确立升A点，然后反转下行，交易者的偏好要从看多（在升A点）转为中性（穿破开盘价幅），最后在C点转为看空。这套系统是对称的，所以如果市场确认了降A点，然后反弹上行，交易者的偏好要从看空（在降A点）转为中性（穿过开盘价幅），最后在C点转为看多。

以枢轴价幅为背景来分析C点市场价格变化，我们就会得到潜力巨大的反转策略，我把它叫做"C点枢轴交易"。这种交易形态极少发生，一旦发生，常常引起市场大幅价格变化，从而成为使交易者得到最高回报的投资机会。

首先，以下因素必须相继出现，才能确立C点枢轴交易：

● 开盘价幅必须位于枢轴价幅上方。

● 市场必须落实升A点。

● 市场必须下跌穿破开盘价幅运行到其下方，然后继续下跌，穿过C点和枢轴价幅。

或者

● 开盘价幅必须位于枢轴价幅下方。

● 市场必须确立降A点。

● 市场然后止跌回升，穿破开盘价幅，上行穿过C点和枢轴价幅。

发生这种突然性的反转之后，随之而来的常常是市场的大幅变化。再强调一次，这种交易机会很少发生，事实上是千载难逢的交易机会。当我们借助于ACD系统考察市场时，我们会期盼某些特殊情形发生，如果观察到C点枢轴交易机会出现时，我们知道应该如果应对。

C点枢轴交易的妙处就在于，因为考虑到所有市场因素，完全能够帮助我们明确判断特定价格区间和细微的行情变化，从而毫无顾虑地使仓位达到最大，风险降为最小。换句话说，典型的C点枢轴交易情形，就是踩上油门一路飞奔的最佳时机，前方畅通无阻，交易必将成功。

首先，我们来看看标准的C点形态。如果在交易当天早盘确立升A点，交易者就明确做多的偏好。现在，市场一旦反转运行，穿破开盘价幅，一路下跌，直到C点，就要把偏好转变为做空。在C点开仓做空，止损点就是D点，在开盘价幅高点的上方。

相反，如果市场在当天早盘落实降A点，交易者就明确做空的偏好。一旦市场反转上行，突破开盘价幅，直到上方的C点，就要将偏好转为做多，如果在C点开仓做多，止损点就是D点，就在开盘价幅低点的下方。

现在，我们增加枢轴价幅的因素。例如，假设市场在交易当天早盘确立降A点，然后止跌，强力回升，突破开盘价幅，接着突破枢

轴价幅，到达上方的C点，在这个点上交易者就有双重理由来明确
做多。市场不仅确立了C点，还确立了"穿过枢轴价幅的C点"，牛
市行情指标的确定大幅提升了交易者的信心，也提高了增大交易仓
位的概率，并且，把止损点放在枢轴价幅低点的下方，而不是开盘
价幅低点下方的D点，就使得风险降到最小。

下面是一个假设的例子。在图3.6中，股票XYZ的开盘价幅
在55.00-55.30，根据前一个交易日的市场活动，确定枢轴价幅是
55.40-55.45，交易当天开盘，市场下行，在54.89落实降A点（开
盘价幅低点以下11美分）。现在，市场止跌回升，横穿开盘价幅
55.00-55.30，偏好从看空转为中性，市场继续攀升，到达55.41上的
C点（开盘价幅高点上方的11美分），在这个位置，偏好转变为
看多。

更重要的是，C点正处于枢轴价幅中间，枢轴价幅的高点在
55.45。市场稳步攀升，突破枢轴价幅高点到其上方，这时交易者
明确看多的偏好越来越强烈，根据下面这两个同时发生的指标：确
立C点；市场轻松突破枢轴价幅区阻力，交易者在55.45以上建仓做
多，这种情形下就要增加仓位。同时，止损点就在枢轴价幅低点的

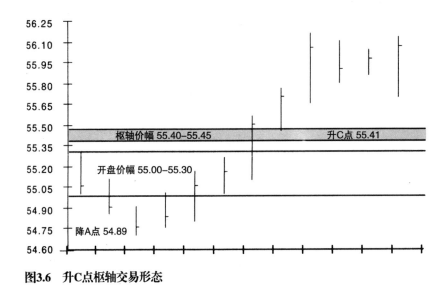

图3.6　升C点枢轴交易形态

下方，这个例子中止损点就是55.40，而不是通常情况下开盘价幅低点的下方，D点55.00。

市场交易突破枢轴攀升到达C点，会极度增强交易者确立做多的信心，在枢轴价幅的低点设置保护止损点，使风险降到最小。

看一个相反的情形，在图3.7中，股票XYZ的开盘价幅是55.00—55.30，枢轴价幅是54.80—54.85。市场稳步上行，在55.41上落实升A点（开盘价幅高点上方的11美分），在此偏好看多。

但是，交易当天后来市场出现缓慢抛售。卖出压力越来越强，市场下行跌穿开盘价幅，在此偏好转为中性，在54.89上确立C点（开盘价幅低点下方11美分）。在这个位置上偏好转为看空，交易者密切观察其下方位于54.80—54.85的枢轴价幅，市场继续下跌，枢轴价幅的支撑也很快被穿破。在这个位置上交易者明确做空的信心大幅提升，同时增加仓位的信心也越来越强。把保护止损点设置在枢轴价幅高点即54.85的上方，而不是通常情况下的D点，即开盘价幅高点55.30的上方，就使得风险降为最小。

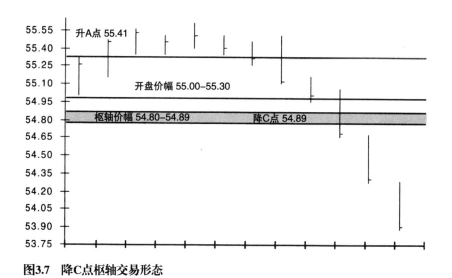

图3.7　降C点枢轴交易形态

> 市场下跌穿破枢轴价幅到达C点，会增强交易者确立做空的信心，把保护止损点设置在枢轴价幅高点的上方，使风险降为最小。

尾盘出现的C点枢轴

C点枢轴还有一种比较特殊的情形。这种情形发生的时候，不仅会使交易者信心大幅提升，同时增加交易仓位，还会使交易者满怀信心持仓过夜，因为这将是一个获利潜力巨大的交易机会，这就是"尾盘出现的C点枢轴"。

在这种情形下，市场活动就像典型的C点枢轴交易一样，交易早盘很快确立升A点或降A点，然后逆转到达位于枢轴价幅内或者靠近枢轴价幅的C点。一旦市场穿破枢轴价幅，确立C点，这种逆转的情形就将给交易者带来一笔赢利的交易。

现在，如果C点枢轴在交易当天尾盘出现会怎样呢？首先，市场突然放量逆转，到达C点，并突破枢轴价幅，通常意味着一个事实，即发生反转前市场的总体情绪是错的，当天早些时候大多数交易人和投机商都选择了做空卖出，当市场止跌回升的时候他们就被套住，这时开始匆忙买进，在任何可能的价格上买入回补。大量的空头买进行为促使市场一路攀升，穿过C点和枢轴。

当尾盘C点枢轴交易形态发生的时候，市场上大多数玩家都在市场相反方向上被套住，他们一路做空而市场开始止跌回升，或者他们坚持做多而市场急转跌落。由于这时已是交易当天的尾盘，离场时间十分有限。举个例子，假设交易池里有一个经纪人在上午11点钟得到一个指令，要他买进5000张期货合约，交易当天他还有三四个小时的充足剩余时间，来在看好的价格水平上执行指令。但是，如果他在收盘前3分钟得到买进5000张合约的指令，该怎么办呢？为了完成这个指令，他只有疯狂买进，时间太紧了，他完全不可能像平时那样高效率执行指令。因此，在大多数情况下，在交易当天仅剩的3分钟里执行5000张合约的指令，基本上是不可能完成的任务，何况如果市场正在出现急剧的止跌拉升或者突然性的暴跌。我喜欢把这种情况比喻成这样的灾难场面，在一个拥挤的电影院里，200个观众正在看一部电影，突然有人高呼"着火啦！"，人们立刻挤做一团冲向大门。

在交易中，这样惊慌失措匆匆平仓的结果就是，剩下的指令必须要在下一个交易日里才能完成。一方面，有一些合约在交易当天的最后一分钟也没能执行；另一方面，有一些不守纪律的交易人需要经过一夜的思考才能认识到他们确实是错了，他们在市场交易止跌回升直到收盘时还在卖出。第二天一早，他们必须吞下苦果才能脱身，不得不在开盘时匆匆买进。综合在一起，我们就能推断出，如果交易当天尾盘出现C点枢轴，在第二天早上市场开盘将会出现大幅跳空。

记住，当人们看错走势，在市场的反方向上被套住的时候，就会发生C点枢轴的情形。ACD系统的C点枢轴交易形态的指标，可以使交易者在大多数人意识到市场状况前就看出他们的错误，这是一个提前的警讯信号，提醒交易者市场将会出现强烈的逆转，或者暴涨或者骤跌，人们将应急仓皇出逃，而你将会先于他们采取快速行动，在他们慌忙从空头仓位出逃前，你已经开始大量买进，认准市场将会大幅上涨，或者在他们放弃多头头寸前，你已经开仓做空，大量卖出了。

这就是为什么发生尾盘C点枢轴情形时，别人恐慌，而你可以安然持仓过夜的原因，风险非常之低，获利机会巨大。交易当天尾盘出现C点枢轴时，你就形成了明确计划。你所持有的交易头寸，不论空头或是多头，都可以宽心持仓过夜，预期第二天会出现大幅跳空的开盘。因此，如果做空，就会预期市场跳空低开，因为市场承压过重，大量多头需要斩仓脱身；如果做多，就会预期跳空高开，因为大量空头需要大举补进出逃，托起行情。

交易尾盘发生C点枢轴的情形，如果市场在枢轴价幅和C点上方收盘，你就可以持仓过夜。

枢轴第一小时高点或低点

我们在本章要讨论的最后一个枢轴概念，是一个短线交易的概念，叫做"枢轴第一小时高点或低点"。交易中，每个人特别渴望知道哪一天市场会出现明朗而稳定的走势。对于短线交易来说，第一个小时的高点或低点，能较早提示交易者当天的市场走势。

确立枢轴第一小时高点或者低点的交易形态，要求A点和当日枢轴价幅必须满足几个条件，这里的枢轴价幅也根据前一个交易日的市场活动确立：

- 交易当天第一小时出现的高点或者低点必须包含在枢轴价幅区间内。
- 市场必须在第一小时确立升A点或降A点。
- 并且，在第一小时结束时，行情必须处在交易当天已经出现的高点或低点的15%范围内。
- 如果这些条件都满足，那么可能就是一个走势明朗的交易日。

这里有一个例子，符合枢轴第一小时高点和低点的交易情形。假设原油期货交易第一小时的价格区间是25.10-25.60，枢轴价幅根据前一个交易日确定在25.05-25.15，包含了第一小时的低点25.10，开盘价幅是25.15-25.30，市场在第一小时内确立了升A点25.38。

现在，在第一小时结束的时候，交易价格收在25.56，这个价格是在第一小时一个极点的15%的区间内，准确地说，这个结束价格接近第一小时高点25.60。

在这种情形下，市场确立了升A点25.38，交易者要明确做多/看多偏好。而现在，出现枢轴第一小时低点，就可以在25.56增加买进头寸，预期交易当天是上升走势。止损点将要设置在25.38，即升A点，或者使用时间止损，即相当于开盘价幅两倍的时间。换句话说，如果行情没有在这个时间域内朝向预期方向运行，就退出交易。

枢轴第一小时高点或低点的交易形态就是，在第一小时确立升A点或降A点，并且行情在第一小时结束时，交易价格位于交易当日已出现的价格极点的15%区间内。

ACD系统的每个指标都是对称的。看一下相反的情形，假设原油期货在第一小时的交易区间是25.00-25.35，枢轴价幅是25.30-25.40，包含了第一小时的高点，根据开盘价幅25.15-25.25，降A点在25.07（假设A值参数是向下的8个价格增额），行情在第一小时落实降A点，在第一小时结束时，交易价格在25.03。这是一个枢轴第一小时高点的情形，是一个明确的下行走势的信号。如果在降A点开立空头头寸，在第一小时结束时可以增加卖出仓位，因为市场第一小时收在低点15%的价格区间。复习一下，我们来看看可能出现的几种情形，检验你能否识别出枢轴第一小时高点或低点的交易机会。

情形1

- 天然气期货第一小时价格区间在4.00-4.06。
- 开盘价幅是4.015-4.03。
- 假设升A点数值是上方0.02个价格增额，行情第一小时内在4.05上落实升A点。
- 枢轴价幅是4.01-4.015。
- 第一小时结束时，市场交易价格在4.055。

这是不是枢轴第一小时低点？我们来看看是否符合条件。市场在第一小时确立升A点，第一小时结束时价格也处在价格高点的15%区间内，即高点下方的1个价格增额，枢轴价幅是4.01-4.015。这样，低点4.00就在枢轴价幅的下方，因为低点不在枢轴价幅以内，这就不是枢轴第一小时低点的交易形态。

情形2

- 原油期货第一小时价格区间是24.50-25.10。
- 开盘价幅是24.95-25.05。假设降A点是下方8个价格增额，市场确立降A点在24.87。
- 枢轴价幅是24.90-25.20。
- 市场在24.55结束第一小时。

上面的情形是枢轴第一小时高点交易形态吗？

我们看看具体事实。第一小时确立降A点，第一小时的高点25.10包括在枢轴价幅24.90-25.20区间内，行情收在24.55，在当天第一小时低点的15%区间内。因此，这是一个枢轴第一小时高点交易形态，标志着交易当天走势十分明朗。

情形3

- 原油期货第一小时价格区间是27.10-28.20。
- 开盘价幅是27.16-27.22，假设A值是8个价格增额，升A点就是27.30。
- 枢轴价幅是27.09-27.11。
- 第一小时结束时，交易价格在28.00。

这种条件是否确立了枢轴第一小时低点交易形态？

我们来检查每一项条件。升A点在第一小时内确立，第一小时低点27.10包括在枢轴价幅27.09-27.11区间内，行情第一小时结束时收在28.00上，也位于第一小时高点28.20的15%区间内。这是一个枢轴第一小时低点交易形态，预示这是一个趋势明确的交易日。我们还要注意到，第一小时区间相当宽阔。回到第02章我们讨论的原理，如果交易当天的枢轴价幅（27.09-27.11）十分狭窄，说明这个交易日可能出现幅度很大的交易价格区间。

险中求胜的交易

在枢轴概念中，还有一种险中求胜的交易形态，我要在这里说明，以提醒读者注意，这就是落空的C点枢轴。如果行情持续异常波动，在A点和C点间出现宽幅震荡，就会发生这种交易形态，这是一种非常难以把握的交易情形，因为市场波动过于剧烈，很容易让人失手。具体情况如下：

假设市场落实升A点，上升势头强劲，所有市场玩家都在买进做多。交易当天晚些时候，市场突然崩盘，刺破开盘价幅，穿过B点，此时交易者偏好变成中性，然后市场直向C点冲去，C点目标价格位于枢轴区间内，但是市场没有刺破枢轴落实C点，而只是轻轻触及这个区域，立即弹回到几个价差以上，这就是落空的枢轴区间内C点。

在这种情形下，交易者可以尝试逆市而行，即当市场在枢轴区间内C点快速反弹的时候建仓做多。但是，这将是一个快进快出、快速获利的交易。换句话说，必须快速获利平仓，因为市场可能很快逆转，滑向另一个方向。

系统失效的交易

我们来到下一个交易课题——"系统失效的交易"，当行情反复震荡、走势不明时，就是这种交易形态。例如，2001年1月至7月的股票交易提供了一个使用这个策略的最佳机会。在这种变幻莫测的市场行情中可以观察到，落实A点和C点之后，市场常常突然逆转，交易者只能平仓出局。因此，当市场上下震荡、方向不明的时候，我们就不能根据以前所讨论过的交易形态，比如说穿过枢轴落实的升A点来执行交易，这是为什么呢？因为在剧烈震荡的行情中，没有足够的动能支撑市场运行，达到我们应用ACD方法所需要的条件，并且，市场极易逆转，反向运行。

那么，交易者应该怎么做呢？在这种情形下，交易者要耐心等待，当市场没能攀升到升A点的上方，反而下跌到枢轴价幅下方的时候，就可以出手建仓，这时可以在枢轴价幅低点的下方开仓做空。事实上，如果按照突破枢轴价幅落实的升A点的交易形态来做的话，就会选择在这一点平仓退出，而现在，交易者要在这个水平上选择做空。相反，如果市场没能穿破枢轴价幅到达降A点的下方，而是转向突破枢轴价幅到达其上方时，交易者要在这里确立做多，进场点就在枢轴价幅高点的上方，应用穿过枢轴价幅的降A点的交易概念时，这个点是平仓离场点。

提醒一句：这种交易风险很大，因为这里没有一个明确的参考止损点。因此，执行时必须特别小心，要快进快出，快速获利离场。

综述

可以看到，一旦理解了每一个ACD系统指标的假定命题，比如A点和C点，枢轴价幅，枢轴第一小时高点或低点等等，就可以按照这些标准来验证市场活动，市场或者符合这些标准，或者不符合。根据市场活动的情况，比如市场确立突破枢轴价幅的升A点，或者满足枢轴第一小时高点或低点的标准，交易者就可以得出相应的判断，执行交易。如果市场活动没有出现这些情形，那么这个交易日就没有合适的交易可做。这一整套ACD交易方法的妙处就在于它简便易行，丝丝入扣，层层叠加，换句话说，它遵循着一个合乎逻辑的递进关系。

我想讲几个很好的交易案例，它们都清晰地体现了至此我所讨论到的各种原则，来给本章做个总结。以下这些都是真实发生过的交易情形。

第一个就是难得一遇的C点枢轴交易，发生在交易当天尾盘。记住，这种情形是在交易当天尾盘时市场突然快速反转逆行到达C点。出现这种情况时，无论做多还是做空，交易者都可以安心持仓过夜，预期交易次日市场会在相应方向上出现跳空开盘。

有一个在纽约商品交易所交易大厅里工作的原油期货经纪人，他是我多年的老朋友，我们暂时叫他"油脂"。他是世界最大的原油交易公司的主要原油经纪人，经手的交易额数目巨大。

1990年8月1日，星期三，原油期货开盘价幅是20.95-21.05。根据前一个交易日的市场活动，确定当日枢轴价幅是21.20-21.26。开盘后不久，市场急速跌到20.78，下跌过程中确立降A点20.87。

在这个位置上，根据降A点和已经出现的情形，你一定认为我的偏好应该是看空。但是我了解到两个因素：30个交易日前是一个上涨日，那是什么意思啊？那个交易日市场在枢轴价幅下方开盘，在其上方收盘。今天市场已经在枢轴价幅下方开盘，所以我知道市场很有可能在稍晚时出现止跌回稳，推动市场上行，突破枢轴价幅，并在其上方收盘。同时，30天累积数字线（我们将在第04章深入讨论）上正在减掉的是一个熊市的数值，交易当天的任何一个牛市数值都意味着即将出现牛市偏好。

就在这一天下午，闭市前一个小时，市场开始止跌回升，越涨越高。我可以感觉到一切如期而至，这将是一个上涨日，行情会突破枢轴价幅，并在其上方报收。带着这种预期，我狼吞虎咽吃光营养午餐——也就是两杯百事可乐和四个约德尔奶油饼后，我又回到交易大厅，在21.15-21.25之间大规模买进合约。这时我知道，我的经纪人朋友"油脂"，从21.10开始做空。在交易大厅里，你可以观察得到其他人的交易活动，大家买卖时都是公开大声喊价，这里其实就是一个开放式的"拍卖场"。所以，我清楚地知道"油脂"开始做空的价格水平。我更加清楚地知道，一个突然性的反弹已经发生，而且市场将会开足马力，全速上冲！

五分钟后，行情突破枢轴价幅区间21.20-21.26，然后拉升到21.30。现在，回到ACD方法的基本概念，确立了降A点，开盘价幅在20.95-21.05，升C点在哪里？那段时间，C值参数是16-18个价格增额，我们用17个价格增额来确定逆转气氛下的C点，就是在21.22，这个价格水平就位于枢轴价幅区间。

这就是一个难得一见的尾盘C点枢轴的交易形态。因为已经预料到会发生这种情形，我在开盘价幅的高点附近开始买进，现在，C点穿过枢轴，我知道行情会走得更高！

当市场大多数人出错的时候，才会出现C点枢轴情形，交易员不得不在可能的任何价格水平上仓皇出逃。在交易当天最后10-15分钟里，大批惊慌失措的空头回补行为将行情一下从21.30推升到21.60，市场最后收在21.55。

告诉你实情，我这时持有的多头头寸数额巨大，远远超出我应该持有的合约数量。在当时特殊的气氛中，并且知道这是一个难得一遇的尾盘C点枢轴形态，我一时乐昏了头。确切地说，我大概总共买进了500-600张合约，只卖出200张左右。

收盘后我仔细考虑了一下所持有的仓位，决定最好平掉一些。我去找"油脂"，知道他的空头头寸相当多，对他说："我要卖出50张，你要不要？"当时我这个朋友斩钉截铁地说他不要，毫无回旋余地。

好，没关系，我心里想，这是他自己做的决定，我就持仓过夜吧。交易当天收盘直到星期四早上，我都持有400多张多头合约。我预期第二天会出现跳空高开。

周四凌晨2点钟，电话响了，好像是"油脂"打来的。"你还想卖给我50张吗？"我听到"油脂"的声音在说。

我还没从睡梦中清醒过来，不大明白他说的是什么，就挂断了电话。

过了一会儿，我清醒过来，开始怀疑，真的是"油脂"来电话了么，还是做梦？没准儿还是个噩梦？这时是凌晨3点钟，我不能打电话给他，问他还要不要这50张。

彻底清醒后，我下楼到厨房吃点东西。坐到餐桌前，我打开厨房的电视。伊拉克刚刚入侵科威特！原油期货离岸市场价格刚刚涨了2美元！

我在21.15~21.25上开立原油期货多头头寸的时候，根本对伊拉克和科威特一无所知，我完全是在根据ACD方法执行交易，确立了降A点，然后市场开始止跌回稳，并且我知道30个交易日前是一个上涨日，意味着市场会在枢轴价幅上方收盘。根据这些因素，我知道建仓做多风险很小，报偿机会很大。然后市场出现尾盘C点枢轴，我清楚的知道，开立多仓并持仓过夜的获利机会相当相当高。

不用说，周四早上原油价格暴涨，而我是从21.15~21.25间开始买进的。对于"油脂"来说，在21.10上卖出真是不怎么样，但是周三收盘时我曾经提议过在21.55上卖给他50张合约的！

对我来说，那是最完美的一次C点枢轴交易。记住，就像电影院失火的情形，观众都必须从一个门逃出去，肯定会出现恐慌。用市场术语说，恐慌会变成一个方向上的强力运动，市场上涨，空头就要慌忙回补；市场下跌，多头就要斩仓出逃。如果恐慌发生在交易当天尾盘，你知道一定会有这样的交易人，就像我的朋友"油脂"一样，被套牢，急于在下一个交易日开盘时脱身出逃。

下面是另一个C点交易的例子，发生在1989年12月29日的取暖油期货市场。那天是当年最后一个交易日，市场在美国东部时间下午1点钟收盘，而且在那一天，1月份取暖油期货到期。由于这两个因素，当年交易的最后一天的交易时间缩短；合约到期，许多交易人都很谨慎，市场清淡。这种情况主要是出于对交割的顾虑。持有一份期货合约，例如取暖油期货合约，如果合约到期交易者没有平仓（平仓的意思是既不持有多头仓位也不持有空头仓位），就意味着这个交易者或者要接受取暖油现货交割或者安排取暖油现货交割，这两种情况都不是投机交易人所愿意做的事情。

1月取暖油期货的开盘价幅是0.9700-0.9750。那时候取暖油期货交易含有25点增量，每一张合约价格上的一分钱都等值420美元。还有，那时取暖油期货交易达到的最高点位大概是1.02。再进一步润色一下这个故事，因为这是当年最后一个交易日，我们在谈论的是取暖油，这可是一个对于工业和消费者都有重大影响的商品。商品期货交易委员会——期货交易的监管机构以及交易所的守法部门，来了十几个人，都站在交易大厅里，监督着交易活动，保证一切有序进行。

开盘后，行情跌到0.9350，确立了降A点，要记住12月29日收盘很早。稍后，取暖油期货开始止跌回升，突破开盘价幅0.9700-0.9750，继续攀升，一直到0.9875，接近C点0.9950，这时市场出现抛售，开始看起来是一个升C点逆市而行的机会，然后市场又开始止跌回升。

我在0.9950开始买进1月27日的取暖油期货合约，这时出现了交易最后半小时的情形。一个经纪人在取暖油期货交易池里开始高喊："谁有1月份取暖油？"我们暂时就叫他OHNO（意思是"噢，不！"——译者注），当然那不是他胸牌上的真名，但是，对于这个故事而言，这个名字显然很合适。

这时买家在0.9950上出价买进取暖油，然后涨到1.00，然后出现了Phibro，一个主要的商品交易经纪公司，出价到1.02，这可是史上最高的出价了，但是没完，行情继续上涨，到1.03，然后是1.04，就在这时OHNO开始喊价，要买进200张合约。

和他目光相视的那一刻，我看见了恐慌。他必须要买进，而行情在呼啸暴涨。价格涨到1.06，到1.10的时候，OHNO才刚刚执行了3张合约，他还有197张合约要买进！

OHNO提高报价到1.15，然后1.20，在这个价格上他又完成了5张。那个按铃记录员，在交易大厅里记录交易价格的工作人员，也几乎疯掉了，他十分艰难地努力跟上眼前疯狂的价格飞涨。纽约商品交易所的价格指挥台贴出1.02作为执行交易价格，而OHNO已经出价到1.20，并且正在以这个价格买进合约。

OHNO出价到1.30，行情还在飞涨。我在1.50把27张合约卖给了他，距离我的买进价格0.9950有51分的增额。在10分钟里，根据C点枢轴理论，市场对我非常有利，我胜算在握，赚到了570，000美元！

你难以想像交易大厅里的喧嚣嘈杂！商品期货交易委员会的人在那儿，交易所的总裁——帕特·汤姆森在那儿，监察部门的经理也在那儿，那是一个无比疯狂的场面。而交易所的报出价格完全滞后于实际交易价格，我要确保我在1.50上卖给OHNO的27张合约生效。

最后，交易所做了一个执行决定，尽管记录说交易在高达1.60上进行，交易所却认定最高价格是1.10。我简直不能相信。因为我已经合法地在1.50上卖给了OHNO，比他们公布的价格高出40分。

我对交易所的总裁说："帕特，你们这个决定使我损失大了，你在从我的腰包里掏钱。"帕特告诉我说这是交易所的决定。

我决定不把卖给OHNO的交易从1.50调整到1.10。相反，我决定持有27张合约的多头头寸，如果必要，我要拿着去执行交割。

然后市场收盘了，既是当天，也是当年，我带着余怒回到交易大厅楼上的办公室。过了一小会儿，帕特·汤姆森和交易所的其他高管，包括监察部门的负责人和负责运营的部门经理来找我。他们说："我们需要和你聊聊。"

长话短说，交易所强迫我在1.10上卖给OHNO27张合约。他们说："这是出于交易所的利益考虑。我们需要你卖给他27张合约（我很快就了解到交易所找不到其他卖家来帮助执行OHNO的指令了）。"

不考虑利他主义的理由，难道为了交易所的利益，我要从自己的利润里拿出450，000美元！

86

最后我告诉他们："让我讲清楚，我在帮助交易所改变一个价值450，000美元的错误。"

随后交易所对当天发生的取暖油期货交易活动进行了一次调查。在交易所监察部对我的问询中，他们有所指地询问我的决定是怎么做到的，作为一个主要的场内独立交易商，在一年的最后一个交易日里，在交易大厅里表现如此活跃，究竟出于什么原因。而其他大多数交易商都不敢有任何大动作。可我确实就是，在0.9950上买进，并且在休市前最后几分钟的疯狂出价中一直坚持持有，不仅是在交易当天，而且是在交易当年的最后一天！

他们想知道我为什么这么做。很简单，这就是一个落实的C点枢轴交易啊！

我把这个故事讲完吧。新年伊始，1月份取暖油期货到期撤板，2月是新合约月。第一个交易日，开盘在0.8500，所以这时我没有在0.9950持有多头合约真是一件大好事。结果，在1.10卖掉的决定对我而言还是相当理想的，对交易所也还不赖。

第04章

宏观ACD

在第01章里我们讨论了微观ACD的概念，即如何根据某一个交易日的开盘价幅确定A点和C点。那么，在更广阔的时间度里，落实的升A点和降C点有什么含义呢？我们知道从微观的角度看，降A点就是交易者要确立做空/看空偏好的水平，升A点就是确立做多/看多偏好的水平。但是，交易当天结束以后，这些A点和C点有什么意义呢？这就是宏观ACD的概念所要解释的。

简单地说就是，根据每一个交易日发生的市场活动，例如，是否确立升A点，是否确立降C点等等，宏观ACD把30个交易日看成一个连续体，每一个交易日都被给定一个数值，根据发生的市场情况从−4到+4不等。

根据交易当天发生的市场活动，比如是否确立升A点或者降A点，是否确立升C点或者降C点，以及市场的收盘价格等等，每一个交易日都被给定一个数值。

图4.1—4.26描述了市场活动和市场情形的例子，每一种情形都被赋予了一个特定的数值。

在评估出连续几个交易日的数值之后，就可以划出一条数字线，反映在过去30个交易日中所发生的市场活动（注意，时间域是30个交易日，不是指日历日，也不包括假期和周末。即使市场开市仅半天，比如在某个重要节假日前，仍然算做一个交易日）。30个交易日记录累计相加每一个交易日数值来计算总值，在第31个交易日，加入最后一天的数值时，要把最早一天的数值减掉。

绘出数字线的主要目的是要看出潜在的发展趋势。当过去30个交易日的累计记录从0开始发展到大于或等于+/−9，并且在这个水

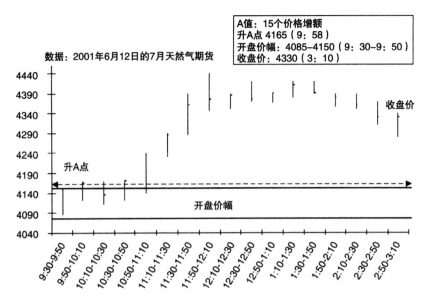

图4.1 2001年6月12日的7月天然气期货

市场在当天第四个20分钟柱上确立升A点，从这个价格水平直到收盘，市场没有运行到开盘价幅以下，收盘在开盘价幅上方，使得交易当天数字线数值 = +2

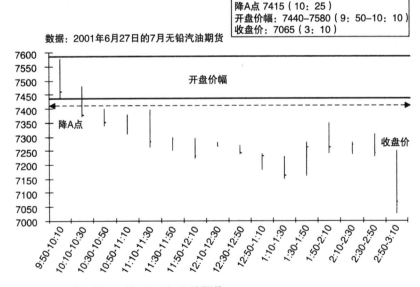

图4.2 2001年6月27日的7月无铅汽油期货

市场在当天第二个20分钟柱上确立降A点，从这个价格水平直到收盘，市场没有运行到开盘价幅上方，收盘在开盘价幅下方，使得交易当天数字线数值= -2

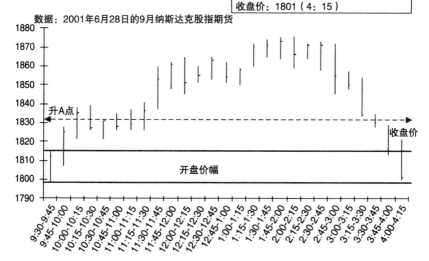

A值：17.5个价格增额
升A点 1832.5（10：10）
开盘价幅：1799–1815（9：30–9：45）
收盘价：1801（4：15）

数据：2001年6月28日的9月纳斯达克股指期货

图4.3　2001年6月28日的9月纳斯达克股指期货
市场在当天第三个15分钟柱上确立升A点，但是，未能在开盘价幅上方收盘，使得交易当天数字线数值＝0

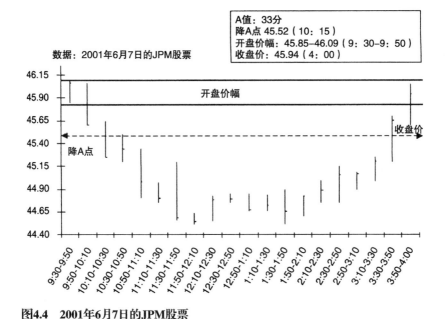

A值：33分
降A点 45.52（10：15）
开盘价幅：45.85–46.09（9：30–9：50）
收盘价：45.94（4：00）

数据：2001年6月7日的JPM股票

图4.4　2001年6月7日的JPM股票
市场在当天第三个20分钟柱上确立降A点，但是未能在开盘价幅下方收盘，使得交易当天数字线数值＝0

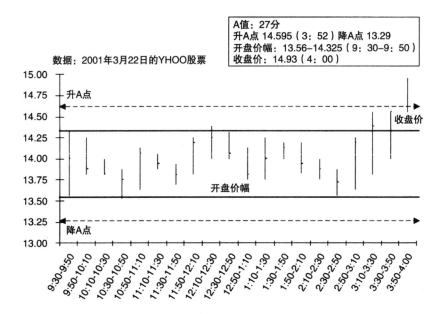

A值：27分
升A点 14.595（3：52）降A点 13.29
开盘价幅：13.56-14.325（9：30-9：50）
收盘价：14.93（4：00）

数据：2001年3月22日的YHOO股票

图4.5　2001年3月22日雅虎公司股票
市场在开盘价幅两侧交易，未能确立升A点或降A点，在当日最后一个柱上确立
升A点，收盘在升A点上方，使得交易当天数字线数值= +2

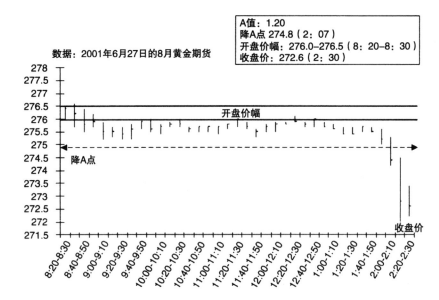

A值：1.20
降A点 274.8（2：07）
开盘价幅：276.0-276.5（8：20-8：30）
收盘价：272.6（2：30）

数据：2001年6月27日的8月黄金期货

图4.6　2001年6月27日的8月黄金期货
市场在开盘价幅两侧交易，未能确立升A点或降A点，在当日倒数第三个柱上确
立降A点，收盘在降A点下方，使得交易当天数字线数值= –2

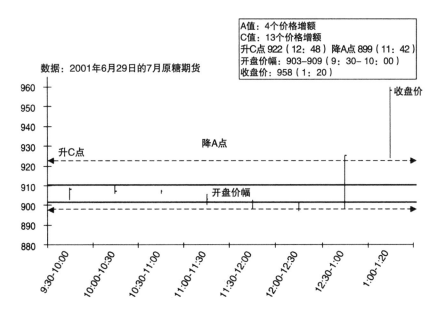

图4.7 2001年6月29日的7月原糖期货

市场在上午11：30的柱上确立降A点，在当日倒数第二个柱（12：30）上运行到开盘价幅上方，确立升C点，收盘在开盘价幅上方，使得交易当天数字线数值= +4

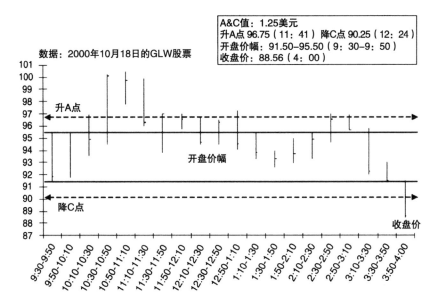

图4.8 2000年10月18日GLW股票

市场在当天第四个20分钟柱上确立升A点，在当天最后一个柱上运行到开盘价幅下方确立降C点，使得交易当天数字线数值= −4

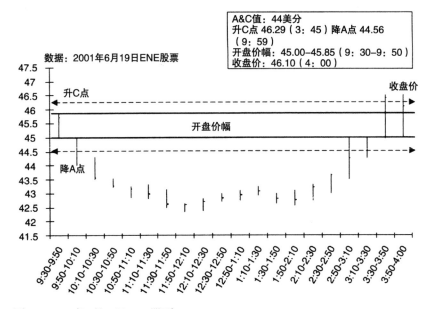

图4.9　2001年6月19日ENE股票

市场在当天第二个20分钟柱上确立降A点，然后在下午3：30柱上确立升C点，在开盘价幅上方收盘，使得交易当天数字线数值= +4

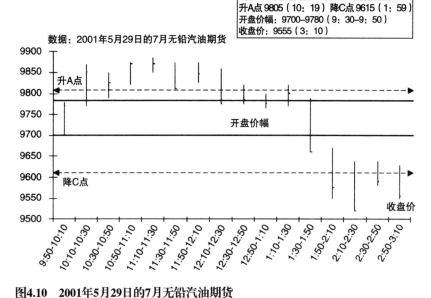

图4.10　2001年5月29日的7月无铅汽油期货

市场在当天第二个20分钟柱上确立升A点，在下午1：30柱上交易下行到开盘价幅下方，随后在1：50柱上确立降C点，在开盘价幅下方收盘，使得交易当天的数字线数值= −4

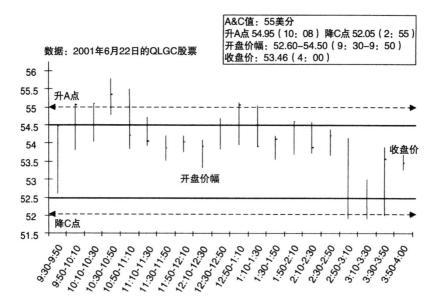

图4.11　2001年6月22日的QLGC股票

市场在当天第二个20分钟柱上确立升A点，在下午2：50柱上交易下行到开盘价幅下方确立降C点，然后回到开盘价幅区间收盘，使得交易当天的数字线数值＝0

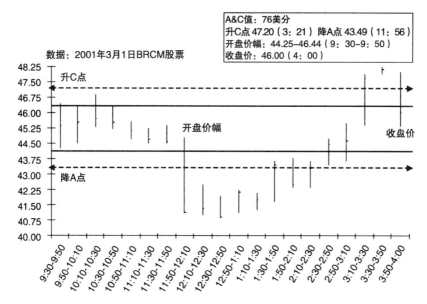

图4.12　2001年3月1日BRCM股票

市场在上午11：50确立降A点，在下午3：10柱上交易上行到开盘价幅上方，确立升C点，然后收盘在开盘价幅区间，使得交易当天的数字线数值＝0

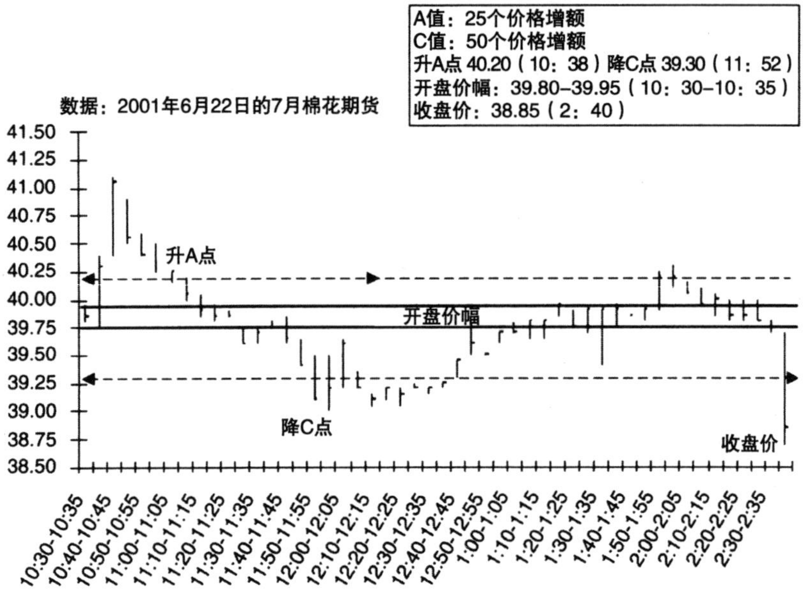
A值：25个价格增额
C值：50个价格增额
升A点 40.20（10：38）降C点 39.30（11：52）
开盘价幅：39.80–39.95（10：30–10：35）
收盘价：38.85（2：40）
数据：2001年6月22日的7月棉花期货
41.50
41.25
41.00
40.75
40.50
40.25
40.00
39.75
39.50
39.25
39.00
38.75
38.50
升A点
开盘价幅
降C点
收盘价
10:30-10:35
10:40-10:45
10:50-10:55
11:00-11:05
11:10-11:15
11:20-11:25
11:30-11:35
11:40-11:45
11:50-11:55
12:00-12:05
12:10-12:15
12:20-12:25
12:30-12:35
12:40-12:45
12:50-12:55
1:00-1:05
1:10-1:15
1:20-1:25
1:30-1:35
1:40-1:45
1:50-1:55
2:00-2:05
2:10-2:15
2:20-2:25
2:30-2:35

图4.13　2001年6月22日的7月棉花期货

市场在当天第二个5分钟柱上确立了升A点，在上午11：50柱上确立了降C点，在1：50柱上交易上行到开盘价幅上方，使得交易当天数字线数值=0

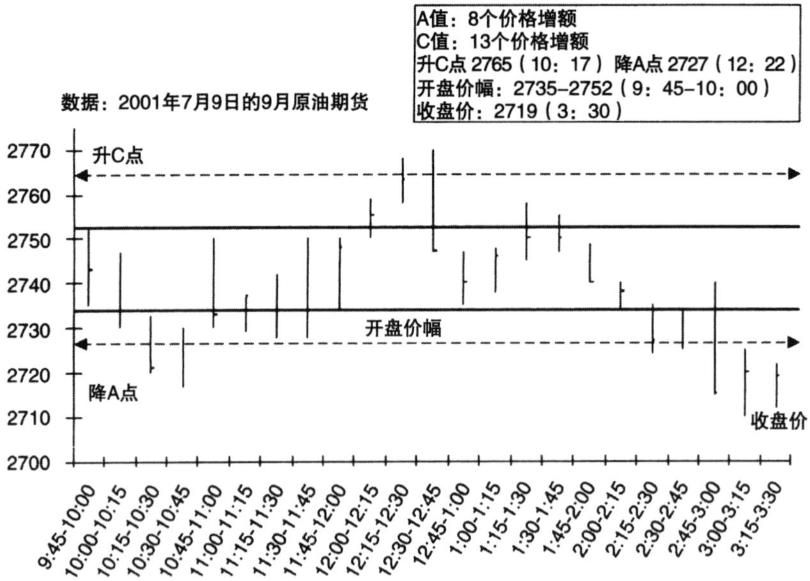
A值：8个价格增额
C值：13个价格增额
升C点 2765（10：17）降A点 2727（12：22）
开盘价幅：2735–2752（9：45–10：00）
收盘价：2719（3：30）
数据：2001年7月9日的9月原油期货
2770
2760
2750
2740
2730
2720
2710
2700
升C点
开盘价幅
降A点
收盘价
9:45-10:00
10:00-10:15
10:15-10:30
10:30-10:45
10:45-11:00
11:00-11:15
11:15-11:30
11:30-11:45
11:45-12:00
12:00-12:15
12:15-12:30
12:30-12:45
12:45-1:00
1:00-1:15
1:15-1:30
1:30-1:45
1:45-2:00
2:00-2:15
2:15-2:30
2:30-2:45
2:45-3:00
3:00-3:15
3:15-3:30

图4.14　2001年7月9日的9月原油期货

市场在当天第三个20分钟柱上确立降A点，在午间12：15柱上确立升C点，在下午2：30柱上交易下行到开盘价幅下方，使得交易当天数字线数值=0

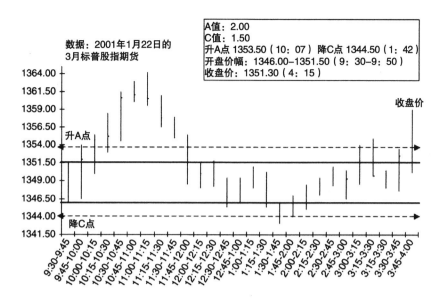

图4.15　2001年1月22日的3月标普股指期货

市场在第三个15分钟柱上确立升A点，在午后1：30柱上交易下行到开盘价幅下方，试图确立降C点，但由于交易在C点水平交易时间过短使得尝试失败，市场在开盘价幅区间收盘，使得交易当天数字线数值= +3

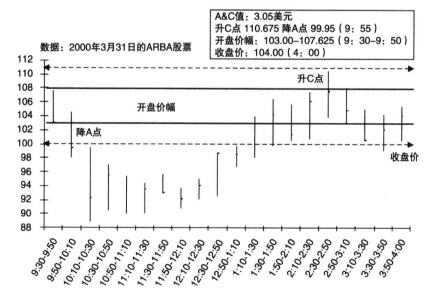

图4.16　2000年3月31日ARBA股票

市场在当天第二个20分钟柱上确立降A点，在下午1：50柱上市场尝试确立升C点，但是交易没有到达C点价格水平上方，使得尝试失败，然后市场回到开盘价幅区间收盘，使得交易当天数字线数值= -3

97

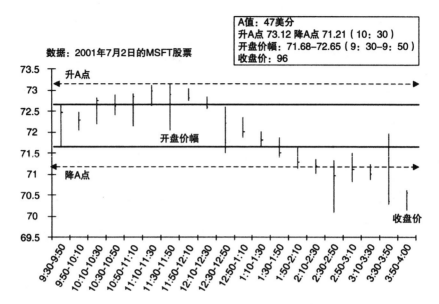

图4.17　2001年7月2日的MSFT股票

市场试图在当天第六个20分钟确立升A点，但是交易价格未能上行到A点价格水平之上，随后，在午后1：50柱上，市场确立降A点，在开盘价幅下方收盘，使得交易当天数字线数值= −3

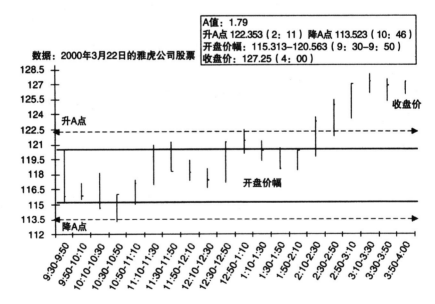

图4.18　2000年3月22日的雅虎公司股票

市场在当天第四个20分钟柱上试图确立降A点，但是由于交易在A点价格水平停留时间过短，尝试失败。在下午2：10柱确立升A点，然后市场在开盘价幅上方收盘，使得交易当天的数字线数值= +3

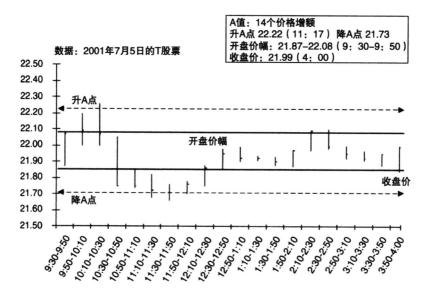

图4.19　2001年7月5日的T股票

市场在当天第三个20分钟柱上试图确立升A点，但是由于在升A点价格水平交易时间过短而使得尝试失败，在上午11：10柱上市场确立降A点，在开盘价幅区间收盘，使得交易当天的数字线数值= −1

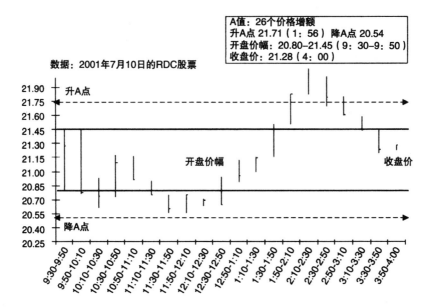

图4.20　2001年7月10日的RDC股票

市场在当天上午11：30柱上试图确立降A点，但是，由于交易在降A点价格水平停留时间过短，尝试失败，在下午1：30柱上交易上行到开盘价幅上方确立升A点，然后收盘在开盘价幅区间，使得交易当天数字线数值= +1

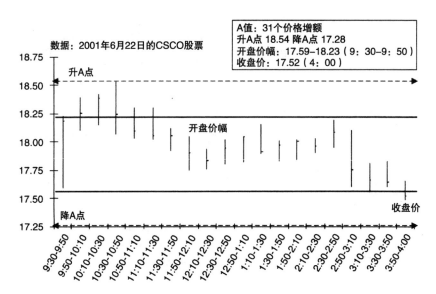

图4.21　2001年6月22日的CSCO股票

市场在当天上午11：50柱上试图确立降A点，但是由于交易停留在降A点价格水平的时间过短，市场从这个价格水平开始直到收盘再没有向升A点运行，收盘在开盘价幅区间或上方，使得交易当天数字线数值= +1

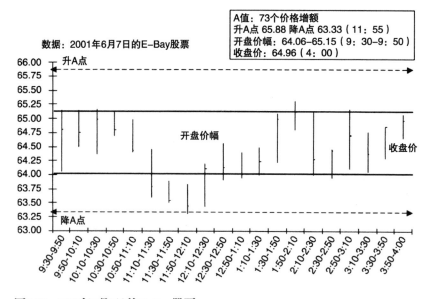

图4.22　2001年6月7日的E–Bay股票

市场在当天上午11.50柱上试图确立降A点，但是由于交易停留在降A点价格水平的时间过短，市场从这个价格水平开始直到收盘再没有向升A点运行，收盘在开盘价幅区间或上方，使得交易当天数字线数值= +1

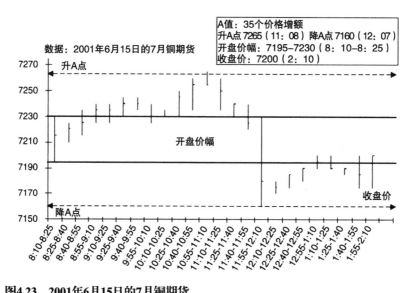

图4.23　2001年6月15日的7月铜期货

市场在10：55柱上尝试确立升A点，但是，由于交易在A点价格水平停留时间过短，尝试失败。在午间11：55柱上交易下行到开盘价幅下方，试图确立降A点，由于在A点价格水平停留时间过短，尝试失败。市场收盘在开盘价幅区间，使得交易当天数字线数值＝0

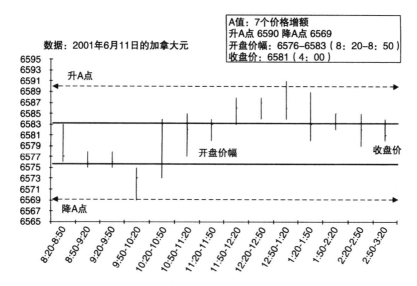

图4.24　2001年6月11日加拿大元

市场在当天第四个20分钟柱上试图确立降A点，但是由于市场在降A点价格水平停留时间过短，尝试失败。在午间12：20柱上市场尝试确立升A点，由于市场在升A点价格水平停留时间过短，尝试失败。市场在开盘价幅内收盘，使得交易当天数字线数值＝0

101

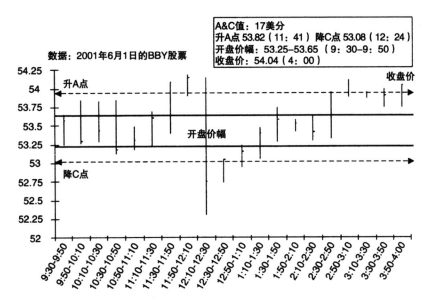

图4.25　2001年6月1日的BBY股票

市场在午间11：30柱上确立升A点，在12：10柱上交易下行到开盘价幅下方，试图确立降C点，由于交易在降C点价格水平上停留时间太短，尝试失败。市场收盘在开盘价幅上方，使得数字线数值= +2

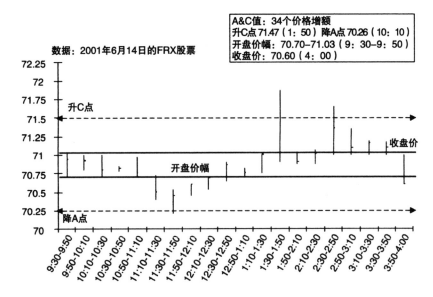

图4.26　2001年6月14日的FRX股票

市场在当天第七个20分钟上确立降A点，在下午1：30柱上交易上行到开盘价幅上方，试图确立升C点，由于市场在C点价格水平停留时间过短，尝试失败。市场在开盘价幅下方收盘，使得交易当天数字线数值= -2

平上保持连续两个交易日，就形成了发展趋势（和每一个ACD系统的概念一样，这个概念也是即适用于商品交易，也适用于股票交易）。我们说+/−9的累计总额很重要，是因为我们发现，当过去30个交易日的数值总额大于或等于+/−9（在连续两个交易日里）时，就具有统计学意义，如果数字线起始于0的时候，尤其如此。换句话说，达到总额+/−9是其中一个重要条件，另一个关键条件是市场从累计总额0开始，经过几个交易日的变化，达到+/−9这个位置。

当30个交易日累计总额在连续两个交易日内从0达到+/−9，就具有统计学意义。

我们一步一步地来说明。首先，这是持续进行中的30个交易日总额。所以，假设在30个交易日中最后一个数字线数值是+5（要把所有的+1、−1、+2、−2等等，加在一起）。在第31个交易日，加上最新一天的数值时，还要把最前一天的数值减掉，来计算新的连续30个交易日的累计总额记录。假设在某一天市场确立了升A点，从前面的图例中我们可以查到，是数值+2。同时，假设我们减掉了一个−2，就净增加+4（减掉−2等同于加上+2）。现在数字线上的30个交易日数值就是+9。如果下一个交易日的30个交易日数值大于或等于+9，那就构成具有统计学意义的情况，就可以把这个指标应用到交易策略中去。

不论对于即日交易人还是长线交易人来说，宏观ACD数字线概念都是重要的指标。首先，正如我在第01章里所讲到的，ACD系统依赖于市场的波动性，换句话说，市场必须有充足的波动幅度，才能确立升A点和降A点，才能有钱可赚。因此，当市场大幅上行，突破开盘价幅，确立升A点时，交易者就确立做多/看多偏好；当市场走低，下跌穿破开盘价幅，确立降A点，交易者就确立做空/看空偏好。就像这样，日复一日，ACD参考点帮助交易者确定做多或做空的价格水平。

但是在更宽泛的时间跨度里，我们如何知道总体趋势是怎样的呢？在什么时候确立趋势，什么时候反转？宏观ACD数字线会帮助交易者解决这些问题。假如交易者要远离市场3个交易日，所要做的就是借助宏观ACD数值回顾这几天的市场活动。例如，如果看到原油期货（或者任何一个交易者追踪的市场行情）在过去的这3个交易日里数值分别是+2，0和+2，我们应该立刻了解到这是什么事实呢？交易者就知道三个交易日的市场是一个升A点日（+2），一个中性日（0），然后是另一个升A点日（+2）。在更宽的时间跨度里，两个升A点日中间夹一个中性日，就告诉我们：3天中有2天是牛市行情，1天是中性的气氛。我们就知道在即将开始的这个交易日里，从ACD系统来看，市场有支撑性的倾向。

现在我们假设过去3个交易日的数值是-3，-2，然后是+2。每一个交易日单独考察，就会看出第一天是落空的升A点然后变成降A点（-3）的形态，第二天是一个降A点（-2）的形态，第三天是升A点（+2）的形态。在更宽的时间范围里，就可以看到市场出现3次抛售的信号，分别是第一天落空的升A点和随后的降A点，第二天的降A点，但是，第三天产生了一个牛市的信号。信号的复杂性说明在到来的这个交易日里，行情没有得到ACD系统预示的任何倾向。

查看过去几个交易日的数值，可以揭示ACD系统对下一个交易日看多、看空或者中性的偏好。

我在本章开篇时曾提到，经过这些年我们发现，如果连续两个交易日的30个交易日累计数值是+/-9，市场很可能在某一个方向上蕴含充足的动能。事实上，根据30个交易日累计数值，市场在几个重要的位置可能出现大幅动作：数字线到达-9，0或+9。在这些位置上，市场达到了临界状态，极有可能出现显著的价格变动。相反，当市场没有达到这些位置时（比如在0和+/-9之间），就可以断定市场还要盘整一段时间，然后才能出现重大的突破。

当30个交易日累计数值连续两个交易日从0到+/-9，市场波动性很有可能显著增加。对于期权交易人来说，预期增大的波动性可以有效地帮助他们谋划交易策略。+/-9数字线数值也提醒交易人市场正在形成明确的走势。但是要记住，走势的形成必须和我讲的快速获利原则相结合。所预期的市场行动必须快速发生，否则信号就要失效，然后很可能就会出现系统失效的交易情形。

通常当市场打破+/-9的阻力，它就会快速移向数字线数值所指示的方向（如果累计数值是-9市场就下行，如果是+9市场就上行），我说"快速"的意思是指在两三个交易日内。第01章里我们讲到，时间是比价格更重要的成功交易的因素，这和此处的"快速"是一致的。记住，如果一笔交易耗时太长，就会让那些"公交乘客"以同样价格蜂拥挤进相同的市场。这笔交易能好到哪里去呢？在第01章里我们还讲到，只有市场在某一个价格水平上整理达到足够的时间，才能落实升A点或者降A点；可是一旦市场在此失去动力，信号就失效了。这里也如此，对于宏观ACD数字线来说，如果市场达到+/-9，并且交易次日数值也是+/-9，如果预期的价格变动没有很快形成，很可能就是系统失效的交易情形。

用一个比喻来帮助解释这个时间和机会的概念。橄榄球迷们都知道，当跑卫谋求达阵得分时，他是要找一个瞬间的机会。只要找到了对方防线的漏洞，他就有机会进行干净利落的一击，以实现达阵得分。这个漏洞即便存在，也只是一刹那的功夫。如果跑卫稍有犹豫，或者路遇防守，那这个漏洞，或者说机会，就没有了。但是一旦跑卫冲破这个防守漏洞，那么他就确信他得到了触地得分的机会。

这个概念和宏观ACD交易相同。交易者要寻找的就是市场在连续两个+/-9交易日所确认走势上的开盘机会（就像对方防线的漏洞），这种情形发生时，理论上说就是一个触底得分的交易机会。与此相似，如果宏观ACD信号有效，市场应该快速起跑，像橄榄球比赛中的跑卫一样，冲向得分线。但是如果市场举棋不定，盘整过久，机会就不复存在，对方防线的漏洞就堵上了。

我说的"快速获利"就是这个意思。如果市场朝向宏观ACD数字线信号指示方向运行，至少在两三个交易日里交易者应该很快看到这个结果。如果结果没有出现，就是系统失效的交易形态。

要使宏观ACD信号有效，至少在两三个交易日内，市场必须很快朝向预期走势运行。

对于长线交易人来说，数字线起到更重要的作用，对于何时进场，它是一个非常好的指标。假设说在过去的10个交易日里，30个交易日累计数字线像弹球一样在−4和+4之间弹来弹去，一会儿确立了升A点，一会儿出现了降A点。这种翻来覆去没有明确方向的行情，对于长线交易策略来说没有指导性。当30日数字线在0的两侧都大幅震荡时，就是退出长线交易离场观望的时期，尽管这时可能有日内交易机会，比如在+2日（确立升A点）或−2日（确立降A点），总体上说市场在任何方向上都没有持续的趋势。当30交易日数字线在−9和+9之间摇摆时，交易者通常可以预期市场在持续震荡。

对于即日交易人来说，上面讨论的数字线能帮助他判断系统失效，也能帮助他识别出逆ACD信号指示而行的交易机会。这种情形是这样的，市场不断挑战具有统计学意义的+/−9区域，但是交易次日总是不能再次运行到这个区域以实现确认的目的。假设说30日数值总额第一天是+7，第二天是+9，然后是+7，接下来是+8，+9，然后又是+7。在这个例子中，作为即日交易人，应该把这种情形看做是逆信号而行的交易机会，直到30交易日累计记录出现两个连续+/−9的交易日。

但是也要记住，如果不能做到快速获利，就会发生系统失效的结果。出现两个连续交易日+/−9数字线之后，如果市场没有在两三个交易日内朝预期方向运行，就要明确知道系统失效了。如果是这种情况，就应该从宏观ACD信号方向上止损离场，尝试去找到另一个价格水平，转变持仓方向，采取和这个假突破反向的行动。

宏观ACD数字线有以下几个作用，帮助长线交易人识别震荡无常的市场行情，帮助期权交易人判断增长的波动性，帮助即日交易人利用机会采取与ACD信号相反的行动，识别系统失效的交易形态。

也请记住宏观ACD数字线的主要目的就是指出在哪里可能形成趋势。形成趋势的最重要的机会，就是出现数字线从基础0运行到+/−9的情形。在这个关键点上得到确认很重要，例如，如果30个交易日数字线到达+9，就要看交易次日的累计数额至少达到+9，或超

过+9。如果交易次日的数字线在+10，市场就得到了确认。如果交易次日累计记录跌回到+7，就没有得到确认（前面解释过；这时就可以寻找潜在的系统失效的交易形态）。

重要的是要出现连续两个交易日数值在+/−9。更重要的是，还要考察连续到达+/−9的两个交易日组彼此之间的时间间隔。说明一下，假设某商品在1月有两个连续交易日在+9，然后2月的30个交易日数字线回到0，然后3月又出现两个连续+9的交易日。值得注意的是，这种在相隔月份出现两个连续+9的情形，同没有发生这种情况的图形相比，并不具有特殊意义。换句话说，更有意义的情形是，从前一年9月以来，3月份第一次出现两个连续交易日在+/−9的情况。一个市场事件可能很有意义，如果在市场活动中极少发生，就会变得更有意义，更值得关注。

重要的市场事件，例如从0开始连续两个交易日数值在+/−9，如果很少发生，就增强了它的重要性。这就是我所说的难得一遇的交易机会，正如在第03章所讲述的我在1990年8月原油期货市场的经历。

因为宏观ACD数字线把已知的过去的市场行为和现在的行为都加以考虑，才会对交易者今天计划和实施交易策略有所帮助。例如，假设昨天市场收盘时的累计数字线数值在+9，交易者首先思考的是什么？就是要寻找另一个+9，来确认形成了一个上升走势。如果没有找到，就要寻找系统失效的交易机会。

现在，进入交易当天，交易者知道要在30个交易日数字线上减去的数值是一个+1。这意味什么？甚至在今天交易开始之前，数字线就变成了+8（前一个交易日记录的+9减去现在要减掉的交易日的+1）。以+8开始，交易者就知道为了保持累计30个交易日总额达到+9（这样就确认了形成上行走势的可能），那么今天的交易活动将必须在数值+1以上。

假设今天市场确立了升A点，数值是+2，使累计30天交易记录达到+10。因为前一个交易日的记录是+9，这就确认了开始上升走势的可能性。现在，交易者就识别出一个低风险高赢利的交

107

易机会。

既然升A点已经确立+2，除非市场在开盘价幅下方收盘（将会使数值为0），这是唯一能使当天数值总额下降的情况。这样交易者做这笔交易的价格风险就在开盘价幅下方。市场在开盘价幅上方的所有行为都是有利于他的。

这种情形下，市场条件已经使风险降到最小，交易者就要寻找机会增加交易仓位（使仓位最大）。于是，如果交易者通常做即日交易，并且只做5份期货合约，这时就可以尝试扩大交易规模，并延长交易期。而且只要交易行情持续有利，交易者就可以努力增加仓位，也许会加到10份期货合约。此外如果当天市场确实收在开盘价幅上方，交易者就不会平掉10张合约的全部头寸。相反，他可以留有几张合约过夜，预期会出现更大幅的上涨行情。

当市场在宏观ACD数字线上确认了+/−9数值，交易者就应该考虑增加持仓量，并持仓过夜，预期市场会在交易方向上进一步运行。

这里，我们来看一个真实的例子，30个交易日数字线可以用来帮助执行长线交易，管理长线交易仓位。在表4.1中，可以看到1997年1-6月的咖啡期货市场的情况，表上提供了每一个交易日的结算价格和数值。可以看到在1月16日，累计30个交易日总额第一次达到+9，这是形成上行走势的起点。市场必须在下一个交易日保持+9的水平以上，才能确定这个走势。

1月17日，从30个交易日总额中扣除的那一天的数值是−1。这使得30个交易日数字线达到+10。作为遵循数字线概念的长线系统交易人，就会希望市场保持在那个水平上。但是，如果市场在1月17日出现降A点（数值是−2），走势就没有被确认。要证实上升走势，1月17日就必须或者是一个中性日（数值是0），或者要出现数值是上方的+1或者+2，不可以在下方−1以下。换句话说，如果1月17日的数值不会低于−1，这将是明确做多的信号。结果是，1月17日累计30个交易日总额升至+10，确认了上升的走势。

可以看到，和对长线交易人的作用相同，这条信息对短线即日

108

表4.1

咖啡期货数字线数值

日期		＃ 数字线数值 ＃	结算价	日期		＃ 数字线数值 ＃	结算价
一月	2	-6	11665	三月	7	8	18980
一月	3	-6	11625	三月	10	14	19930
一月	6	-6	11405	三月	11	11	20315
一月	7	-4	11935	三月	12	7	19610
一月	8	-2	11890	三月	13	5	18225
一月	9	0	11935	三月	14	11	18635
一月	10	0	11960	三月	17	9	16865
一月	13	5	11845	三月	18	5	16880
一月	14	7	12220	三月	19	5	16810
一月	15	7	12260	三月	20	9	16915
一月	16	9	12305	三月	21	4	16575
一月	**17**	**10**	**12400**	三月	24	5	16290
一月	**20**	**10**	**12925**	三月	25	5	17930
一月	21	9	12965	三月	26	7	18685
一月	22	10	13530	三月	27	5	18980
一月	23	9	14005	三月	**31**	**3**	**19115**
一月	24	7	13690	四月	1	8	19430
一月	27	9	13660	四月	2	8	19315
一月	28	5	13950	四月	3	4	17770
一月	29	9	14480	四月	4	10	17915
一月	30	9	14030	四月	7	14	17940
一月	31	17	13940	四月	8	14	17875
二月	3	18	14565	四月	9	14	18970
二月	4	20	14745	四月	10	12	19105
二月	5	16	14455	四月	11	10	18910
二月	6	17	15080	四月	14	11	19600
二月	7	15	15105	四月	15	6	17465
二月	10	14	15865	四月	16	4	18530
二月	11	15	16355	四月	17	5	18750
二月	12	17	17185	四月	18	9	19415
二月	13	19	18005	四月	21	7	19405
二月	14	18	17785	四月	22	1	18835
二月	18	18	15725	四月	23	3	19340
二月	19	18	16630	四月	24	9	19820
二月	20	16	16640	四月	25	11	19325
二月	21	14	16185	四月	28	10	19640
二月	24	14	16165	四月	29	14	19895
二月	25	15	16325	四月	30	17	21040
二月	26	15	17285	五月	1	20	22290
二月	27	13	17110	五月	2	16	21615
二月	28	13	17685	五月	5	20	21850
三月	3	15	18485	五月	6	16	21285
三月	4	14	19525	五月	7	12	21140
三月	5	13	20065	五月	8	12	21690
三月	6	8	19370	五月	9	12	21790

109

表4.1（续）
咖啡期货数字线数值

日期		# 数字线数值 #	结算价	日期		# 数字线数值 #	结算价
五月	12	14	22965	五月	30	18	27640
五月	13	12	24115	六月	2	14	25395
五月	14	12	24060	六月	3	18	26420
五月	15	16	25520	六月	4	19	25155
五月	16	14	25315	六月	5	15	23050
五月	19	10	24625	六月	6	13	23725
五月	20	8	24025	六月	9	15	25330
五月	21	8	25310	六月	10	10	21795
五月	22	10	26030	六月	11	6	20765
五月	23	14	25685	六月	12	1	19240
五月	27	13	27430	六月	13	−3	18275
五月	28	18	29555	六月	16	0	18160
五月	29	20	31480	六月	17	0	19070

交易人也有好处。交易次日，1月20日，从30个交易日记录中减除的那一天数值是+3，将把市场带回到+7。长线系统交易人会带着1月17日收盘时建立的仓位留在市场里。但是即日交易人将会期盼在1月20日出现一个落实的升A点（数值是+2）。

1月20日，咖啡期货开盘在124.00，和前一个交易日相同。这时，A值参数是100个价格增额（现行A值参数的数据，请参见附录）。就使得升A点在125.00，降A点在123.00。

1月20日，开盘价幅是123.35－124.00。当日最低价是123.35，当日最高价是129.50，收盘价是129.25。根据这些数据，可以看到市场确实在125.00确立了升A点，在开盘价幅上方收盘，接近当天的最高点。根据这些信息，你认为1月20日的当日数值是多少？如果你说+2，那就对了！

现在，即日交易人知道一个+2数值会把累计30个交易日记录加到+9。在这种情形下，作为一个持有5份咖啡期货合约的即日交易者，他在当天闭市时不会卖掉全部合约。他会留下几张合约的多头头寸到下一个交易日，尤其是交易者如果在这笔交易中持有赢利的敞口头寸的话。

在1月20日的情形下，作为即日交易人，做这笔交易的风险是什么？一旦确立升A点，风险就是市场穿破开盘价幅的底部，根据1997年1月20日的价格，一份咖啡期货合约就是619美元的风险。那一天结算价是129.25，一张合约交易者就已经锁定净赚1600美元的赢利！

从长线交易的角度，看一下从1月底到3月的咖啡期货。咖啡期货开始空前的大幅攀升，1月20日收盘在129.25，3月份曾收盘在高达200.00以上，3月31日收盘在191.15。两个月里，即日交易人经历充分的日内波动，确立了很多落实的升A点，可以在短线基础上斩获高额利润。

同时，对于长线系统交易人来说，1月17日开立多头头寸，技术上说，在出现累计30个交易日数字线连续两个交易日穿破0以下之前，都应该持有这个头寸。不过为了控制交易，当看到数字线数值出现突然急剧地、快速地下跌时，交易者可以决定平仓退出。例如，在5月29日，数字线数值是+20，价格是314.80。在这个价格水平上，一个长线系统交易人，如果持有在1月17日开立的一份多头合约，就会赢利72,000美元！而对于即日交易人来说，应该已经从1月20日开始持有的两张合约中获利125,000–130,000美元，还不算在从那时起开始执行的所有即日交易的所得利润。

回到表格中来，可以看到6个月中30个交易日数字线数值+20是最高点。但在6月11日，在8个交易日内，数字线数值显著下跌，30个交易日数值总额跌到+6，在+9之下。在这个水平上，有经验的应用宏观ACD方法的长线交易人，就会寻找在数字线的负向活动上锁定利润的交易机会。记住，我前面说过，数字线从0运行到+/-9是有意义的。同样，当数字线转向相反的方向，也是有意义的，尤其是当它快速失掉数值时。

在这个例子中，我们看到在6月2日，30个交易日数字线数值是在+14。这本身没什么意义，但是要知道在两个交易日前的5月29日，数字线达到+20。值得我们注意的是，仅仅在3个交易日里宏观数字线数值显著下跌，从+20到+14。对于有经验的长线宏观ACD交易人来说，这就是要报告记录员平掉至少部分仓位的信号。

期中测试

在前几章里，我们已经学到了ACD系统的一些关键概念，比如如何找到A点和C点，如何计算枢轴价格和枢轴价幅，如何对不同市场活动赋予数值，以及如何应用宏观ACD数字线。现在我们要来复习一下。设计这个期中测试的目的，不仅是要评估读者至此学会了哪些内容（别担心，只有你知道自己的成绩），也是要强化在前四章里所讨论的概念。

阅读下列问题，写出答案，正确答案可以在后面找到。

问题

1. 市场如果确认了A点，止损点在哪里？

2. 在开盘价幅另一侧设置的D点是什么用途？

3. 由C点信号确立的偏好同什么信号相反？

4. 柱形图上哪一个区间或柱体对于ACD系统来说最有统计学意义？

5. 要在图上找到开盘价幅，需要识别出哪一个柱？

6. 每一笔交易都需要一个参考点，这是什么意思？

7. 宏观ACD数字线对于落实降A点的市场情形所给出的数值是什么？

8. 宏观ACD数字线对于落实升C点的市场情形所给出的数值是什么？

9. 在ACD系统中，D点是哪一个参考点的止损点？

10. 在ACD系统中用来计算A点和C点的数值，在股票和商品中主要的不同之处是什么？

11. 如果天然气期货开盘价幅是4345-4360，枢轴价幅是4405-4430，收盘在4490，这个交易日是上涨日还是下跌日？

12. 上半年的哪两个星期具有统计学意义？

13. 某个交易日，市场出现落空的升A点，接着出现落空的降A点。这一天的宏观ACD数字线数值是什么？

14. 按照ACD系统给下跌日下定义。

15. 开盘价幅的一半时间被用来确认什么？

16. 哪一个区间被认为是市场的核心？

17. 交易者在市场突破枢轴价幅落实升A点时开仓做多，同时应该在哪里设置止损点？

18. 在枢轴价幅区间出现升A点落空的交易风险怎样？

19. 枢轴第一小时高点或低点情形的交易形态，要求市场在第一小时结束时的价格，在距离第一小时高点或低点的什么位置？

20. 枢轴价幅区间内落空的C点交易是什么类型的交易？

21. 用多少个交易日来计算宏观ACD累计数字线？

22. 如果宏观ACD30个交易日累计记录从基础0运行到+/-9，并且连续两个交易日都如此，会怎样？

23. 宏观ACD数字线可以帮助长线交易人避免进入什么类型的市场行情？

24. ACD交易方法可以应用于任何商品、股票或货币交易，只要市场有足够的流动性和什么？

25. 和在生活里一样，交易需要有一个什么？

如果前面25个问题回答对了，请尝试回答下面问题。

第二部分17个问题：

1. 如果市场没有出现B点信号，就不会有什么信号？

2. 市场在升A点以上交易持续50秒钟，开盘价幅是15分钟。这是落实的升A点还是落空的升A点？

3. 按照ACD系统，落空的降A点和穿过枢轴价幅落实的C点，哪一个是更理想的交易形态？

4. 根据下面数据计算枢轴价格和枢轴价幅：最高价是29.00，最低价是28.15，收盘价是28.65。

5. 某个交易日内，市场出现落实的升A点，随后出现落空的降C点。那么这个交易日的宏观ACD数字线数值是多少？

6. 某种市场的A值参数是15个价格增额。开盘价幅是35.00-35.20，枢轴价幅是35.30-35.45。最低价是34.95，最高价是37.10，收盘价是36.25。这是哪一种交易形态？

7. 哪一种ACD交易形态会套住那些看错方向的交易人，但是如果发生在尾盘就会变成最佳交易机会？

8. 对于沃达丰（VOD）公司的股票，应该选择哪个市场确定开盘价幅？

9. 如果交易人已经开仓，而市场过40分钟也没有向他预期的方向运行，这个交易人应该怎么办？

10. 如果依据常规价格区间的交易日，生成交易次日十分狭窄的枢轴价幅，通常标志着交易次日的价格变化幅度会怎样？

11. 每一个月份的第一个交易日被认为有什么意义？

12. 在交易尾盘出现C点枢轴的情形下，市场在什么位置收盘，可以持仓过夜？

13. 如果市场持续震荡，波动幅度不大，就是一个很好的指标，指示交易人寻找什么类型的交易机会？

14. 有效的宏观ACD信号，要求市场必须在几个交易日内朝信号指示的方向运行？

15. 宏观ACD数字线从0运行到+/-9，并且在第二个交易日也出现了+/-9，得到确认。这种情形出现怎样的频率才会使指示信号更强？

16. 如果某个交易日宏观ACD数值是一个奇数，你认为这一天市场发生了什么情况？

17. 描述宏观ACD数值为+3的两种市场情形。

期中测试答案

1. B点信号

2. B点

3. A点

4. 开盘价幅

5. 第一个

6. 参考点给交易者提供了确立做空（多）/看空（多）偏好的价格水平，更重要的是提供了低风险的止损点。

7. -2

8. +4

9. C点

10. 对于股票交易来说，A值和C值相同。对于商品交易来说，A值和C值不同。

11. 一个上涨日

12. 1月的前两星期

13. 0

14. 开盘价幅高于枢轴价幅，枢轴价幅高于收盘价。或者，开盘价幅＞枢轴价幅＞收盘价。

15. 落实的升A点或降A点（相对于落空的A点而言）

16. 枢轴价幅

17. 就在枢轴价幅低点的下方

18. 风险很低

19. 15%

20. 险中求胜的

21. 30个

22. 具有统计学意义

23. 大幅震荡没有方向的行情

24. 波动性

25. 计划

第二部分17个问题的答案：

1. C点

2. 落空的升A点

3. 突破枢轴落实的升C点

4. 枢轴价格=28.60，枢轴价幅是28.57−28.63

5. +3

6. 突破枢轴落实的升A点

7. C点枢轴交易

8. 本土市场，这里就是伦敦

9. 平仓离场

10. 幅度很大

11. 重要的时间域

12. 在C点和枢轴价幅上方

13. 系统失效的交易

14. 2−3个交易日

15. 很少出现

16. 交易当天市场必须出现参考点落空的信号

17. 市场出现落空的降A点，随后是落实的升A点；或者市场出现落空的降C点，收盘在开盘价幅高点的上方。

116

第05章

枢轴移动平均线

很多交易系统都研究移动平均线，移动平均线反映了一段时间内某一支股票或者某一种商品在滚动基础上的平均价格。例如，200日移动平均线就是过去200天的平均价格，50日平均线就是过去50天的平均价格。移动平均线也可以根据较短的时间段来确定，比如5分钟、30分钟或60分钟。既然是移动平均线，加上新一天（或者交易者正在使用的任何一种新的时间段）的数值的时候，要把最前一天的数值减掉，所以移动平均线是不断推移的。

我认为传统的移动平均线存在的问题是，它们大部分是根据收盘价得来的，不论选用的时间段是5个价格增额，5分钟或者是1天，使用的价格都是这个时间段结束的价格。对我来说，收盘时期是一个不够客观的时间点，而且在股票交易和商品交易中持仓过夜，会使得收盘价的概念失效。我的意思是，如果股票X报收在每股34美元，但是持仓过夜的交易价格达到每股35美元，那么使用34美元来计算移动平均线又有什么意义呢？

我使用的移动平均线是根据每个交易日的枢轴价格得到的。在第04章我们学到，枢轴是根据某个交易日的最高价格、最低价格和收盘价格计算出来的。这个结果反映了交易当日的市场核心部分。因此，和根据收盘价计算的移动平均线相比，根据枢轴得到的移动平均线更有意义，关联性更强。

枢轴移动平均线是根据一定交易日的枢轴计算出来的，反映了市场的核心部分。这就使得枢轴移动平均线和根据收盘价得到的移动平均线相比，有意义得多。根据收盘价格得到的移动平均线不够客观。

　　与很多交易者不同，我不把移动平均线看做是必须突破的障碍，这是我关于移动平均线的第二个观点。人们通常认为，如果一支股票位于50日移动平均线下方就是熊市的信号，或者某个市场一旦突破200日移动平均线，就预示牛市的到来。在我看来，有更好的方法使用移动平均线，对于短线交易人尤其如此。

　　我不把移动平均线当做某种障碍来考虑，我更关注枢轴移动平均线本身的含义。我关注的是这条线的斜率，尤其是斜率的变化，为什么呢？如果市场还没出现大幅价格变动，而斜率首先显现出变化，就意味着市场的观念出现了变化，这是非常重要的。

**　　我不把移动平均线看做是要突破的障碍，我更看重枢轴移动平均线的斜率。斜率的变化是一个很重要的指标，指示出市场观念出现变化。**

　　回想一下我们在学校里学到的关于直线和图形的知识。一条直线的斜率，代表Y轴（图形中的一个轴）对应于X轴（图形中的另一个轴）的变化而出现的的变化。对应于X轴（或对应于Y轴）的相对变化决定了直线的斜率，斜度陡峭或者斜度平缓，方向向上或者方向向下。

　　现在把这个斜率的概念应用到枢轴移动平均线。水平轴上的点反映时间，以日期或者以分钟为单位。垂直轴上的点反映价格增加或减少的数值。某一个方向上变化越强烈，斜率就越大，某一个方向上变化越细微，斜率越平坦。

　　例如，第一个交易日的枢轴价格是34.20，第二个交易日是34.25，第三个交易日是34.30。得到的3日移动平均枢轴价格就是34.25。在第四个交易日，枢轴价格是34.35。加上新的枢轴价格，减去最前面的枢轴价格，新的3日移动平均枢轴价格就是34.30。现在，第五个交易日的枢轴价格是34.40。加上新的枢轴价格，减去最前面的枢轴价格，就得到另一个3日移动平均枢轴34.35。

　　现在用这3个移动平均枢轴数值划出图形：34.25、34.30和34.35。在这个简单的数字例子中，可以看到3日枢轴移动平均线是

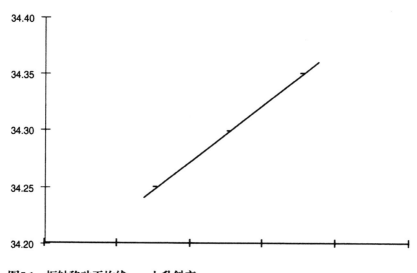

图5.1 枢轴移动平均线——上升斜率

稳步上升的。在图上画出这几点，就得到在图5.1中所示的直线。

由这三个点形成的直线构成一定的斜率，在这个例子中是稳步上升的，是标准的市场上行趋势图形。现在，我们进一步探讨这个例子。假设在第六个交易日，枢轴价格是34.35，得到3日移动平均枢轴34.37（约等于），第七个交易日是34.30，得到34.35；第八个交易日是34.25，得到34.30。把这几个移动平均枢轴的数字也画在图上，就形成一条全然不同的线来（见图5.2）。

很明显，这条线出现弯曲，开始向下倾斜，这就告诉我们市场观念出现变化。枢轴移动平均线从向上倾斜转为向下倾斜，表明现在市场处于下行趋势中（图中的这条线可以证明）。这个简单的例子表明，枢轴移动平均线能帮助交易者判断市场的主体趋势，也能判断出市场观念出现的变化。

在ACD系统中，我们发现有三条移动平均枢轴，即14日枢轴移动平均线，30日枢轴移动平均线和50日枢轴移动平均线，共同使用效果更好（或者，如果使用较短的时间域的话，可以挑选14个柱、30个柱和50个柱枢轴移动平均线，每一个柱分别代表一定的分钟

119

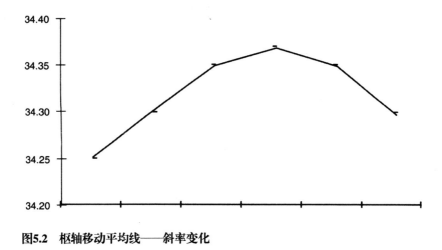

图5.2　枢轴移动平均线——斜率变化

数，比如5分钟，10分钟或30分钟）。就像前面的例子所使用的3日枢轴移动平均线一样，14日（或柱），30日（柱）和50日（柱）枢轴移动平均线也是在滚动的基础上计算出来的，这样可以生成反映市场情绪的图形，短期（14日/柱）图形，中期（30日/柱）图形和长期（50日/柱）图形。结合使用三种移动平均线，我们就能从三种不同时间角度观察市场，而使用一种移动平均线只能代表一个时间域，只是一种观察而已。

　　在前一个例子中，我们要观察的是这些线条的斜率，向上倾斜，向下倾斜或者水平伸展没有斜率。记住，斜率反映的是变化的程度：斜度越陡峭，变化速度越快。枢轴移动平均线的斜率反映出人们市场观念的变化程度。因此，如果枢轴移动平均线在斜率上突然出现变化，从向上倾斜变成向下倾斜，或者相反，就表明市场观念出现突然的转变。如果枢轴移动平均线从十分陡峭变为略有倾斜，再变为水平伸延，然后慢慢向下倾斜，就反映了市场观念的变化比较缓慢。

　　线条的斜率反映变化的幅度。枢轴移动平均线的斜率反映市场观念变化的程度。

使用枢轴移动平均线的目的是要在重大市场变化发生前，判断出市场的主体情绪，以及变化发生的时间。

枢轴移动平均线斜率还可以用于市场预测。当三条枢轴移动平均线都向同一个方向倾斜，或者向上或者向下，表明市场在相应的方向上走势清晰。当移动平均线的斜率出现变化时，变得更为平坦，或者突然转向相反方向，那么说明在主体市场观念上就出现了变化。

当三条枢轴移动平均线向不同的方向伸展，一条向上倾斜，一条水平伸展，一条向下倾斜，那么移动平均线就不能反映市场趋势。换句话说，市场方向不明（至少从枢轴移动平均线的角度看），走势信号还不够清晰。

要把移动平均线所反映的不明方向的市场和中性市场区分开来。如上文所说，在不明方向的市场里，生成的三条移动平均线是相互背离的（一条上升，一条下降，一条横向延伸）。但是在中性市场里，三条移动平均线是相互平行的，而且比较平坦。当平均线表现平坦的时候，市场比较容易从中性转为牛市行情，或者从中性转为熊市行情。换句话说，在中性市场里，一旦这些相互平行而且表现平坦的线条开始向上或向下倾斜时，市场就比较容易进入牛市行情或者熊市行情。而在方向不明的市场里，行情很难直接变为牛市或者熊市。三条线首先必须彼此协调起来，都向上翘起或向下倾斜，才能形成某种趋势。

交易者也可以把枢轴移动平均线作为另一个指标，和我们在前面各章所讨论的其他概念结合使用。这些不同的指标像不同的层次，以ACD点概念为基础，相互叠加。这里有一个例子：假设市场确立升A点，从第01章里已经学到在这时交易者有选择牛市的偏好；宏观ACD数字线数值是+9，在第04章里我们学习到这预示市场将会有显著变化；三条枢轴移动平均线向上倾斜，反映出牛市的情绪。这三个指标从不同角度预示相同的市场方向，交易者不仅会对这一天所产生的牛市信号充满信心，对市场显著变化带来的好机会也充满信心，移动平均线突然上翘的斜率反映了这一点。这个例子中因为所有指标都指向同一个方向，交易者可能就会决定满仓操作。或者，换个说法就是，踩动油门勇往直前的时候到了。

现在，假设市场确立升A点，预示牛市偏好。如果ACD数字线数值在−2，这意味着在到达+9或−9目标水平之前还需要运行一段时间。同时，三条移动平均线斜率向下，指示出市场的熊市趋势。这些信号相互矛盾，交易者就会决定放弃交易。或者，交易者也可能要在升A点逆市而行，因为其他指标都表示出市场从熊市行情到中性的气氛。即便交易者决定把升A点作为开仓做多或确立看多偏好的信号，也可能由于信心不足，只是轻仓操作。换句话说，这就是松开油门收住刹车小心翼翼的交易形态。

来看另一种情形。假设市场确立降A点，这是确立做空或看空偏好的信号。现在，假设ACD数字线数值达到−9，并且三条枢轴移动平均线都向下倾斜，这就是高歌猛进的好时机。这时要满仓操作，因为交易者对赢利信心高涨（见图5.3a−h）。

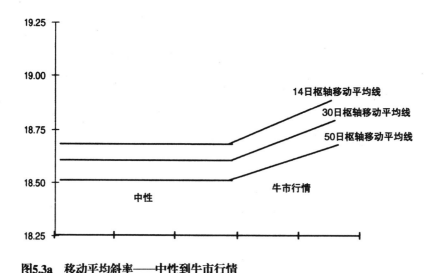

图5.3a 移动平均斜率——中性到牛市行情

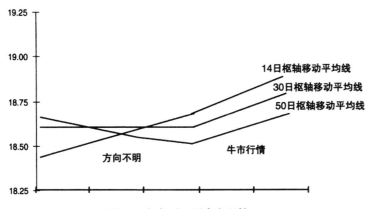

图5.3b 移动平均斜率——方向不明到牛市行情

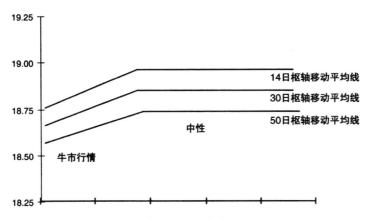

图5.3c 移动平均斜率——牛市行情到中性
偏好可以从牛市行情到中性，然后转回到牛市行情

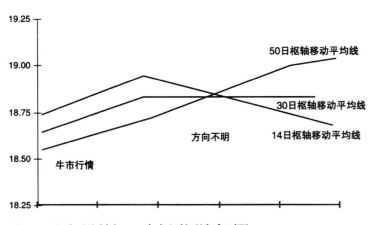

图5.3d 移动平均斜率——牛市行情到方向不明

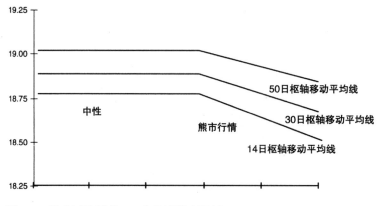

图5.3e 移动平均斜率——中性到熊市行情

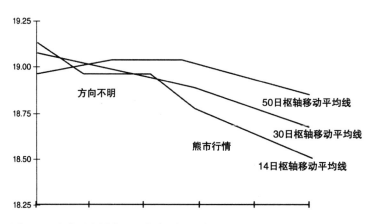

图5.3f 移动平均斜率——方向不明到熊市行情

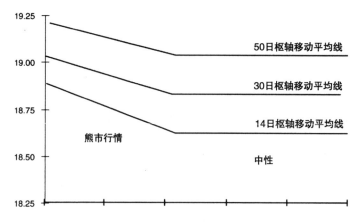

图5.3g 移动平均斜率——熊市行情到中性
偏好从熊市行情到中性，然后转回到熊市行情

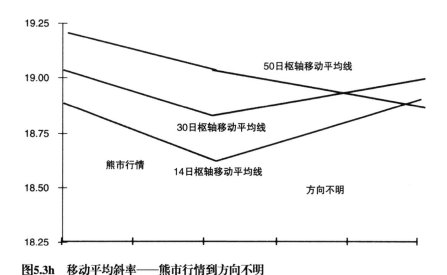

图5.3h 移动平均斜率——熊市行情到方向不明

移动平均线假动作

　　第二个运用枢轴移动平均线的交易策略是"移动平均线的假动作"（MAF）。见图5.4，三条枢轴移动平均线都向上倾斜，图中的条柱表明，市场开始稳步攀升穿破50日枢轴均线、30日枢轴均线和14日枢轴均线，来到三条线上方，然后市场向下回探，落到14日枢轴均线下方，但仍在30日枢轴均线上方（如果市场同时也穿破30日枢轴均线，就不再是移动平均线假动作交易形态）。

　　这时，尽管三条均线都向上倾斜，但建仓做多的理由还不够充分，还要等待市场弹回后再一次攀升，突破14日枢轴均线。一旦市场回到14日均线上方，就可以恢复看多偏好/确立做多，这笔交易的参考止损点就是向下回探的底部。

　　现在，假设三条枢轴均线都向下倾斜，图上的条柱也向下跌落，然后市场拉升，突破14日枢轴均线，但还没有突破30日均线。即使这时三条均线都向下倾斜，建仓做空的理由也不充分，要等到市场完全折回，跌破14日均线，偏好才能明确变为看空，参考止损点就是这次拉升的顶部。

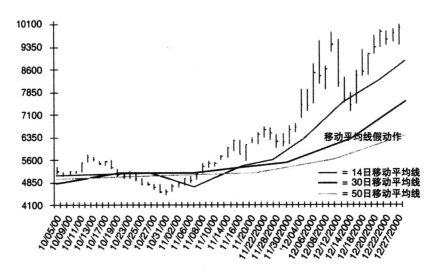

图5.4 移动平均线假动作
数据：2000年1月天然气期货合约——从2000年10月5日，直到2000年12月27日
合约到期

　　交易者还是必须要清醒如果选错方向要在哪里离场。在这个例子中，止损点就是回拉的条柱点；如果交易下行到这次反转的最低柱点的下方，就要平掉多头头寸；或者，如果交易上行高于向上拉升的最高柱点，就要平掉空头头寸。

　　在这些移动平均线假动作的交易形态里，重要的是要记住做这类交易的条件：

　　● 三条线斜率全都向上倾斜，或者三条线斜率全都向下倾斜。

　　● 市场拉升然后反转，探到14日枢轴移动平均线的下方，或者市场跌到更低，然后再次反转，攀升到14日枢轴移动平均线的上方。

　　● 反转时，市场并没有穿破30日枢轴移动平均线。如果市场穿破30日枢轴移动平均线到其上方或者下方，这个假动作的交易形态就不再适用。

　　● 当市场掉头再次穿破14日枢轴移动平均线，回到主体走势方向上时，就可以开仓或确立偏好了。

移动平均线背离交易

许多交易人喜欢逆市而行，意思是他们总是等待在高点卖出，低点买进。更好的策略是，通过判断出移动平均线背离形态（MAD），帮助交易者抓住针对某一次市场移动而逆市操作的机会。

这种交易形态最重要的特征就是三条枢轴移动平均线必须或者是中性的（没有斜率），或者是方向不明的（一条向上倾斜，一条向下倾斜，一条水平延展）。应用移动平均线背离交易最好的情形，就是枢轴移动平均线表明市场方向不明的情形。前面讨论过，当移动平均线是中性的时候，就能直接变成上升的或者下降的斜率，但是如果移动平均线证实市场方向不明，快速重新确立趋势的机会就很小。

移动平均线背离交易的第二个条件是要有一个参考点（见图5.5a-d）。交易者要根据落实/落空的A点，或者落实/落空的C点决定进场交易，具体要依据市场情况而定。

如果30日宏观ACD数字线也是方向不明的，这会使得这笔交易的成功概率更大。换句话说，如果市场一直在0的两侧跳动，例如从−2到+2，或者从−4到+4，这表明市场在盘整阶段，没有形成清晰

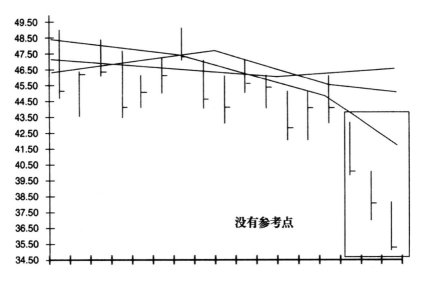

图5.5a 方向不明的移动平均线——没有交易，没有参考点

127

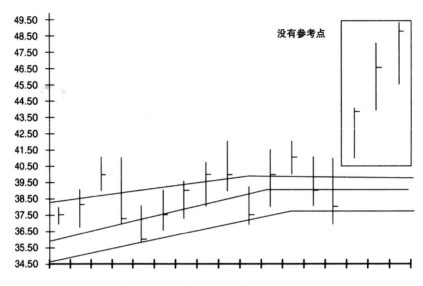

图5.5b　中性的移动平均线——没有交易，没有参考点

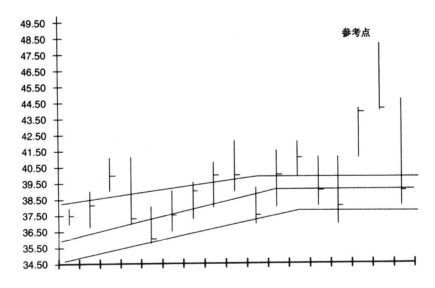

图5.5c　中性移动平均线——使用参考点的成功交易

128

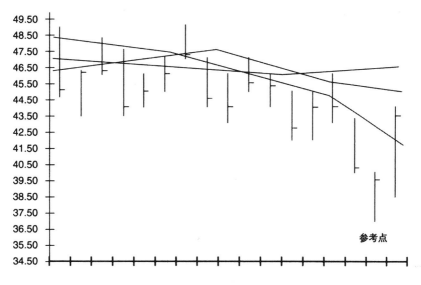

图5.5d　方向不明的移动平均线——使用参考点的最佳交易

的趋势。

在移动平均线背离交易形态中，通常会出现市场在移动平均线上突然急转直下或急速攀升的情况。枢轴移动平均线如果处于方向不明的状态，就不会有持续的趋势。于是任何上升或下降的市场变化都是短暂的，会很快被调整过来。如果交易者看到这次短暂变化已经结束，就可以得到明确的参考点，操作移动平均线背离交易的时候就到了。

一个能够诠释这个概念的市场形态就是"岛形反转形态"，大多数技术分析师和图形分析师都十分熟悉这种图形。市场在上行走势或下行走势中做了一个假动作，造成两次缺口，就形成"岛形反转形态"。例如，在第一天，商品X最低价是15.10，最高价是15.50；第二天，商品X在15.90跳空高开，一路攀升到16.50；第三天，商品X在15.70跳空低开，下跌到15.20。那么第二天出现的突然拉升就是市场的假动作，很多交易者会相信行情将要上涨，但是这个行情没有持续。这样，在第三天，市场跳空跌回，回到第一天的行情中来。第三天形成的第二个缺口就证明，那些相信市场将要上

129

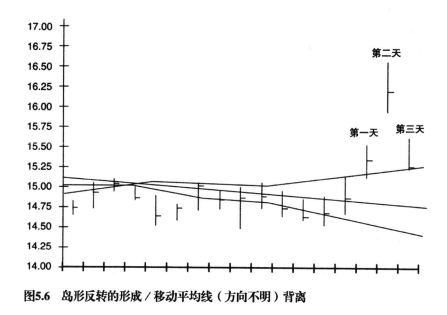

图5.6 岛形反转的形成／移动平均线（方向不明）背离

涨的交易者，因看错市场方向开立多仓而被套牢，不得不斩仓出逃（见图5.6）。

　　如果枢轴移动平均线是中性或者方向不明的状态，同时出现了"岛形反转形态"，市场就给出交易者一个极佳的机会，运用高回报低风险的参考点，来操作移动平均线背离交易。存在这种交易机会是因为移动平均线表明市场没有清晰方向，没有主导观念来引导市场在任何方向上持续运行。这样，上升或者下降的走势很可能就只是暂时的，选择高点或者低点进场交易的赢利几率就很大。

　　因为ACD系统是完全对称，同样的推理也适用于下行方向上的假动作，这种交易也要求枢轴移动平均线处于中性的或是方向不明的状态（后一种状态更为理想）。如果图中的柱线稳步向下倾斜，然后开始升高，就给交易者提供了一个参考点，即选择低点买进。

结合数字线和移动平均线背离交易的形态

　　枢轴移动平均线提供了另一个交易参考点，但这个概念不能取代微观ACD或ACD数字线。相反，同这些指标结合使用，交易者可以得到更有利的、更完整的交易环境。例如，假设30日宏观ACD数字线数值在+7，三条枢轴移动平均线都向上倾斜，市场目前下探到14日均线下方。交易当天市场走高，穿破14日移动均线，确立升A点。升A点使得宏观ACD数字线数值从原来的+2，到达+9。三条枢轴均线总体向上倾斜，而市场交易刚刚回升到14日枢轴均线以上，并且确立了升A点。所有这些指标共同指示什么？买进！踩油门吧。

幼稚园交易人

枢轴移动平均线概念的好处就在于它的直观性，交易者一眼就能看出市场的偏好和气氛。如果三条线都向上倾斜，就是牛市气氛；如果三条线都向下倾斜，就是熊市气氛；如果三条线都水平拉伸，就是中性的气氛；如果一条向上，一条向下，一条水平拉伸，就是方向不明的行情，5岁的孩子都能看出来。事实上，我们真的找来幼稚园的孩子试验过，他们都能看得出所有线条都向上伸展，或

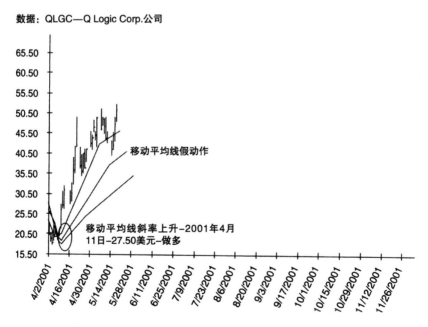

数据：QLGC—Q Logic Corp.公司

图5.7a　幼稚园交易人——14日、30日和50日枢轴移动平均线——2001年4月2日—2001年5月14日

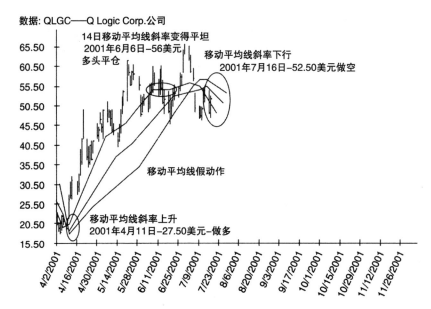

图5.7b 幼稚园交易人——14日、30日和50日枢轴移动平均线——2001年4月2日—2001年7月23日

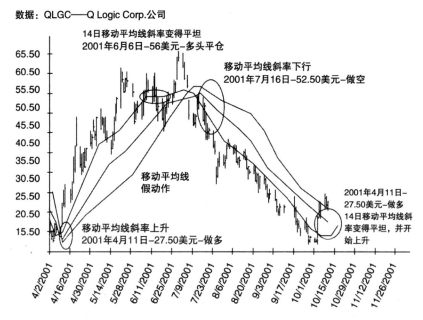

图5.7c 幼稚园交易人——14日、30日和50日枢轴移动平均线——2001年4月2日—2001年10月15日

数据：QLGC——Q Logic Corp.公司

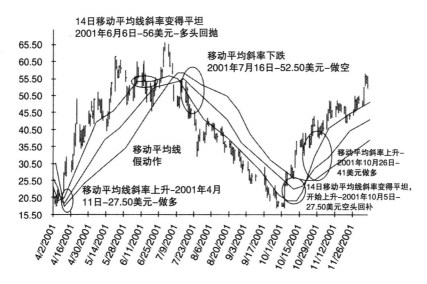

图5.7d 幼稚园交易人——14日、30日和50日枢轴移动平均——2001年4月2日—2001年11月26日

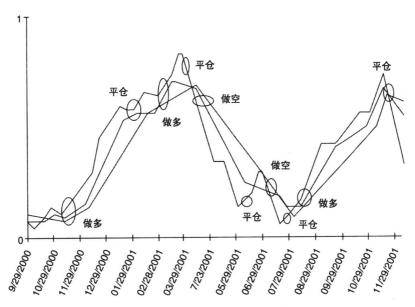

图5.7e 幼稚园交易人——没有价格数据或每日柱——2000年9月29日—2001年11月29日

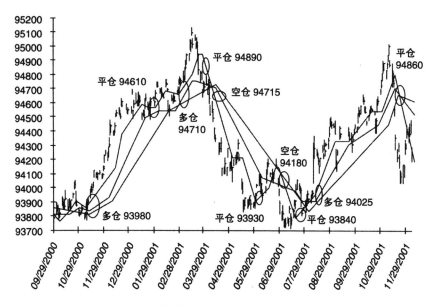

图5.7f 幼稚园交易人——价格数据和每日柱——澳大利亚债券期货——2000年9月29日—2001年11月29日

者所有线条都向下伸展，他们都能做到，你肯定也能。别弄巧成拙，要保持简单，因为这确实就是一个简单的概念。（见图5.7a-d）。

即使没有价格数据和每日条柱，即使没有关于标的商品的任何知识，只要交易者有这三条枢轴移动平均线的斜率，就能创造出赢利的交易机会（见图5.7e-f）。

第06章

高级交易人

许多交易者都善于选择进场点。但是说到平仓离场，他们大都做得不够好。很多交易者不能持之以恒地遵循离场策略，及时平掉获利仓位，从而导致亏损。ACD系统不仅能给交易者提供良好的进场参考点，还能及时提供警示，告诉他们何时离场。并且，交易者应用ACD策略能够通过简单的分析，剔除交易中的情感因素。在这一章里，我们要讨论各种不同的交易策略，使交易者能够在最佳时刻平仓离场。

滚动枢轴价幅（RPR）

滚动枢轴价幅（RPR），通常包括3-6个交易日，可以起到进场和离场参考点的作用。它最重要的作用不是告诉交易者做什么，而是告诉交易者不去做什么。也就是说，它可以使交易者坚持持有锁定赢利的头寸，不会因为同市场无关紧要的一些原因过早离场（比如，在前一天晚上因为岳母的问题同老婆大吵一架）。使用滚动枢轴价辐能帮助交易者有效控制仓位。能使通常以快速获取利润为目标的短线交易人，从小而快的小赢家变成获利巨大的大赢家。对于喜欢拖延交易时间的交易人，滚动枢轴价幅将防止他们盲目恋战，在利润降低之前就平仓离场。

对于不习惯持有仓位的短线交易人，滚动枢轴价幅给他们提供持仓等候的充分理由。而对于不能果断平仓的交易人，滚动枢轴价幅会让他改变习惯及时离场。

滚动枢轴价幅的完整定义，请参阅第02章的详细内容。在这

里，我要讨论的是如何把滚动枢轴价幅应用到各种不同的策略中去。在短线基础上，当日枢轴价幅可以提供进场参考点，比如确立穿过枢轴价幅高点的升A点，或者确立穿破枢轴价幅低点的降A点。滚动枢轴价幅是优化离场策略的最好方法，当日枢轴价幅不能起到同样的作用，记住这一点很重要。如果是短线交易人，想把交易时间延长1~2天，使用6日滚动枢轴价幅则没有意义，要使用2~3天滚动枢轴价幅才可以。如果是长线交易人，使用2~3日滚动枢轴价幅也没有意义，因为这可能使交易者过早离场，应该使用5~6日滚动枢轴价幅。使用这个策略的时候，必须保持连续性。比如，如果交易者根据某些条件进场之后，使用3日滚动枢轴价幅作为离场策略，就不能再更换到6日滚动枢轴价幅，不要为拖延交易时间寻找借口。

在某些经济报告发布期，比如美国失业报告（官方说法是非农就业数据，通常在每个月的第一个星期五发布）和美国石油学会（API）的统计数据（能源期货市场闭市后的星期二发布），通常会引起短期的市场随机波动，容易使短线交易人平仓离场。如果使用得当，滚动枢轴价幅能帮助短线交易人持仓度过这些不稳定的市场阶段。

因为滚动枢轴价幅可以平掉这些报告带来的短期影响，在市场消化新的数据期间，交易人不会仓促平仓。如果出现意外，在这些报告发布后市场出现剧烈异动（通常是常规交易日区间一两个标准差以外的异动），这时不论怎样也要离场。

选定的滚动枢轴价幅包括的时间越多，留给市场的运行空间就越大，使得交易者的持仓时间就越长。包括的时间越少，留给市场的波动空间就越小，使得交易者的持仓时间就越短。

标的市场在某个方向上运行了很长一段时间之后，会丧失动能而萎缩，这时可以用滚动枢轴价幅提醒交易人平仓离场。我是说，假如原油期货开盘后在4日滚动枢轴价幅下方确立降A点，根据这一点和其他ACD指标，交易者开仓做空，并决定在市场反转以前保留仓位，并以4日滚动枢轴价幅的高点作为止损离场点。

　　某些时候，使用滚动枢轴价幅概念，会使得市场运动图形表现平缓，甚至变成直线，尤其当市场在一个方向上持续运行一段时间之后，市场趋势不再明朗，甚至出现停顿。这时位于市场上方的滚动枢轴价幅会怎样呢？滚动枢轴价幅最终会跟上市场方向，然后来到市场下方（如果市场趋势下行），或者来到市场上方（如果市场趋势上行）。市场还没有移动，但是滚动枢轴价幅现在要赶上市场，或者已经来到市场的反方向了，这就是市场失去动能的信号。毫无疑问，交易者现在应该离场，摆脱困境。通常，在市场价格出现急剧变化前，滚动枢轴价幅的偏好已经转变了。一旦位于市场上方的滚动枢轴价幅落到市场水平上或它的下方，这就是离场的时候。或者，一直位于市场下方的滚动枢轴价幅来到市场水平上或它的上方，也要平仓离场。

　　如果市场在某个方向上出现显著变化，然后表现滞缓，当滚动枢轴价幅赶上市场水平，来到其上方或者下方，即使市场价格还没变化到使交易者亏损的程度，也应该平仓离场。

数据：2001年的6月无铅汽油期货（60分钟图）

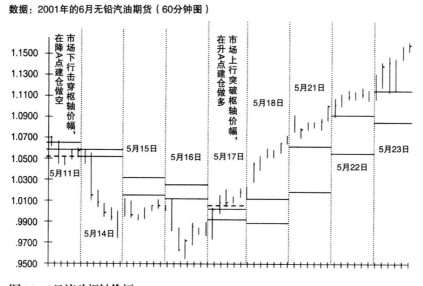

图6.1　3日滚动枢轴价幅

不管交易商品期货，标准普尔股指合约还是股票，运气好的时候，都可以把一笔短线交易延长一两个星期，在某些特殊情况下也许达到三个星期。换句话说，交易者这时抓到了一个市场做抛物线运行的机会。最初，市场发生巨幅移动，使得滚动枢轴价幅远离市场。由此可以看出滚动枢轴价幅并不是一个即时的因素。最终市场丧失了动能，使得滚动枢轴价幅赶上市场，并且还突破市场，来到上方或下方，这时就该尽快平仓离场。

在2001年5月的无铅汽油市场图（见图6.1）上，行情萎缩，滚动枢轴价幅跟上市场。5月17日，市场早盘突破滚动枢轴价幅，运行到其上方。这不仅使交易者可以在市场运行的底部获利平掉空头头寸，还使他们在市场随后出现的反转回升中有机会开仓做多。

动能

在考察市场动能的时候，我把市场在一段时间以内的收盘价和交易当天的收盘价相比较。我通常使用8个交易日来做比较，其实使用6个交易日，8个交易日或者是10个交易日都是可行的，但是必须在考察中保持连续性，就像使用滚动枢轴价幅一样。不能为了某笔特殊交易而改变时间域。

简单地说，动能表明在这段时间里谁是赢家，谁是输家。假设今天原油期货市场在24美元报收，8天前收盘价则是25美元。这说明负面动能达到100个价格增额（1.00美元）。显然，这期间空头赢得了这100个价格增额，而多头输掉了这100个价格增额。

当市场显著运行以后开始表现滞缓，价格变化幅度很小，这时考察动能最为有效。如果市场在动能指标中出现变化，即使十分轻微，也应该离场退出。举例如下：

今天收盘价	24.65
1天前收盘价	24.75
2天前收盘价	24.50
3天前收盘价	24.55

4天前收盘价	24.45
5天前收盘价	25.00
6天前收盘价	25.75
7天前收盘价	25.55
8天前收盘价	26.00

把今天的收盘价24.65和8天前收盘价26.00相比较，可以看出市场上存在负面的动能，因为今天的收盘价比8天前收盘价更低。现在，假设随后的3天中市场收盘价变化不大，分别在24.51，24.58和24.52。到此，从任何角度说，市场在收盘水平上基本变化不大。随后一天，市场报收24.65。8个交易日收盘价列表如下：

今天收盘价	24.65
1天前收盘价	24.52
2天前收盘价	24.58
3天前收盘价	24.51
4天前收盘价	24.65
5天前收盘价	24.75
6天前收盘价	24.50
7天前收盘价	24.55
8天前收盘价	24.45

可以看到，最后一个收盘价最高，同8天前的收盘价相比，高出+0.20数值的动能。因此，即便市场没有出现显著波动，在3天内基本上没有变化，从动能上体现的从负值转为正值的变化，也意味着应该平仓离场。

　　　　把市场当前的收盘价和过去的收盘价相比较，如果出现动能变化，这时即便市场还没有出现使交易者亏损的情形，也要平仓离场。

各种市场行情的动能数值每天都记录在枢轴表中，详见本书附录。

反转交易

在近两三年里，我使用的效果最好的系统就是反转交易，包括在像能源期货这样公开喊价的交易中，也包括像OTC这种场外网上股票交易的市场中。与你在其他书籍或交易刊物中读到的典型反转交易有所不同，我所说的反转交易，打个比方，是指在市场没来得及"穿上裤子"的时候赢得它。换句话说就是，要利用市场失灵时占领先机。一旦看到市场出现失灵的情形，就要应用ACD系统进场交易。目标就是要在人们出现恐慌、仓促进场之前，成为首先出手的人。

我们寻找的反转交易形态是这样的。首先，市场必须出现同一方向上连续的两个A点信号，当然，可能出现这种情形的最短时间域就是连续两个交易日。下面我还会讲到，也可以间隔儿天出现同一方向上的两个连续A点信号，但是期间不能出现其他的ACD指示信号。换句话说，如果在第一天出现升A点，在第三天出现升A点，只要在第二天没有确立任何ACD信号，就是一个有效的交易情形。

看下面这个例子：假设交易当日IBM股票在100美元确立降A点，交易次日在100.50美元又一次确立降A点。IBM股票在这两个交易日里怎么收盘都无关紧要，重要的是出现了两个交易日里连续的降A点信号，第一个在100美元，第二个在100.50美元。

然后，要寻找的就是下一个ACD信号是否是一个升A点，而且要高于两个降A点数值中的高点（或者反过来说，如果出现两个连续的升A点信号，交易者就要寻找一个降A点信号，而且要低于两个升A点数值中的低点）。在这个例子中，假设第三天，IBM股票在101.50美元确立升A点，这就是一个反转交易。

我们来思考一下市场发生的实际情况：市场崩盘，有些交易者在第一个降A点100美元开仓做空，然后又有另一些交易者在第二个降A点100.50美元开仓做空。今天，市场确立升A点101.50美元，现在他们没有可继续投入的资金，只能迫不得已亏损回补。再说一次，这种反转交易判断的是人们被亏损头寸套牢，迫不得已止损出逃的情形。最好要利用ACD信号在大多数空方都完成回补之前进场交易，就能在随后出现的止跌回升中坐享其成了。

记住一个重要的原则：只能在出现连续两个A点信号并随后出现反向的A点信号时才能进行交易。例如，如果第一天确立降A点100美元，第二天确立降A点100.50美元，然后今天在相同方向上出现第三个A点信号，这个交易情形就是无效的。像这样如果在同一方向上出现三个A点信号，交易者就只能重新计划，寻找下一个交易机会。为什么？因为市场上的短线交易人通常最短持仓4小时，最长持仓2天。如果连续3天出现同一方向上的信号，那些在第一天开仓的交易者已经在第三天获利出逃，那些在第二天进场的交易者也已经获利出逃。这样，已经有太多交易者获利平仓出局，就不能发生反转交易情形了。

假设连续出现两个降A点，然后市场在第三天确立了升C点，这种情形也是无效的。如果出现一个升A点，然后是一个降A点，显然这也不是反转交易的情形。强调一次，必须是连续两个A点信号（两个升A点或者两个降A点）。

我前面说过，在两个A点信号之间可以出现中性的交易日。但是，市场不能确立任何信号，不能出现A点，B点，C点或D点。在两个A点信号之间可以出现一两个中性日，如果有太多的中性日也是无效的交易情形。

现在，回到IBM股票的例子上。假设两天前出现一个降A点100美元，一天前出现一个降A点100.50美元，今天出现一个升A点101.25美元。这是反转交易吗？是的。两个连续的降A点，和一个升A点，当然是反转交易。现在，假设两天前确立降A点100美元，一天前确立另一个降A点100.50美元，市场在今天确立了升A点104美元。那么，这两种交易情形中哪一个更理想呢？

毫无疑问，后一种情形更加理想。因为市场跳空达到104美元的高点，那些在100美元和100.50美元开立空仓的交易者就会恐慌出逃。还要知道，多数交易者在市场突然急剧攀升时并不会果断开仓做多。在这个例子中，当市场突然拉高3-4美元时，很少有人愿意买进。交易心理学就是如此，人们不愿意做的交易常常就是最好的交易。两个降Ａ点和随后的升Ａ点之间（或两个升Ａ点和随后的降Ａ点之间）的价差越大，这笔交易获利的概率就越大。交易者投资的机会就是人们被突然的变化弄得晕头转向不知所措的时候，如果市场还跳空开盘，情况尤其如此，大多数交易者还在固守己见，不肯转向，拒绝接受损失。假设连续出现两个降Ａ点之后，IBM股票跳空8美元高开，许多交易者在这样的跳空开盘时是不会买进的，但是这种情形会造就20美元或者30美元的大赢家。

　　反转交易情形是利用连续两个Ａ点信号（两个升Ａ点或者两个降Ａ点）和随后的一个反方向Ａ点信号，判断出人们在市场上被套住的价格水平。两个升Ａ点和一个降Ａ点（或者两个降Ａ点和一个升Ａ点）之间的价差越大，这笔交易赢利的机会越大。

　　关于这种反转交易的第二个问题就是，开立头寸后在哪里退出？因为交易者根据Ａ点信号进场，是在应用简单的ACD系统控制仓位，也应该包括离场策略。换句话说，持仓等待，一旦反向信号出现就平仓退出。如果交易者在升Ａ点进场交易，要持仓等待，直到当天出现降Ｃ点，或者出现另一个降Ａ点时平仓退出。

　　我曾经做过持仓两周的反转交易。开仓以后，市场就一直在我预想的方向上运行。我发现反转交易在不成熟的市场上尤其有效，因为那里有更多不成熟的投机商和交易人。我们这个交易系统在全世界都应用过反转交易的概念，从美国股票和商品市场，到德国债券市场，伦敦金融市场，甚至远到澳大利亚交易市场。但是要记住，必须遵循ACD系统的基本条件：不论哪一种股票或商品市场，必须有充足的流动性，才能够实现交易；必须有足够的波动性，才能有钱可赚。

　　简单地说，反转交易卓有成效是因为抓住了人类心理的弱点。这种交易形态就是寻找这样的市场机会：人们被套牢而被迫平仓。图6.2-6.7描述了各种不同的交易情况，其中只有几种符合反转交易的条件。

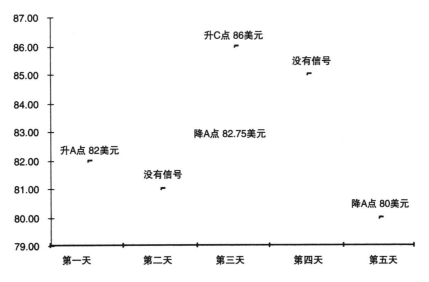

图6.2 是反转形态吗？不是——第二个信号是升C点，不是升A点

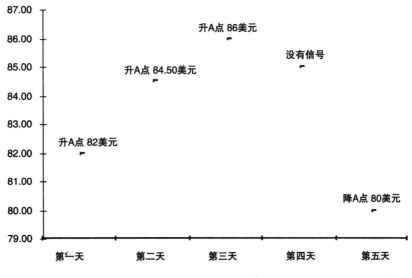

图6.3 是反转形态吗？不是——3个连续升A点信号

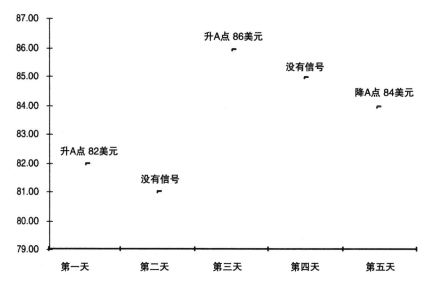

图6.4　是反转形态吗？不是——降A点价格未能低于82美元

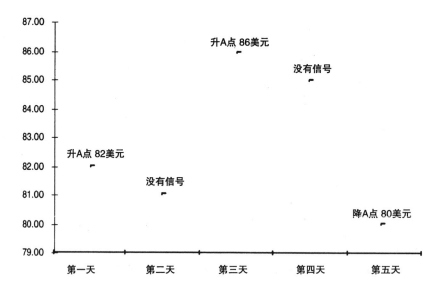

图6.5　是反转形态吗？是

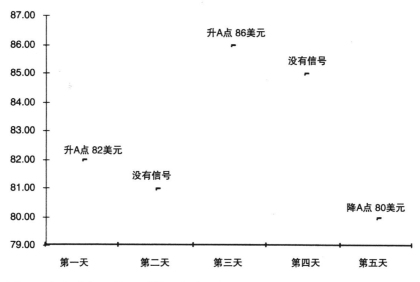

图6.6　这是比图6.5更好的反转形态吗？不是

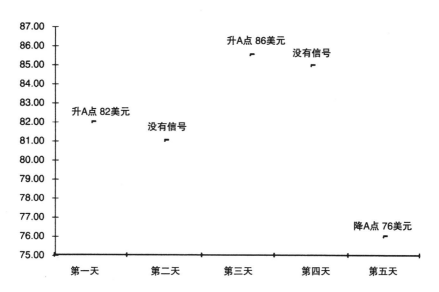

图6.7　这是比图6.6更好的反转形态！图6.7的降A点价格水平比图6.6的降A点价格水平要低

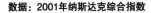双向摇摆区

下一个概念是双向摇摆区。假设在一幅图上,可以看到原油期货在24-25价格区间波动,市场就像弹球一样在24的支撑区和25的阻力区之间弹来弹去。然后一些随机事件引起市场跳空下跌到23,低于原来的低点24。现在,假设一段时间过后市场回转,接着考验24的价格水平,原来的低点24现在构成阻力,低点24成为双向的摇摆区,要等到市场上行突破原来的这个低点才能决定做多,那么在这个点上这个区域就构成支撑。

在图6.8中,纳斯达克综合指数在2001年4月到达低点,1620-1660价格区间构成支撑区。2001年9月11日恐怖袭击之后,纳斯达克综合指数跳空下跌到1620以下,在随后的一个月里,纳斯达克下跌到更低的水平,使得1620-1660区间变成其上方的阻力区。一旦市场行情突破这一区间,1620-1660又一次变成支撑区。

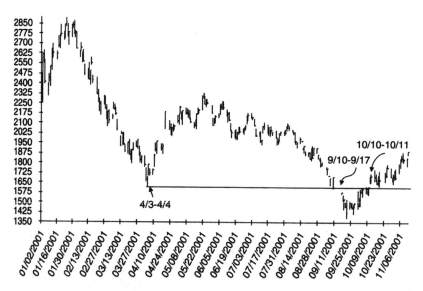

图6.8　纳斯达克综合指数——1620—1660摇摆区——2001年4月3日—2001年11月6日

趋势反转交易

做交易的人喜欢挑选高点和低点开仓。我真是不喜欢这种做法，因为这几乎是不可能做到的事情。如果交易者要找到市场的极点，依我看，最好的办法就是趋势反转交易（TRT）。当趋势反转交易形态发生时，就是市场短期方向，或者长期方向可能发生转变的信号。

趋势反转交易的第一个条件，就是市场已经持续大幅上行或是下行一段时间。单单持续运行几天是不够的，要持续运行几个星期，一个月更好，六个月会更加好。股票市场处于牛市行情长达10—12年是比较极端的趋势持续的例子。时间域越长，趋势反转交易的机会就越好。

如果确定某个市场一直延续某种趋势，那么得到趋势反转交易形态的第一个条件就是，需要在趋势方向上出现跳空开盘，尤其是在周末或是假期之后（随后我们会进一步讨论）。如果市场一直处于上升趋势，就要寻找跳空高开，形成新的高点。或者如果市场一直处于下跌趋势，就寻找跳空低开，形成新的低点。

以第一种情况为例，市场上行，跳空高开，形成新的高点，要寻找的下一个条件就是落实的降A点。如果市场仅仅触到降A点马上弹回，这就是无效的情形。必须是一个真正稳固的降A点，市场必须下跌到降A点水平以下并持续一段时间。

继续讨论之前，我们先来考察这种情形发生的原因。市场跳空高开，是因为空方认输投降。他们愿意付出任何代价在交易开盘后10~15分钟内补进出逃。这个原因导致市场以跳空高开开始交易。这时，有经验的交易人作为卖方介入。他们可能一直在驾驭市场的上升趋势，现在他们要成为这些输家的对立面，获利回吐，其中一些人或许也要开始建仓做空。这时情况的特殊之处就是，市场跳空高开证明空头已经认输出逃。即使这样，市场在开盘之后还是很快下跌，这是因为那些经验老到的交易人获利回吐，转而做空。

通常情况是，在第一波抛售以后，行情逐渐平息，然后市场开始恢复，场内交易人和楼上的即日交易人就会开始新一轮建仓做多，或者至少平掉空头头寸，因为他们已经习惯了这支股票或这种商品期货长期持续的上涨趋势。趋势已经在人们的头脑中根深蒂固，他们根本不愿意做空。

由空头回补导致的止跌反弹推动市场重新上行，并突破开盘价幅。但是，市场没能落实有效的升C点，或者没有运行到这一价格水平。一旦市场折回到开盘价幅区间，就是操作趋势反转交易建仓做空的好时机。

我们再来看看造成这种行情的原因。在第一次市场下行时建仓做空的交易人这时已经离场。在升C点落空以后，他们不大可能再次做空。而如果交易者在开盘价幅区间建仓做空，承担的风险就是从开盘价幅到升C点。如果抓准了方向，就抓住了高点，将会出现巨大的利润空间，因为交易当天晚期市场将发生崩盘，在当日最低点附近收盘。长期看这种行情就会发现，这不过是短时的困境，市场还会反转回到主导趋势上。

升C点落空之后，如果市场回到开盘价幅区间，而且就在此盘整，会产生什么样的后果？这会使得所有"公交乘客"和你在同样的价格水平进场。时间是比价格更重要的因素。市场必须在一个合理的时间域内向预期方向运行，任何条件下都不能超过开盘价幅两倍的时间。如果市场在这段时间没有变化，那么这笔交易就耗时过长，必须马上平仓离场。

我曾经把它叫做"遛个弯儿的交易"。从前我在交易大厅里做原油期货的时候，如果发现在升C点或降C点落空后，有在开盘价幅区间逆市而做的机会，我就会开立头寸，把止损点设置在C点，出去散步20分钟。回到交易大厅的时候，如果市场没有运行到我预期的方向上，就平仓离场。如果市场处在预期方向上，我就继续持仓，而且可能还会加点筹码。

如果走运，抓到的是趋势反转交易的成功机会，我会使用短线ACD信号控制交易，还会使用长线指标，比如滚动枢轴价幅，来把这笔交易从赢利的即日交易变成一个赚大钱的长线交易。毫不稀奇的是，趋势反转交易会抓住市场运行的高点或者低点，抓到市场大幅反转的赢利机会。

如果你走运碰到趋势反转交易的机会，不要为了几个价格增额的赢利而急于平仓离场，至少要等到市场在交易当天创出新低。例如，假设在某个星期五原油期货报收32.00。星期一，市场开盘在近三个月的高点32.60上，然后确立降A点32.25。这之后，市场止跌反弹到32.60，在升C点的下方，然后市场折回到32.50，位于开盘价幅区间。现在假设你在32.50这里开仓做空，同时假设当天最低点在32.10，从短线角度说，你要在市场到达32.10之前坚持持仓，因为市场十有八九会在已经出现的当日低点以下收盘。并且，你大概还应该延长部分头寸的持有时间，使用长线ACD概念，比如用滚动枢轴价幅来控制这笔交易。

重复一次，趋势反转交易的一个重要概念就是要把握这种时候的市场心理。市场在出现跳空高开创出新高以后出现抛售，确立降A点，接着折回出现了一个落空的升C点，然后又返回到开盘价幅区间，很少有交易者会愿意在这个位置建仓做空。即使那些已经获利平仓的人，比如在跳空高开之后开始做空，在确立降A点之后补进的人，也不会愿意再一次做空。他们对自己刚刚的获利感到十分满意，没有再次做空的必要动力。如果你掌握了趋势反转交易的背景，就会知道这是一个低风险高概率的交易，在这个例子中，就是在开盘价幅区间开仓做空。记住，最难做的交易通常就是最好的交易。

市场跳空高开之后，确立一个落实的降A点，止跌反弹后出现升C点落空，然后市场出现抛盘回到开盘价幅区间，这时很少有交易人会开仓做空或确立看空偏好。但是最难做的交易就是最好的交易。（显然，趋势反转交易也是一个对称的形态，在持续的下跌趋势中，就要寻找跳空低开，落实的升A点，落空的降C点，然后在市场回到开盘价幅区间开仓做多。

让我们再复习一下这种交易的情形：

1. 在持续上升（下跌）趋势中市场跳空开盘创出新高（新低）。在这个价格水平上，那些一直看错市场的交易人就会止损出逃。

2. 市场确立落实的降（升）A点。这是经验老到的交易人撤出资金的结果，他们从长期稳定的上升（下跌）趋势中获利回吐。

3. 一段修整后市场开始再次上行（下行）。在交易当天市场运行到降（升）A点附近时开仓做空（做多）的短线交易人不得不止损平仓离场。由于他们补进空仓（回抛多仓），其中一些人继续开立多仓（空仓），市场持续走高（低），一直到达C点水平，但在此没有停留整理。

4. 市场出现交易当天新高（低），但升（降）C点落空，引发卖盘（买盘），把市场又拉回到开盘价幅区间内。

5. 此时，如果你身在其中，就如同飙了一段旋风飞车。先是目睹那些老到的炒家卖出（买进），市场止跌回升（止升下跌）创立新高（低）后，空方的交易人被迫止损退出。然后你目睹了市场在C点再次落空。你很庆幸在此毫发未损离场退出。

6. 一旦市场折回到开盘价幅区间，大多数交易人会开立新的头寸吗？通常不会。但这正是交易中最重要的教训。

再说一次，最难做的交易往往是最好的交易。

有一个趋势反转交易的最佳例子。2000年3月10日，纳斯达克综合指数在3月9日星期四在5046收盘。然后，有几个气势如虹的网络公司和科技公司发布了利好收益数据，引发3月10日星期五市场跳空高开，开盘价幅在5080-5100。市场随后下跌确立降A点5063，接着创下当日最低点5055。这之后纳斯达克综合指数止跌回升突破开盘价幅，一路飙升，接近升C点5135。但最终没有达到这一水平，没有超过5132.52。在C点落空后，市场回到开盘价幅，然后稳步下跌，并创下当日新低5039，最后当天报收5048。

如果你看出这是一个趋势反转交易，就不仅会在升C点落空后，在开盘价幅5080-5100区间开仓做空，等待当天将会创出的新低，还可能会延长部分空头头寸的持有时间。信不信？你没准儿今天还在持有卖出的合约呢！

缴械投降的交易形态（MAH）

这种交易形态是把趋势反转交易的概念和长周末或假期结合起来，比如阵亡将士纪念日，感恩节，或者劳动节。像趋势反转交易一样，这一类型交易要求市场一直处于持续的趋势中。我们从趋势反转交易的心理学中知道，当市场处在持续的趋势中时，总是有许多交易人执着地等待着行情最高点，但是不断受到打击（在熊市行情中他们就等待最低点）。现在，长周末来了，阵亡将士纪念日或者国庆日来了。等待高点或者低点的交易人坐在家里备感挫折，饱受煎熬，心中无限苦闷：居然在行情反方向上坚持了这么长时间，损失了这么多钱。没准儿现在连老婆也在免费提供市场建议呢！他们就到了再也坚持不下去的时候，终于决定放弃坚持，缴械投降，下定决心等市场一开盘就平掉一直亏损的头寸。如果他们在上涨的行情中一直做空，就会在开盘时补进。如果在下跌的行情中一直做多，就会在开盘时斩仓。

在这种情况下，人们在情感上缴械投降，结果就会出现在现行的主导趋势上，市场跳空高开或者低开。从根本上说，那些精神狂躁亟需得到心灵平静的交易人制造了这些缺口。这些人最终放弃坚持之后，市场又折回到前一个交易日的交易区间。他们一直等待的最高点或者最低点终于出现了，可惜的是，他们已经出局了。

例如，2000年，美国高通公司（QCOM）股票在一个长周末前的星期五，交易区间在640-660美元。分析师们预测，QCOM下一周最终会涨到1000美元。长周末之后，QCOM股票跳空高开，在680-685美元之间交易。但是，当天晚些时候，股票折回到前一个星期五的640-660区间，QCOM没再上涨。

结合趋势反转交易概念和这种MAH交易形态，就是要等待市场跳空高开，随后出现一个降A点，然后是升C点落空，最后市场折回到前一个交易日的价格区间。当市场折回到前一个交易日区间时，如果还没持有空头头寸，就要在这时开仓做空。

MAH和趋势反转交易形态特别容易成功的原因，是因为在市场里历史总是重演。人们容易恐慌，于是重复犯下同样的错误，识别出何时会出现这样的情况，能帮助交易者预期到市场走势的变化，从其他人的错误和心痛中捧个大满钵。

趋势的改变

除了趋势反转交易形态，MAH形态以外，还有其他一些早期提示指标，我们也设计了电脑程序来预测趋势变化。在数据库中，我们收集了各种商品和股票15年以上的价格数据进行分析，判断出某一段趋势持续的平均时间。我们试图推断出这些趋势从统计数据上说平均会持续多久，不论趋势大小。然后通过分析不同的形态，我们对下一个月做出预测。例如，在每一个月末，我们通过运行软件做一次分析，对下一个月行情发生的趋势变化做出预测。这种分析发现，在趋势明朗的一个月中有两三个交易日相对比较容易出现反转。某一个月，如果这个趋势改变程序在屏幕上出现警示，就会帮助交易者及时止损脱身，这是我们的另一个专利指标（详细的统计数据，请参见附录）。

寿司卷

尽管名字叫寿司卷，可是这个指标和日本、生鱼或者和寿司有关的任何东西都扯不上关系。事情的起因是这样的，我们第一次讨论到这个指标的时候是在一家日本餐厅，有人点了寿司。一件事情引起了另一件事情，这个提示市场方向出现变化的早期警示指标，"寿司卷"由此得名。

这个预警指标是这样的。首先，大家都知道教科书上是怎么定义反转日的：市场在前一个交易日的最高点上创出新高，然后取代前一交易日的最低点创出新低，并在前一交易日最低点下方收盘。或者，市场创出新低，然后取代前一交易日的最高点创出新高，并在前一交易日最高点上方收盘。这种反转交易的问题就在于它太容易识别了，在任何一种交易屏幕前面都能清楚看到。既然它如此显而易见，每个人都能看出来，就没有真正的价值（想一想，如果大家都在做同样的交易，研究同样的信息，能好到哪里去呢？）。

这里就要引进寿司卷的概念。不仅只看一个交易日的情况，我们用5个滚动交易日取而代之，或者从短线角度，也可以使用5个10分钟柱。不论使用什么时间域，都必须保持连续性，目的是要比较最近的5个时间增量和之前的5个时间增量。如果你是空方，市场在最近的5个时间柱下跌到低于前面5个柱的最低点，现在收于前面5个柱高点的上方，这就是寿司卷，就是该补进空仓的时候了。

在下面的例子里，我将用寿司卷概念解析原油期货的10分钟图。假设原油期货从20.70开始攀升，现在行情在21.20。你是多方，市场处于你预期的方向上。现在，在随后的50分钟里（用5个10分钟柱表示），市场价格区间是21.20—21.36，只有16个点差。在随后的50分钟里，市场交易上升到高点21.36上方，然后在前面的低点21.20又创出新低，在最后一个柱收在21.10。（记住，市场仅仅创出新低是不够的，在最后一个阶段还必须收盘在前面5个柱中最低点的下方。）在这个位置，你是否要开仓做空？也许要，也许不要。但你是否要在20.70价格水平上抛出多头头寸？答案是肯定的。

图6.9、图6.10和图6.11描述了寿司卷交易形态的不同情形。

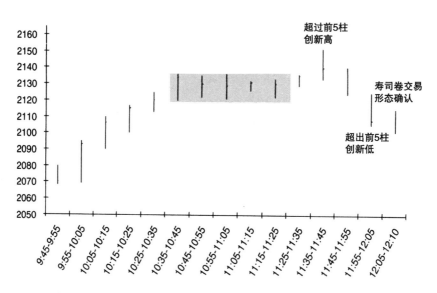

图6.9 寿司卷交易形态——10柱情形

153

数据：2001年11月6日的12月标普股指期货

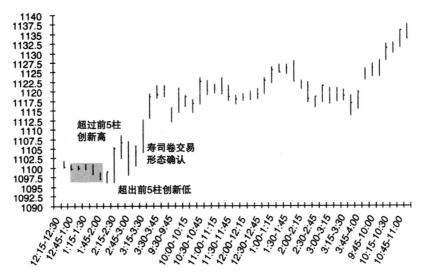

图6.10 寿司卷交易形态——当天的价格极点

数据：2001年10月29日VRTS股票

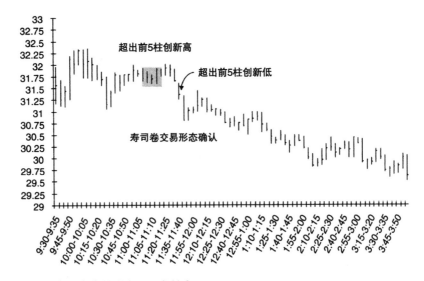

图6.11 寿司卷交易形态——交易当日

154

外部反转星期

外部反转星期是把寿司卷的概念应用到星期一到星期五的时间段里。反转星期的交易形态效果很好，反转月的交易形态效果更好。我从来没有见过反转年形态，我想即使确有发生，也可能令人难以置信。外部反转星期使用上一星期的星期一到星期五的区间作为第一个5个交易日，这一星期的星期一到星期五作为第二个5个交易日。外部反转星期交易形态发生的条件是，这第二个星期的行情必须突破前一星期的最低点，然后突破前一星期的最高点，在星期五收盘时要高出这个最高点（或者突破前一星期的最高点，然后突破前一星期的最低点，星期五在这个最低点下方收盘）。

有人可能会问我，为什么使用5个交易日作为外部反转的基础，而不是4个交易日，6个交易日或者7个交易日呢？简短的答案就是，我最习惯于使用5天的时间段。我想交易者可以使用4天或者6天。但是不论使用什么时间域，都必须保持连续性。外部反转星期出现时，就是一个高概率低风险的交易情形，能识别出明显的市场高点和低点。

图6.12　安然公司（ENE）——外部反转星期——2001年4月30日—2001年5月4日

下面举例说明外部反转星期的交易形态。表格中罗列出美国安然公司（ENE）在2001年春季的两星期时间段的开盘价，最高价，最低价和收盘价。

日期	开盘价	最高价	最低价	收盘价
第一星期				
4月23日	60.77	61.70	**60.32（4）**	61.65
4月24日	61.95	62.95	61.60	61.87
4月25日	61.62	62.99	61.18	62.88
4月26日	63.01	**63.99（2）**	63.01	63.66
4月27日	62.80	63.61	62.18	63.50
第二星期				
4月30日	63.20	**64.75（1）**	62.26	62.72
5月1日	63.60	63.60	61.80	62.41
5月2日	63.40	63.40	**59.50（3）**	60.50
5月3日	59.60	60.20	57.05	58.35
5月4日	58.54	59.70	58.46	**59.48（5）**

仔细看表格中的最高价，最低价和收盘价的数据。有什么值得注意的地方？那些加黑的数字表明，第一件值得注意的事情就是市场在第二星期创出最高价64.75（1），超过第一星期的最高价63.99。随后，市场失去上升动能，开始反转。在5月2日，创出低点59.50（3），低于前一星期的最低点60.32（4）。然后，市场5月4日报收59.48（5），低于前一星期的最低点60.32，确认了外部反转星期的交易形态。这是一个标准的外部反转星期的例子。在随后的几个月内，股市稳步下跌。2001年12月，安然公司股票每股在50美分以下，公司申请破产（见图6.12）。

1929年崩盘——近于完美的交易形态

我们来看看如何把ACD概念应用到1929年的股票市场中。从1925-1929年，股票市场经历了漫长的持续上升趋势，在1929年8月崩盘前达到绝对的最高点（那个时期股票每星期交易6天，只有星期

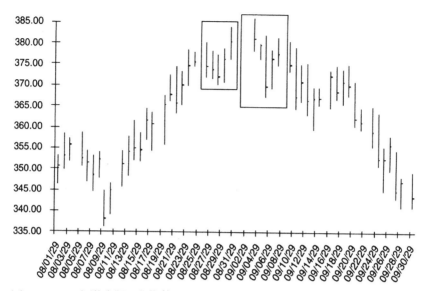

图6.13 1929年道琼斯工业指数

道琼斯工业平均指数			
日期	最高价	最低价	收盘价
1929年8月26日	380.18	372.09	374.46
1929年8月27日	378.16	371.76	373.79
1929年8月28日	377.56	**370.43（2）**	372.06
1929年8月29日	378.76	370.79	376.18
1929年8月30日	**383.96（1）**	376.16	**380.33（3）**
1929年8月31日	假日		
1929年9月1日	星期日		
1929年9月2日	假日		
1929年9月3日	**386.10（4）**	378.23（5）	381.17（6）
1929年9月4日	380.12	376.33	379.61
1929年9月5日	382.01	**367.35（7）**	369.77
1929年9月6日	378.71	369.46	376.2
1929年9月7日	381.44	374.94	**377.56（8）**

日和假期闭市，见图6.13）。

从表中可以看到，1929年8月最后一个星期的最高价是383.96（1），最低价是370.34（2），收盘价是380.33（3），是史上最高的星期收盘价。然后就到了劳动节周末，空方损失惨重，终于决定放弃抵抗（MAH交易类型）。随后的交易日，即1929年9月3日，市场跳空高开创出新高385.20，然后在382.80附近确立降A点，止跌回升后，又在史上高点386.10（4）运行出一个落空的升C点。然后市场一路下跌创出当日新低378.23（5），最后收盘在381.17（6），构成一个完美的趋势反转交易（TRT）结构。

现在来看看这一星期其他交易日发生的情况。我们说过，9月3-7日这一星期的最高价是386.10（4），超出了前一星期的高点383.96（1），而9月5日创出最低价367.35（7），也低于前一星期最低点370.34（2）。这一星期收盘价是377.56（8），也低于前一星期出现的最高星期收盘价380.83（3）。但是，这并不是一个完全符合标准的反转星期，因为市场没有在前一星期的低点370.34（2）下方收盘，但是这确实是一个不同凡响的收盘！在9月7日这一星期结束后，市场真的开始崩盘了。9月14日，星期六，市场报收367.01，9月21日市场收于361.16，9月28日星期六道琼斯收于347.17。事实上，这个结构标志着1929年行情终结的开始，也预示着罕见的崩盘。

如果你和我在那时从事交易，希望我们已经掌握了ACD方法，那样我们就会果断平掉多头头寸，逃离崩盘的灭顶之灾。我们没准儿可以走运到建仓做空了呢！

我一直在讲ACD系统是对称的，注意到这一点很重要。在1929年高点时生效的概念，在1932年7月的低点也同样有效。外部反转结构并没有在1932年7月第四个长周末后发生，而是出现在一星期以后。1932年7月的市场情形很值得我们研究（见图6.14）。

显然，市场一直处于持续的下跌趋势中。任何在这段时间试图等待低点的交易人都在打一场注定失败的战役。曾经在1929年8月达到380点的同一个指数在这时跌掉了90%，仅仅在40点左右。

7月5-9日这一个星期，市场最高价在44.50（1），最低价在40.56（2），在7月9日创出史上最低收盘价42.63（3）。随后一星

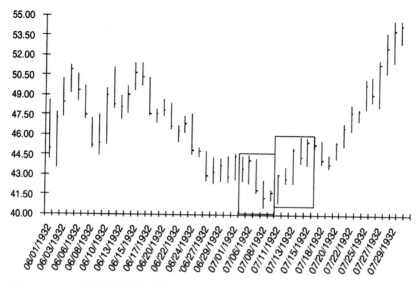

图6.14 1932年道琼斯工业指数

道琼斯工业平均指数			
日期	最高价	最低价	收盘价
1932年7月5日	44.43	42.53	43.47
1932年7月6日	**44.50（1）**	42.31	44.08
1932年7月7日	44.26	41.63	41.81
1932年7月8日	42.61	**40.56（2）**	41.22
1932年7月9日	41.89	41.08	**41.63（3）**
1932年7月10日	星期日		
1932年7月11日	43.03	**40.92（4）**	42.99
1932年7月12日	43.65	42.36	42.68
1932年7月13日	45.05	42.35	44.88
1932年7月14日	45.85	43.91	44.34
1932年7月15日	**45.98（5）**	45.02	**45.29（6）**

期，7月11日，市场在40.92（4）上低开，已经很接近前一星期的最低点40.56（2）。然后在7月15日创出新高点45.98（5），远高出前一星期的最高价44.50（1），市场收于45.29（6），远高于前一星期的收盘价41.63（3）。

这是一个完全符合标准的寿司卷交易吗？这是一个完全符合标

准的外部反转星期交易吗？不是。但是，这是不是市场可能出现转向的标志？是的。事实如此，市场从此再没有回头。到1932年7月末，市场报收54.26。在1990年代中期以前，市场再也没有出现过这种反转星期的交易形态。假设你一直使用这个市场交易策略，从1932年一直到1990年，结果会怎么样啊？

先别做美梦了，用1929年8月和1932年7月的道琼斯工业平均指数做的这个练习，它重在说明的是历史确实在重演。我们的爷爷们所犯过的交易错误，我们今天还在犯，这些市场上的历史时刻，并不符合ACD系统的完美结构。但是生活里有完美的结构吗？没有，可是你看这两个例子，他们可都是最完美的结局。

选择合适的时间域

对于短线交易人来说，长线交易指标基本没什么用途。如果是长线交易人，也不会根据穿过枢轴的升A点开立仓位。所以我们应用ACD方法时，要注意区分做日内交易和使用长线指标的不同。

如果是短线交易人，会在升A点开仓做多，在降A点开仓做空，在开盘价幅上方或下方的B点保持中性。或者在降C点看空，在D点保持中性。这些日内交易的指标，是日内交易市场行情的指南。

从长线的角度看，日内发生什么对长线交易人无关紧要。要分析的是一个交易日的最后结果，从数字线角度给这一个交易日估值。日内发生的市场移动影响不大。例如，当市场从0开始运行到+/-9，就要抓住机会，然后持有仓位，直到市场复位到0，期间并不需要在意日内的市场运行变化。他们关注的就是ACD对于这个交易日的最终评分。如果市场确立升A点，并在开盘价幅上方收盘，这个交易日数值就是+2。即使市场确立升A点，然后下行到开盘价幅下方，确立B点，过程中迫使即日交易人平仓离场，他们也不会在意。只要市场最终回到开盘价幅上方收盘就好，那么就是一个+2，交易当天发生的所有回旋从这个角度上说都毫无意义（只要市场没有达到降C点就好）。

因此，每个交易者都需要决定适合自己交易风格的时间域，以及对于所选择的交易时间域来说影响最大的指标，然后持之以恒。

第07章

ACD版"雷普利的信不信由你"

我开始写这本书的时候，原本想有一章专门写风险管理，另一章来写交易故事。我希望能在这两章里写进我在使用的其他的辅助交易技巧。但是，随着写作的进行，我的思路日渐清晰，记忆中最深刻的大多数千奇百怪的故事，都多多少少包含风险管理的内容。因此，我就把这两种想法都写在这一章里。

我希望这些故事生动有趣，并且有寓教于乐的价值，其中一些看起来也许令人难以置信，但是我保证这些都是真实的，就像以前的那档著名电视节目。这一章有些故事里主人公的名字也要改变一下，来保护那些无辜的人以及罪有应得的人。我想你会发现，把这一章叫做ACD版的"雷普利的信不信由你"真是恰如其分。

叫理查的水暖工

在今天的市场上交易，并不需要你是个天才。事实上，我认为信息太多，会让交易者不能正确分辨和分析真正重要的东西。我有很多朋友，就用一两个简单的概念操作交易，也一直非常成功。

举例来说，有一个交易人叫理查，是我的一个很好的朋友。做交易之前，理查是一个很出色的水暖工，在东海岸一个著名的棒球场工作。他后来来到纽约商品交易所的交易大厅，成为一个非常成功的交易人。他相当成功，交易风格十分独特，公平地说，他可是没有MBA学位，或者商业和法律的双学位的，他甚至没有读过大学。他所拥有的，就是一种与生俱来的能力，能够快速把握身边发生的事情，和强烈的自我约束能力，以及对自己决断能力的绝对自信。

有一天，我请他帮忙买一个金枪鱼三明治，顺便问他，他的交易方法看起来毫无章法，到底是如何生效的？他告诉我的其实很

161

简单，但是这个方法非常有启迪意义。他从来不在开盘的时候交易，因为他觉得在交易的第一小时里市场运行随机性太大，摸不到门道。他是这么做的：在午间小憩之后来到交易大厅，四处闲逛一下，先观察那些微笑着的交易人，然后接着看一会儿，找到那些皱眉头的交易人，接下来，他就紧随着那些微笑着的交易人买进卖出，并且和那些皱眉的家伙逆着做。

提醒你一下，这里我极为保守地描述了理查的交易能力，事实上他的交易场技巧着实了得，而他对待行情的方法就是有效。相信我，交易大厅里有好多交易人，把全部生命都花在交易池里，装备了图表、表格和好多小科技配件，我都叫不上来名字，可是他们只能勉强谋生。每当一个交易日结束的时候，这些人常常抓耳挠腮，愁眉苦脸，而我的朋友理查脸上却总是挂着幸福甜蜜的微笑。

好消息坏行动

"好消息坏行动"的交易概念实际上简单易懂，但是它需要一些反直觉的思考。先来听我讲讲我在沃顿商学院做客座教授时的一段经历。我的MBA学位就是在那里拿到的，后来我给那里的新生讲了很多次课，他们都抱负远大。这些未来的美国领袖都有很高的大学入学成绩，当然对自己的评价也同样很高。一句话，在18岁的年纪，他们大多数认为自己无所不知。通常情况下，我的课以假设的故事开始。我告诉他们，想象他们正在看丹·拉瑟主持的CBS晚间新闻，丹·拉瑟正站在美国中西部的玉米地里，水没到膝盖，报告说密西西比河洪水泛滥，庄稼受损严重。接下来他采访了几个农民，他们都遭受了严重的经济损失。

然后我告诉学生们，第二天在交易玉米期货的芝加哥期货交易所，人们认为玉米会开盘涨停，意思是每蒲式耳将上涨10美分。但是，交易开始后，没有出现首盘涨停，而仅仅上涨6美分，那一天第一个小时内交易行情没什么大变化。我问学生们的问题是，这时他们会怎么做？在这种情况下他们怎么获利呢？他们会不会买进或者卖出玉米期货呢？

几乎每一个人都说自已要成为买家。这些天才们认为，市场正给他们一个绝好的买进机会，等待市场消化洪水带给玉米供求上的影响。他们只从供需方面来考虑，这是错误的答案。显然，这个假设的故事是一个非常好的好消息坏行动的例子。好消息是，至少从市场定价来考虑，发洪水了，玉米收成将会减产，坏行动是，很显然价格没有在开盘到达预期，很快就回到前一交易日的水平上。在这个例子中，你应该成为卖方才行。不论什么原因，市场已经失去动能，买方已经耗尽子弹了。

通常，由于预期的好消息而开仓做多的多方，会在市场开始出现疲软信号时抢先平仓出逃。一般情况下市场会持续低迷几天，这些多方交易人搞不清楚他们错在哪里。他们出错的地方就是这种可能，庄稼受损已经在市场上被预期定价。意思就是说由于预期洪水会损坏一部分农田，价格已经提前上涨，也或许按照芝加哥期货交易所合约规定，受损的玉米作物不能作为交割标的。谁知道呢？不管什么原因，这是一个明显的关于好消息坏行动情形的例子。

没有表现回应的市场

敏锐的交易人常常盯盘隔夜市场，即下班时间之后的电子平台，比如芝加哥商品交易所的全球电子期货交易系统（Chicago Mercandile Exchange's Globex）和纽约商品交易所的通道系统（Access system）。他们观察的就是在夜间交易市场出现显著变化，而当早上常规交易日开盘时，却没有看到市场表现出跟进的变化来。例如，假设天然气在纽约通道系统夜间交易中上涨10美分，创下20日新高。但是，第二天早上，在纽约商品交易所交易大厅开盘时，根本没有出现明显回应，开盘仅仅上涨6美分。当市场没有按照预期出现相应变化的时候，通常是出现麻烦的早期示警，市场可能会转向。

现在假设在芝加哥的全球期货电子交易系统，标准普尔500股指期货在东部时间早上9：15报收上涨10把（把，英文handle，交易大厅内术语，1把指100点。——译者注），使得标普500股指期货达到9日新高。但是在东部时间上午9：30常规市场开盘时，仅仅上涨5-6把，而且旋即出现抛售。这是另一个例子，市场没有按照预期回应。但是，要记住，在隔夜交易系统结束的时间（这个例子中就是东部上午9：15）和交易日开始的时间（东部上午9：30）之间，如果有经济报告或者其他重大消息发布，显然就会影响市场按照预期表现出相应变化。

我记得在1991年8月，俄罗斯政变时戈尔巴乔夫被软禁在家中。伦敦的勃兰特原油在这个消息后应声上涨4美分。但是，同一天晚期当纽约原油期货开盘时，市场仅仅上涨2美分。纽约和伦敦市场这种明显的差异，就是一个早期示警信号，指示苗头不对。交易当天尾盘，原油期货下跌到原来的价格，没有任何变化。

大多数时候，交易人总是在事情发生之后才能搞清楚市场没有表现回应的原因。不要去追究那些具体的事情和细节，以及某个事件对市场是否构成影响，以及为什么构成影响，直接对那种商品或是那支股票的价格行为做出反应要容易得多。如果XYZ公司发布抢眼的赢利报告，而市场没有按照预期开盘跳涨2美元，这支股票开盘仅仅涨了0.50美元，那还是要卖掉它，以后会有分析师出来告诉你这支股票的赢利状况其实远不像看起来那么美好。或者，如果欧佩克组织达成一项削减产量的协议，大家都以为原油将会开盘飞涨，结果第二天却开盘下跌，那就要卖掉它。过后会有一些石油大亨告诉美国CNBC电视台（Consumer News and Business Channel消费者新闻与商业频道）有两三个石油生产国早就在新的定额上作了弊。

摸不到门道

假设某个市场在一个趋势上已经运行了相当一段时间，你找到自己敬重的交易人，问他认为这种行情的形成原因是什么。例如，可能因为延长的寒冷天气，使得天然气价格一直上涨；或者，由于预期即将召开的一次欧佩克峰会，原油价格开始攀升；也许因为美联储主席格林斯潘又在一次午餐会上做了个讲话，标普股指期货就一路下跌。如果市场做出一次显著移动，而交易者们似乎理解为什么，那么这个趋势就不会持续很长时间。但是，如果市场朝向一个方向运行，没有人知道为什么，那么这个趋势就会持续下去。当市场毫无明显理由的上升或是下降，市场常常会在那个方向上持续运行，比人们想像的时间还要持久。

找到交易员的"阿克琉斯的脚踵"

操作交易的时候，理解市场仅仅是这场战斗的一部分。更艰难的挑战是对付你自己，你的性格癖好，以及情感中的魔鬼。许多交易人在控制自己的自负情绪方面步履维艰。在天然气期货交易中最出色的交易人，就是MVP，他为我的清算公司MBF工作，就像我的亲兄弟一样。他是这样一个人，从来不会在赌场玩儿二十一点时下超过50美元的筹码。我认为如果他在亚特兰大城或者拉斯维加斯输掉500美元或1000美元的话，他就会自杀。但是，同样一个人，一次做几百张天然气合约，想都不想，每小时输赢6位数的资金，眼都不眨一下。

说到冒风险，他就是这样一个"双面人"！他在赌桌上不愿意投入超过50美元的赌注，但是做交易时，他会加仓500张合约的头寸，好像没发生什么事儿一样。你怎么看这么一个精神病？因为MVP就在我的公司和我一道工作，我必须找到办法严格管束他。开始时我尝试理智地跟他解释：在真实世界里大把花钱要有趣得多，也有意义得多，但在交易所里一定要保持克制。我反复给他讲：当市场需要你的流动资金时再投入交易；只有市场出现大幅波动时才能交易，每天不能因为需要满足自己的小赌瘾而进行交易。我尽最大可能态度温和地告诉他，因为他在交易池里的演出失去控制了，舞台效果不够好，正在严重损耗他的身体健康和精神健康。

可是似乎这些都毫无效果。我决定要采用一些游击战的战术技巧，我要找到他的"阿克琉斯的脚踵"（来自希腊神话故事，意思是某人的致命弱点。——译者注）。一天下午，我花了些时间和MVP以及他的父亲在一起聊天，和他们两个人在一起的时候，我能看出他父亲是这位仁兄生活中最重要的人，这并不是说他不爱自己的老婆和孩子，但是我能明显地看到他对父亲的爱，钦佩和尊敬的浓烈程度。尽管他是一个三十多岁的成年人，他父亲仍是他最想取悦的人。

然后，我用上了这招儿。有一次，他在短短的两小时交易期间又输掉25万美元，我把这位仁兄叫到我的办公室，然后就给他老爸打电话，他老爸住在芝加哥地区，是一个退休的经理。我说"约翰，你儿子出格了。"

这位仁兄的脸一下子变得灰白。我终于拿下了他，找到了他的"阿克琉斯的脚踵"。之后他是不是每天都能保持控制？当然不是。他是不是还偶尔超出损失限度？是的。但是我终于找到了办法给他上了一个紧箍咒，我就说："我要给你爸打电话。"

下一个交易人叫"NOT-I"，我也决定要给他使一点这种精神魔法。在这个行当里大家都特别喜欢他，这个人脸上总挂着灿烂的微笑，可惜他也有很严重的纪律问题。我尝试过在他穿的交易人背心上挂上他儿子的照片，也试过向他解释因为疏忽纪律他总共损失了多少钱，但他还是不停的损失巨额资金。一天，他路过我的办公室，进来坐了一会儿，向我抱怨每个月他需要向他前妻支付多少赡养费。"她为什么不能工作？美国的离婚体系简直发疯，不公平。"

他抱怨的时候，一盏小灯一下子在我脑海中闪亮起来，我终于有办法了。和其他所有我们公司的交易人一样，NOT-I也有他应该遵守的损失限额。我告诉他，下一次如果他超出限额，我就从他个人账户里拿出500美元寄给他前妻，并附上一个字条，告诉说她必须把这笔钱花在自己身上，最好用去购物。以后每次他超出限度，我都警告他我要从他账户上拿出双倍的钱寄给他前妻。

他没有想到我真会这么做。但我真的寄出了500美元。两天后，我又寄给她1000美元。然后是2000美元，都是从他腰包里拿出来的。最后，在我寄给他前妻4000美元之后，他终于屈服了。他是不是还偶尔超出限度？没错。但是我们是不是找到了对他施行风险管理的有效方法？当然啦。

超出损失限度的时候去休息一下，这对所有交易人来说都是一个不错的建议。在世贸中心倒塌的悲剧发生之前，我们办公室附近就有一个16幅屏幕的电影院。我告诉风险经理们，如果有人连续破坏交易限额，负责风险的经理就给这个人一张电影票。你难以想像，这些10美元一张的电影票，多少次会把公司从帐务底线拯救回来！

从这么多年管理交易人的经历中，我可以告诉你，交易人的私人生活对他们职场损益情况有相当程度的影响。在这种情况下，最好找个人聊聊。换换空气，也换换氛围，清理一下思绪，是下面这个交易人让我认识到这一点的，我叫他"走运"吧。这个一直外向快活的家伙，突然变得内向，他的交易状况也一下子变得糟糕。我找他来谈，一番躲闪之后，他终于敞开了心扉。他告诉我妻子刚刚生下第五个孩子，家庭生活现在已经失控了。他向我坦言，"老大在上高中，最小的才两个月，我的烦恼区间是从煮饭锅到婴儿夜啼"。

我没办法解决"走运"的所有困难，但是通过耐心倾听，我疏导了他心里的烦恼，帮助他重新找回专注力，让他的交易工作回到正轨上来。

一剂现实生活的良药

在生命中每个人都有自己的挣扎和苦恼，生活上和工作中都有。身为交易人，我们可能会过于关注市场行情和自己的交易表现，以至于失掉对生活的客观判断。我们忘了能有机会从事交易工作是多么幸运的事情，不论身处交易大厅，还是坐在电脑屏幕前，交易人自己掌握工作时间，为自己工作，坦率地说，这很幸运，是许多人享受不到的事情。

当你在交易中遇到一段不顺利的时期，不能陷入自怨自艾的陷阱。如果那样，你就会变得内心自责，心灵遭受折磨。有时，需要生活的一剂猛药让你回到理智中来。

我公司的一个交易人也曾经遭遇自怜自艾的困境，有段时期，他在交易中一连失利了好几个月。我需要找到办法让他重回正轨，他忘掉了生活到底是为了什么，需要有人唤醒他，我思来想去觉得这是我的责任，应该把这个信息传递给他。一天，我安排我的司机到他的公寓，没有事先通知他。我的司机，320磅的大胖子，"劝说"这个交易人把他的钱包、信用卡和公寓的钥匙都交出来，叫治疗也好，叫绑架也行。这个交易人经历了生活中大开眼界的一幕。

他并不知情，我已经在纽约黑人住宅区哈莱姆给他租好了一个一室的公寓，租期一个月。远离交易，他要花掉半天时间在无家可归者的临时住所工作，在小儿科艾滋病房做志愿者。每天，我的司机给他送去25美元生活费。这是用"制约的关爱"给他上了生活的一课。他需要看到那些更为不幸的人们，世界上有许多人生活在彻底的无助中。这个交易人完全适应了新环境，甚至乐享其中，不幸的是，他头发上长了虱子。他把头发胡须都剃光了以后，我想他应该已经受够了，就允许他回到交易大厅和他的公寓。但是他回来以后整个人都变了。今天，他还是那个无家可归者临时安置所的一个定期志愿者，他不仅改变了自己的交易事业，也改变了自己的个人生活。一句话，他获得了新生。

我的第一笔交易

许多人问我成功的秘诀是什么。我没有秘诀，我就是一本翻开的书。在合适的时间来到一个合适的地方，严守纪律，并且深知我自己是谁，这些帮助我成就了今天的我。

在某种程度上，生活中的每件事情，都要依靠运气和对时机的把握。我刚刚12岁的时候，注意到一个邻居开回家的轿车越来越漂亮。那时候我就是一个好奇的，有贪心的，好管闲事的小孩子。我一直想弄清楚这个邻居靠什么谋生，最后我终于鼓足勇气去问他，他告诉我他在纽约商品交易所做白银经纪人。这个邻居有三个儿子，其中一个是我的朋友，他在公立学校上学，我在私立学校读书。尽管他运动天赋相当好，但毫不夸张的说他学习成绩着实不怎么样。

一天下午我决定去谈判，就是用这一点作为我的优势，这可是我平生第一次谈买卖协议，事情发生的多么偶然啊。我向这个邻居承诺，如果他同意让我在他的经纪公司做职员（实习生），尽管那时我只有13岁，他就可以把他儿子转到我的学校，不论花多大功夫，我保证帮助他儿子高中毕业。

当我们握手言欢达成协议的时候，我对将要为世界上最大的商品白银经纪人工作却一无所知，他可是在执行亨特兄弟公司业务中的大部分业务啊（多年以后，亨特兄弟试图垄断白银市场，弄得声名狼藉）。我觉得，偶尔打听一下还是会有收获的。

我清楚的记得，那是一个大雪飘飘的日子，学校因为感恩节放假。那个邻居来问我，是否能去帮忙，因为他知道公司会缺人手。我立刻抓住了这个机会。以前，我在交易所里给经纪人写交易卡片，跑跑腿，还有其他一些零碎的工作。但是这一天，我被临时要求做应急服务。因为下雪的缘故，我们的工作桌旁，通常有三十多个工作人员，现在只有六个人。在白银接线台上，有三部不同颜色的电话，蓝色、浅灰色和红色。这个邻居告诉我说："如果这三部电话里哪一部响，不要接，来找我。"然后就回到大厅做交易去了。

交易开始15分钟的时候，一部电话响了。那几个人都忙于在其他线上接电话，接受指令，或者处理报告。我很着急，跑到交易池的另一侧，对我的老板说，"蓝色电话响了！"他盯着我看了一会儿说："好吧，你接电话，回答这个人的问题。如果他看出来你只有14岁，你就被炒鱿鱼了！"

我回到接线台的时候，电话还在响。我拿起电话，一个威严的声音问我老板在哪里。"他现在在交易池里出不来"我告诉他。现在看起来这可不是最好的回答，谁能忙到不能接亨特兄弟的人打来的电话呢。

"你是谁？"这位绅士问道。

"我是马克。"到这里，我的表现还不错。

"我怎么以前在这个电话上没听过你的声音呢？"

我必须快速地思考。"我就是今天来帮帮忙。因为下暴雪，他们人手不够。我通常在黄金接线台工作。"

这话说完让我很得意，显然听起来他也感觉不赖，因为他随后就问我，"那你觉得今天白银市场怎么样？"

我简直目瞪口呆！一个亨特兄弟的人，一个控制全世界白银市场的人，问一个14岁的小毛孩儿认为白银市场怎么样。这简直是你编都编不出来的情节！

纪律

说到纪律，在交易中这确实帮了我大忙。我的纪律观念，来自于我所成长的严格的犹太教环境。这就是说我不能吃某些东西，我也不能把肉和奶制品混到一块儿。我的朋友们去麦当劳大吃奶酪汉堡包的时候，我只能吞下难吃的鱼饼三明治。现在我在饮食律令上有所妥协，但恪守22年犹太教规在我身上留下了严格的纪律观念，我需要这种纪律观念来遵守交易规则。

我是不是也有心情不好失去理智的时候呢？当然有，我是一个活生生的人，不是一个机器人。我能保持克制恰恰就是因为个人的贪欲。我使用ACD方法已经这么久，知道如果严守交易计划，继续做庄家（在本章后面我会解释这个概念），我就会赚到钱。

我怎么强调纪律的概念都不过分。如果你没有纪律观念，不能保持克制，那么我在这本书中所讲到的概念、理念和方法就都可以扔到窗外。

最后一点，我知道自己是谁。人们总想成为自己成不了的那个人。篮球确实是我真正的热情所在，我真的愿意去做纽约尼克斯队的教练，我最好的朋友里面就有好几个是NBA的杰出球员，或者是大学球队的教练，但是那不是我。同样，我也不是索罗斯，所以我心甘情愿做一个交易人，就像我现在这样，知道自己的限度，做自己擅长做的事情，不做我根本没有头绪的事情，这种选择不断给我带来成功。太多人选择了他们根本不适合的职业，不论是在交易或是在其他某个行业，因此他们自找麻烦。

在MBF做暑期实习生

在生活中我已经转了一整圈：我从交易起步，因为愿意辅导别人的儿子。现在我又在辅导，辅导在MBF工作的交易人，以及这本书的读者。有一句老话曾经这么说：那些能做事情的人和那些不能教书的人。希望我是为数不多的两者都能做到的人。

这么多年，我从教授过的交易人的成功中收获到极大的满足感。我觉得自己在他们中的每一个人身上获得重生。也许这就是我的方式，为我所得到的机会表达感恩，付出回馈（如果当初我不是这样一个好打听的13岁少年，谁知道现在我在哪里呢）。MBF的暑期实习计划如果不能说是华尔街最好的，那也是最好的其中之一。我们把教授市场理论和上手实际操作以及临场经验结合起来（想获得关于我们实习计划的更多信息，请登录我们的网站www.mbfcc.com）。

在这个计划中，我试图吸引来自方方面面的各种教育和社会经济背景的高中生和大学生。我们有常青藤联盟学校的学生，比如普林斯顿、耶鲁、宾大，也有居住在内城的孩子们，只要他们愿意寻找机会。事实上，大多数来自弱势群体的学生，懂得自己一无所知，因此没有对市场先入为主的成见，结果证明他们教起来更容易些。因为我有很多在高中和大学里做运动教练的朋友，每个暑期我都要招收几个他们的运动员到我们的计划中来，这就带来一些非常有意思的思考——关于交易，也关于生活。

这种环境很独特，你要把来自沃顿商学院的金融专业学生和弗吉尼亚大学篮球队的起点后卫弄到一组，或者把霍普金斯大学的学生和美国圣母大学橄榄球队的四分卫弄到一组。你可能要把一个5英尺7英寸的金融专业学生和一个6英尺8英寸的篮球队员组成一组，而且他知道，如果他的理想是乔丹的队友，那么在暑期实习班上调皮捣蛋，这个小个子将会遇到麻烦。这就出现一些喜剧化的对抗场面，有时我不得不把一个6英尺8英寸的运动员，从他的5英尺6英寸的小组组员的挟持中分离开来。后来许多暑期实习生之间都发展了最亲密的友谊。

我们把所有的资源都贡献给了这个计划，希望会找到我的下一个RN。大约15年前，RN是我的第一个暑期实习生，现在，他一天里交易的原油期货合约比大多数华尔街公司一个星期做的还要多，他被广泛地认为是世界上最重要的原油期货场内交易人，他的成功给我带来了相当大的自豪感和满足感。我们在每一个暑期计划最后，在交易所闭市之后，给这些实习生提供一个模拟交易的机会。

RN不管白天的损益情况怎么样，不论好坏，他总会找到时间来参与，亲自教授这些孩子们。

做风险经理

在这么多年教授和训练交易人的经历中，我逐渐了解到有人仅仅是不能在交易中约束自己，这并不意味着他们不能从事这个行业。我的风险经理主管，就叫他TOE吧，他管理65个自营商和许多黑箱操作系统。但当TOE用自己的个人账户做交易时，就不能控制自己，不断破坏自己设定的限额。他不能为自己做到的，却能为他人做得相当成功。他能迅速识别其他交易人在犯他曾经犯过的错误。TOE能提早抓到示警信号，在事情发生前，能看出某个交易人就要出轨，他是一个杰出的风险经理。TOE就是一个典范，个人交易经历很不顺利，却在MBF做得非常成功。

情绪背离

有几种出版指数，监控在某个市场上主导的总体情绪。通常情况下读者越多，标的市场情绪越倾向于看多。如果指数为0，就是说所有的人都看空，这是极端的情况，从未发生过；同样，指数为100，就意味着每一个人都看多。

我记得MBF也订过一份这样的刊物，叫《每日情绪指数（DSI指数）》（详细资料请登录www.trade-futures.com）。多年来我观察到，市场会在持续的高指数或低指数之后延续运行一段时期。因此，单单依据调查数据的极端情况来决定逆市操作，通常情况下是行不通的。但是，当每日情绪指数出现背离的时候，可操作性较强，效果较好。如果行情在某个交易日里呈上行趋势，市场参与者看多的比例就会上升，这是合乎情理的。同理，如果某个交易日市场表现疲软，市场参与者看多的比例就会下降。不论你在交易美国政府债券，商品原油，波音公司股票，还是标准普尔股指期货，都应该如此。在所有情况下，人类本性的表现和反应都是相同的。

如果交易前日原油报收在23.50，交易当日收于24.00，情绪指数从前一天的30上升到42，这不会令人吃惊，事实理应如此。但是，如果原油止跌反弹了同样的50美分，而情绪指数从30跌落到20，这就应该引起交易者注意。在后一种情况下，市场已经止跌企稳，但是由于某种原因，下降的情绪指数已经说明，有些市场参与者不相信市场发生的变化，或许他们认为交易当天的市场变化已经达到反弹的最高点，或许认为市场升高这50美分只是一个异常偏差。我们接着讲这个例子，交易次日早上市场在24.40跳空开盘，比前一交易日的收盘价高出40美分的缺口。那些认为昨天市场止跌回升是一个假象的交易人，现在就被套住，他们必须尽快补仓脱身。

如果交易当日市场开盘在24.00或更低，比如说23.75，就没有交易可做。交易者要等待的投资机会就是市场在某个方向大幅变化，而这时相当数量的市场参与者对这种变化没有信心。要想交易有效，必须出现跳空高开，这样前一个交易日做空的交易人就被套住。在这种情形下就是去买开盘的跳空价格，在那些交易人抓到机会补进之前抢先进场。

开盘价格越高，这笔交易成功机会越大。如果市场开盘上涨1美元，而不仅是40美分的话，这笔交易就更好。并且，如果开盘跳空高到市场进入新合约范畴，而不是仅仅在原来范畴的中间，会提高获利的几率。

黑色星期一

多年以前，有一个很不错的年轻姑娘为我工作，她在交易大厅做职员。她做事有条有理，才智很高，抗压能力很强。但是，她有一个奢侈的缺点：去商店买东西的时候，不把信用卡花到爆掉，她绝不会离开商场。

1987年市场崩盘的前一个星期五，期权到期致使市场抛售。许多交易人周末回家，预期下一周市场会企稳。那个黑色星期一，我正在场内做白银期货，经历了尤其糟糕的一天。星期一早晨，标准普尔股指期货记录了他们有史以来最大的一次跳空低开。我很幸运星期五回家之前建仓做空标准普尔股指期货。但是因为我在白银期货损失惨重，我的本能就是平掉获利的标准普尔股指期货来平衡白银的损失，没有什么合理的逻辑，就是想通知记录员偿还掉巨额的白银交易损失。这时，每日情绪指数背离的幅度已经非常大，一切就发生在眼前，但是显然，我没有意识到这个重要意义。

我对这位购物狂职员说："帮我个忙。平掉标准普尔股指期货的头寸，好不好？"

她回头看着我，眼睛里露出疑惑，说："马克，标准普尔的DSI指数星期四在30左右，星期五升高了。今天市场跳空低开，这不正好是DSI背离交易的例子吗？"

她这么说的那一刻我就知道她是对的，现在是学生在告诉老师该做什么。我心想，如果不按照她说的去做，我教的课有什么意义呢？我必须遵守自己定下的交易原则。

我同意了，"好吧，先不平掉。再卖出5张标准普尔合约， 25张合约的止损点都定在升C点。看看情况再说。"

接下来就发生了1987年崩盘。三个小时后，我买回来所有的标准普尔，获得巨额赢利，赚了一大笔钱。这笔交易我得这么说，我很高兴身为老师，接受了学生的建议。她看出来标准普尔市场上的DSI指数分歧交易情形，阻止了我过早平仓。

不用说，那个交易日闭市后，我把这个购物狂职员叫到办公室，告诉她："把你所有信用卡账单都给我吧。"当场我就把那些账单都付掉了。

大额交易头寸和大块头的交易商

大约在10年前，我记得在原糖期货交易池里出了件意外的事情。那时，纽约棉花交易所，纽约咖啡、原糖和可可交易所，纽约商品交易所和纽约商品交易所都在世贸中心的一个交易辅楼里。直到1997年年末，纽约商品交易所和纽约商品交易所搬迁到比邻世界金融中心的大楼里去了（2001年9月11日恐怖分子事件，使世贸中心夷为平地，迫使纽约咖啡、原糖、可可交易所和棉花交易所搬迁到位于长岛的备用大楼里）。

我有一个金徽章，它就允许我在纽约的任何一个交易池从事交易，但我大部分时间都是在做原油期货交易。如果我在大厅里看到另一个市场上出现机会，而原油交易清淡，我会毫不犹豫溜达过去参与一下。一天下午，原油交易萎缩，我注意到原糖期货开始反转方向，形成尾盘C点枢轴交易的情形，于是来到了原糖交易池，显然在那里我不受欢迎，如果不是这个ACD的难得机会，我是绝不会出现在这个交易池里的。

那时，原糖市场在东部时间大约1：45闭市。那里有一个非常大的自营商，他的交易额相当大，他的块头也相当大。他之所以能够一直胁迫这个市场，不仅是因为他大数额的交易量，还因为他巨大的身形。那天12：30左右，在当天早盘落实升A点后，原糖市场开始反转，穿破当天枢轴价幅和3日滚动枢轴的低点，即将落实降C点。我知道这笔交易只有15-20个价格增额的风险（到D点价格水平）。

摆在我面前的是一个超级诱人的风险/报偿机会。我开始像没有明天一样地卖出——200，400，最后达到大概有700张合约。像往常一样，依赖ACD指标，我又一次信心十足，开立了规模巨大的头寸。前面提到的那个大块头原糖交易商碰巧在市场的反方向上。我卖得越多，他买得越多，市场下跌得越来越厉害。他开始在交易池的对面冲我高喊，用各种脏话辱骂我。我心里暗想，要不要回应他？我决定不那么做，我只是他这个交易池的客人。另外，他的尺码有我16倍大，我在赚钱，而他在自取毁灭。如果他就是想要尖叫大喊，我管他干什么？

在下午1：45闭市前几分钟，我回补了空仓。从我开仓做空起，市场总共下跌了40-50美分。而那个大块头原糖交易商一定已经损失了超过6位数，他的耳朵里都冒出了浓烟。

这头怪物，在过去一个小时里一直对我骂骂咧咧，现在威风凛凛地向我走来，说了一句含有"F"（英语中最常见的骂人语言。——译者注）的脏话，并且指向我的种族背景。这时我决定要做出回击，我开始回骂他是曼哈顿下城的小混混儿。

随后，这头犀牛向我扑来。接下来发生的事情打断了整个闭市进程。市场不得不延时半小时，因为大概有10个属于不同场内交易商的指令台被犀牛给打翻，指令台上放着大堆卡片，上面写有客户的交易指令。

后来，我们两个都因为受到行为失当指控而被带到了交易所行为委员会。说实在的我对事情如何收场心里有些没底。毕竟我是原糖交易池里的陌生人，而对犀牛来说，原糖交易池是他的老家。使我很惊讶的是，商业行为委员会仅仅对我做出罚款惩处，原因是使用粗俗语言，并没有吊销我的交易执照。而我的野蛮对手，被罚了两倍多的罚金，外加吊销三天交易执照，还不包括损失的那一大笔钱。唯一一个使我去原糖交易池面对那个大怪物的理由，就是落实的C点枢轴交易，这着实太诱人啦，不容错过。

承受损失

学习应用ACD做交易的最好办法，就是承受一点儿损失。假设你刚刚来到一座城市，比如纽约、芝加哥，或是洛杉矶，如果你只是从A点开车到B点，你永远都不知道路怎么走。但是你开车四处转转，偶尔迷路，然后摸索回家，就会很快更深入地了解了这座城市。交易也是如此。不论是做场内交易，还是屏幕前的电子交易，都要从小数额交易开始，在市场上承受一点损失，然后看看能否把自己从亏损的交易中解救出来。从这些早期的失败交易中，你就能判断出，自己是否具有足够坚韧的耐力和强大的动力，这是成功的交易生涯所必需的能力。

有这样一个例子。几年前曾有一对父子交易组合来找我谈事情。父亲建议我和他在纽约商品交易所做他儿子的支持后援。我花了几分钟和他儿子聊了一下，显然他具有极其难得的交易天赋。在办公室已经和我握手达成协议的父亲，后来却突然改变了主意。他有些神经兮兮地告诉他儿子说，他不打算和像我这样的疯子做交易合作，他把我叫做商品交易世界的"疯子艾迪"（这是电视广告中的那个精神错乱的电子销售员）。

第二天，我把他儿子叫到我的办公室。我决定自己来做他的后援，就因为觉得他的确有罕见的交易天赋。我告诉他说："去你爸爸的。我要教给你一些ACD的基本概念，然后你进场，自己去摸索。"

他去摸索自己的道路了。结果所用的花销比我设想的要昂贵些。他开始交易原油的3天里，在一个不大走运的情形下，一个下午损失了5万美元。更糟糕的是，他被几个和他持相反方向的自营商们唆使着去清算公司那里清算了头寸。他父亲又来找我说："我知道你不会再支持我儿子了。"

我告诉他："这笔交易里没有你的事儿啊。"

这个孩子确实造成了不少损失，可是我知道他真的具有很高的场内交易技能和天生的素质。只不过他的初学费比大多数人的贵了一点儿。

我又给他父亲做了一个提议：给他儿子6个月的时间，之后我们再来评估他儿子的交易情况。如果他儿子在交易中净损失10万美元，我给他父亲开一张10万美元的额外支票。但是，如果他儿子赚到10万美元，他父亲要给我开一张10万美元的支票。

他父亲很幸运，他没有握手同意这笔交易。他儿子最后成为最成功的场内原油交易人之一，现在正在筹备创立一个数百万美元的对冲基金，到处都有人给他投资。

加特曼的原则

在这本书里我讲的这些故事中，都包含了一些关于交易的弥足珍贵的深刻见解，比如需要控制情感，克制自负情绪，从失利中总结教训等等。希望读者能从中看到存在于自己身上的弱点。尽管ACD能帮助读者提炼交易方法，但首先你要有适当的心理能力，不然很难实现交易的成功。

丹尼斯·加特曼，《全球股市每日通讯》（见www.thegartmanletter.com）的作者，一年出版一两次《加特曼20个简单交易法则》，附录中可以找到全部的法则。我想如果你阅读这些法则，会发现至少有几个可以用到自己的交易中去。我最喜欢的是：我们必须像基本面信奉者一样思考，但必须像技术面信奉者一样交易。我们必须明白市场可能持续非理性，比我们任何人保持具有偿付能力的时间都要长得多。我们必须明白，追加保证金就是市场以自己的方式，说我们的分析是错的。最后，要让你的交易技巧简单。

恐惧和贪婪

几年前，我创办了一个商品交易咨询公司，取名叫"F&G商品公司"。我问许多人他们认为这个F和G分别代表了什么，有些人猜测F代表我的姓氏，而G则代表其他什么人的姓氏。另外一些人认为我只是随意从字母表中挑选了两个字母。实际上，F和G象征了两个关键的元素，要想成功，每一个交易者都需要拥有的，而且两者要完美结合，那就是恐惧（fear）和贪婪（greed）。

不论是交易股票、期货、外汇或者任何东西，你心里需要有足够的恐惧，意思是对所参与的市场要有适当程度的尊敬。当市场已经清楚地告诉你已经错到死胡同的时候，如果你还是自以为是，这就是通向交易灾难之路了，你需要像那部老电视情景剧《霍根的英雄》中的舒尔茨中士那样，他总是在各种场合声称："我什么都不知道！"但是，只有恐惧还不够，交易人还需要有适度范围内的贪婪。你必须愿意而且能够促使交易赢利，并且有能力在难得一遇的交易机会里大获全胜，有时需要钢铁的意志和高度的耐心，来充分利用这种交易机会。

1990年海湾战争期间，原油期货交易行情波澜壮阔，变幻莫测。如果你和市场方向作对，而且固守己见，市场会让你付出惨痛的代价。在出现第一个问题示警信号时，就必须承认自己一无所知，尽快平仓出逃。这期间，在原油交易池里，有两个重要期货经纪商站在最高的台阶上，就在我身后的位置。他们为一家大型期货经纪公司工作，业务量很大，总是很忙。许多时候，我总是在他们指令的反面，有时候小，有时候大。

海湾危机中的一天，原油期货开盘陡升，随后出现抛售。在35左右开盘后，市场很快下跌到枢轴价幅底部以下。市场继续走低的过程中，这两位经纪商一直在执行大额卖出指令，交易池里的其他人也一样。每次我喊出出价，他们都试图用大数额压我，但是我不会全部吃进。如果他们要卖给我200张合约，我只买进10张或20张，然后也随着和他们一样卖出一些。我不想以螳臂当车，这列大货运火车正在疾驰而过。

这两位经纪商在他们的工作中一直相当出色，通常十分沉着冷静。但是随着一波接一波的抛售冲击市场，他们也开始变得烦燥不安。在混乱之中，他们公司的一个传递员来到他们身后，递给他们一大摞指令卡。不是天才也能猜到这些指令都是下一步的卖出止损点，预期市场还会继续下跌。我看到这两个经纪商脸上呈现出恐慌和烦躁的神情，这时我的贪婪本能占据了上风。市场一路下跌，我也一直在卖出，他们不断让我出价，但是我还是只买进10张或20张合约，远远低于100张，200张或者300张合约，通常我是会从他们手里买进这么多的。为了寻找买家，他们两个人开始抓狂，接受他们能找到的任何报价。他们就是希望快点执行指令，结束这场噩梦。

那一刻，我看见交易板上最后一个数字比前一个数字要低30美分。大多数时间，经纪商只需喊出他们愿意执行价格的最后一位数字。如果原油在32.85上交易，经纪商就说"5"。或者在这个例子中，如果市场行情在32.80，他就说"0"。这个例子中让我犹疑不解的是，上一笔交易达成的价格是在另一个0—33.10，而现行的交易在32.80达成。他们俩中的一个刚刚喊出愿意卖出的价格在"0"，我吃不准他说的是哪一个0。这时我持有350张空头合约，感觉到市场已经到达支撑区，即前一个交易日的枢轴区。我想，大概是该回补的时候了。

但是需要搞清楚这个经纪商出的究竟是什么价格。我抓住他穿的交易员夹克的衣领，冲他大喊："你要在哪个0上卖出？"

他拉着长脸看着我，汗水浸湿了衬衫，带着满脸的诚恳，回答说："要他妈的哪个0都可以给你。"

我接着回补空仓，在32.80上开始建仓做多。市场后来又进一步下跌了一些。但是讲这个故事不是要告诉你我赚了多少钱，或者亏了多少钱。我是想说，即便这么出色的两个经纪人也有被情绪问题困扰住的时候，而这时我抓住了机会，踩上了油门，大赚了一笔。

做庄家

人们对卡西诺的赌博存有很大误解。大多数人很难相信，卡西诺高出赌客的统计优势只有1%－1.5%，在扑克牌二十一点和掷骰子赌博中都是这样，但仍然会产生巨额利润。除此之外，这些赌彩公司还必须花费上百万元，建设奢华的餐饮娱乐设施和气派新奇的酒店。在拉斯维加斯你都能看到火山、喷泉、纽约摩天大楼、艾菲尔铁塔和威尼斯运河的复制版。

如果你能够充分理解ACD概念，把它结合到自己的交易哲学中，在市场上交易的时候，你就处在"庄家"的位置上。这样不仅可以享受到1.5%的概率优势，加上财务偏差机会和佣金，你的优势可能接近5%，希望你能创造这样的环境。

如果去过卡西诺，你一定对"comp"这个词（comp，赌彩业常用词汇，意指提供给赌客的各种免费赠品。——译者注）不陌生。卡西诺给资助人的回报首先是依照他们在赌桌上花掉的时间，而不是根据他们赌注金额的大小。因为庄家知道，如果能让赌客们参与赌博的时间更长，他们的统计优势所带来的赢利几率就更大。理论上说，你在赌桌上花掉的时间越多，你投放的赌注就越大，你一文不剩地走出卡西诺的几率就越大（声名狼藉的"公交乘客"之一）。

卡西诺不喜欢赌客一次豪赌10万美元，然后不管输赢，马上走人。庄家在二十一点或掷骰子游戏里只有一点点的统计学优势，任何一手牌或骰子的一圈转动都完全是随机发生的，所以庄家希望赌客一直在玩儿，度过的时间才是卡西诺最好的朋友，而是赌客最邪恶的敌人。

把这个概念应用到市场上，如果你能开发这5%的交易优势，你就会愿意像卡西诺一样工作。庄家可能连着输掉100手二十一点吗？当然可能发生。你能连着输掉10笔交易吗？当然也是有可能的。但是，如果把投注分别放到许许多多独立的交易机会里，每次投注很小的金额，坏运气是不足以让你离开这个行业的。你要做到就是努力去找出尽可能多的ACD交易形态，然后投入这些小赌注。只要你能识别低风险高回报的交易机会，你总能活到下一天，最后，你就会成为幸存者之一。在这个行业中，幸存下来的那些人就是成功的交易人。

　　如果应用交易系统，投注赔率对你有利，可能使你收获利润，那么就要保持交易额的连续性，减少损失，而且要相信，随着时间流逝，你终会成功。

测量和监控风险

　　在MBF工作的自营商分成两类人：主观决定型交易人和应用黑箱系统的交易人。操作系统交易人更容易管理。每一笔交易都需要有特定的行情背景，有具体的风险/报偿标准，每一个系统组合都有不同的仓位止损点和资金风险限额。管理那些主观决定型交易人的挑战要大得多，因为我们更多地是和执行交易的人打交道，而不仅是交易的仓位。

　　在交易场内从事各种能源和金属交易的交易人，和场外的、短期的以及一些心血来潮的交易者们，组成了这个主观决定型交易人的团队。对他们来说，长线交易不过就是多几个交易小时罢了，而短线交易可以短到5秒钟。我们的工作就是帮助这些交易人找到适合他们的舒适区。有的交易人可能有一次交易50张或者100张合约的心理品质和纪律观念，适合去做天然气期货交易；而另一个交易人可能觉得做期差交易更愉快些。

　　我们根据三类不同的交易情况制定了交易人的仓位限额。

　　1. 是在几秒中内开仓和清算的交易，刷单交易，还是长线交易？

　　2. 是期差交易还是卖断交易？

　　3. 是闭市前必须平仓的交易，还是可以持仓过夜的交易？

　　显然，一次投机买卖100手的刷单交易，可能和头寸只有他们

1/3而持仓10-15分钟的交易风险一样大。并且，一次做50手的交易人，假设说做天然气期货，和一次做50手原油期货的风险情况是不同的，就像一次做3000股IBM股票和做3000股雅虎公司股票，风险水平也完全不同。

本书附录中有股票和商品的枢轴价幅表，标记"$风险"的那一栏就是我们对所有期货合约和股票内在风险的评估，10张标准普尔股指合约比10张天然气合约的风险要大得多。例如，这种$风险评估告诉我们多少张天然气合约可以交易一张标准普尔股指期货合约，如果标准普尔股指合约每天的风险是6000，而天然气的风险只有1000，那么，同样风险水平的仓位，执行一张标准普尔合约就相当于交易6张天然气合约。

不管这个交易商的交易规模有多大，MBF遵循同样的风险准则。因为大多数交易人都是A型人格，目的明确，喜好竞争，我们就给他们提供激励，允许他们在更大的规模上操作交易，条件是他们必须符合每月的赢利要求，这就是我们的办法，让能够捷报频传的交易人加足马力。我们努力让处在最佳状态的交易人接着打双打，打三垒打，而不仅是单打。相反，如果一个交易人成绩受挫，我们会减低其交易仓位，比如到1/3，1/2，或者2/3，防止这个交易人的成绩从减低变成大黑洞，无法复原。记住，那些从接二连三的霉运中能够生存下来的人就是最后的大赢家。

每个月底，不管一个交易人本月的仓位是增加还是减少，我们都擦掉黑板，下个月从他的仓位限额开始重新计算。其中的逻辑是，那些接连获胜的交易人最终总会放慢步伐，在他把大笔利润退还给市场之前，我们要把他带回到正常状态下；而对那些接连失利的交易人，如果我们相信这个人的交易能力没有发生根本改变，过长时间强迫他保持在最小的仓位水平，将会使他失去补偿损失重新获利的机会。

最后，我们鼓励交易人在市场更活跃，波动更剧烈的时候做到更大规模。这种时候场内交易人和短线交易人更能充分利用其交易优势。但是，大多数交易人做的恰好相反。出于恐惧，他们在市场波动性增大时缩小规模；当市场死水一潭时，却增加规模。

这不可能发生……

我的家人都热爱滑雪，我则喜欢沐浴阳光，静静坐着。去科罗拉多旅行时，我的所有目的都被老电影《周末也狂热》的主题曲《活着》总结完了。家人们都去滑雪了，我一个人静静坐在小屋里，或者乘坐缆车四处转转，也特别快活。一天，在外面闲逛的时候，我和一位绅士攀谈起来，原来他是波士顿一家大型能源交易公司的首席交易人，你肯定猜得出，我们最后聊到了交易。

他说他们公司做裂解价差交易。裂解价差交易是指卖出燃料油和汽油期货合约，同时买进原油期货合约。在炼油厂，燃料油和汽油是从原油中分离炼制出来的，他们的交易方法很简单，当他们觉得裂解价差被高估的时候，他们做空；他们觉得裂解价差被低估的时候，他们就做多。

我问他，如果裂解价差毫无理由就下跌，这可是1/20的几率，那该怎么办？如果发生百年不遇的事件，裂化石油没有明显的经济因素就涨到天上去，该怎么办？

他告诉我说："这种事情不会发生在我们头上。在东北部有两家大银行给我们提供支持，在等待市场回归常态的过程中，他们会提供足够资金帮助我们度过交易失常的阶段。"

我想这不是表示不同意见的场合，也不好对他给出我的建议，我毕竟刚刚认识这个人。但是要告诉你，我回到纽约之后做的第一件事，就是找到一个为这家公司工作的经纪人，告诉他要准备另谋高就，我给他讲了滑雪小屋的故事，警告他这家公司一定会以破产告终，只是时间的问题，那个经纪人只是笑了笑。

第二个冬天，裂解价差从3.00暴涨到10.00，我的预言变成现实，那家资金充裕的交易公司被迫在最坏的时间清算掉所有头寸。事实上，一些对交易一窍不通的银行经理，建议这个场内经纪人在3个小时内清算掉6000多张裂解价差合约，当然，我不容自己错过这样一个场内投资的良机。

这个故事的寓意在于，你有多少钱不重要，或者你自认为有多聪明也不重要，市场总是比任何人都命大，总是比任何人都精明。

另一个类似的例子是MG公司。这家公司曾经是能源市场上最大的独立玩家，MG的问题是他们的交易规模总是过大，市场难以消化。我们的目的是要成为市场的参与者，而不是成为市场本身。

MG这时已经变成华尔街每一个能源交易公司的攻击目标，每家公司都知道MG的仓位规模，这个仓位必须每月滚动。在这本书里，我反复强调，为了交易成功，市场必须要有足够的波动性和流动性，MG的交易规模是市场流动性可以承受的3倍大。我给纽约商品交易所的法规遵循部写过一封信，告诉他们我对MG的交易规模以及他们管理仓位的方式表示担忧。不用说，我的警告没人关注，在我的信发给法规遵循部以后不到一年，MG就破产了。

下一个！

想必你听说过这句老生常谈的话题，"没有付出，就没有收获。"我猜这句话的意思就是，要想交易成功，你必须能够忍受所有市场带给你的情感折磨和经济损失，只要能够承受损失到一定程度后就会变成赢家。在我看来，这完全是废话。你在这本书中学到的第一件事就是，成功交易就是获得快速赢利，如果市场没有在开仓后短时间内运行到预期方向上来，应该马上离场。

假设有一个单身汉去酒吧，寻找一次艳遇的好运，在酒吧关门前有4个小时。如果他向一个女孩走去，发现他们之间没什么化学反应，他还要在她这里浪费时间吗？不。他要对自己说："下一个！"然后接着找下去。交易也是同样的道理，不要浪费时间，没任何理由要承受巨额损失和心理痛苦，把时间作为一个止损点，迫使你平掉停滞的蒙受损失的头寸。记住，如果每一个人都能和你在一个价格上开仓交易，这种交易不会好到哪里去。

我问过无数经纪人和电话接线员这个问题：有多少次客户开仓后，如果市场在比如说半个小时内没有变化的话，客户就要求你为他平仓止损？回答是千篇一律的："没有人这么做过。"大多数人做交易都是用价格止损，忽略掉时间，他们认为自己必须承受一些最初的痛苦。但是，你不必这样，这是不应该发生的。

一个重要的交易原则就是：时间比价格重要得多。

在市场充满波动，机会处处皆在时，ACD能帮助交易者抓住投资良机。这时需要交易者调动所有的智慧，尽可能的有的放矢。在本书中讲解的ACD指标和概念，让最随意的交易者也会有一些以系统为根据的交易理由。

从心理学上说，使用ACD作为交易基础，会使交易人把成功都归功于自己的能力，同时把不走运都归咎于愚蠢的系统。

失掉金钱的价值观

有很多行业，多少年后，工作其中的成功人士比从事交易的人们赚到多得多的钱。但是同时，我也想不出还有哪一个行业会有人像从事交易一样，在这么短的时间里损失这么多的钱。进入市场之后一个人面对的最大危险，就是失去了他们个人的金钱价值体系。

在暑期实习计划中，我向所有的父母提醒这个潜在的风险。在交易环境里工作的确是一个很好的学习机会，但是这些实习生很容易失去对金钱的客观判断。做实习生的时候，他们被分派给某个交易人做职员，目睹这些交易人在几分钟内输掉5000~10,000块钱真是稀松平常的事情。现在假设交易日结束的时候，有个实习生去商场买一件衬衫，他发现一件衬衫标价是29.99美元，另一件衬衫是39.99美元，潜意识里，不论他曾经多么踏实，中规中矩，在他的内心深处，他最终会问自己："10块钱算什么？我刚刚看到一些疯子在5秒钟损失5000块。"

在我看来，这就是进入交易行业最大的坏处。不论你曾经多么踏实，中规中矩，你的价值体系都会承受考验。如果你在交易中顺利，那还不算坏，如果不顺利，那你不仅要处理财务损失，还要带着对金钱的轻蔑回到现实生活，并且，那些失败的交易人容易把自己也看成生活中的失败者，不论我怎么努力说服他们，交易成功仅仅是成功人生的一小部分，这仍然是一粒很难吞咽的苦药丸。

185

马蹄哈利

举个例子，一个非常成功的投机商，我叫他马蹄哈利。这个交易商生活中有三个热情：他的家庭，交易和赛马。1999年，股票市场震荡起伏，他手里常常会持有上百万的股票头寸。一个下午，经历了最糟糕的一天之后，实现最成功一年的如意盘算彻底落空，收盘后他来见我，我以为他就是想到我办公室的沙发上躺一会儿，悲叹一下自己当天7位数的损失。可是没有，这个下午他刚刚损失掉的100万并不是他心里最关注的东西，马蹄哈利最恼火的是他没能在办公室看到纽约水道赛马频道，这比他在交易溃败中承受的悲痛要难过得多。金钱的价值对他来说已经如此微不足道，他已经搞不清楚自己刚刚损失掉多少钱了，此时他关心的就是那些四条腿的动物在跑道上的狂奔，还算幸运，好在第二天他的价值观和血压就恢复正常了。

这一章里我跟你分享这些故事，是希望能教给你一个重要的教训。到市场上赚钱并不需要复杂的爱因斯坦公式，但是你必须遵守纪律，坦然真实地面对自己。不管你自认为是一个多么出色的交易人，市场总还会折磨你的心智，考验你神经的坚韧程度。记住，幸存者们也喜欢编造市场的成功故事。

第08章

交易者访谈

在前七章里，我介绍了ACD系统，以及如何将这些概念应用到其他的交易方法中，从超短线即日交易，到持仓几星期或数月的长线交易，在场内交易，或者通过电子终端交易，都可以应用ACD方法。你心里可能有个问题要问：其他人用得怎么样？在这一章里，你就会了解到其他职业交易人是如何把ACD方法用到他们自己的交易策略中去的。这里访问的交易人中，一些在为我工作，另一些人是我清算公司的客户，不论从他们的年交易赢利上说，还是从他们在这个行业里的资历来说，他们全都非常成功。

凯西——错的时候要离场

在纽约商品交易所从事场内原油期货交易之前，凯西是美国股票交易所的期权交易人，他曾经是最年轻的期权专家，在最活跃的期权市场里做交易，比如摩托罗拉公司（MOT）期权和数字设备公司（DEC）期权。在1987年股市崩盘期间他在股票交易所做期权交易，黑色星期一那天摩托罗拉期权收于52美元，第二天在60美元开盘，半小时之后，摩托罗拉暴跌到30美元，一时间根本没有人对这支股票出价了！

尽管有丰富的前线市场经验，当凯西转战到原油期货市场试水的时候，他还是显得准备不足，和现在期权市场里井然有序的专家操作体制相比，期货交易场内环境嘈杂，变化莫测，难以把握。凯西有很强的市场直觉，可是他来到了一个全然不同的环境，他必须在这个环境里学习新的技巧（包括ACD），来计划、执行和控制交易。下面凯西将描述他的转型和ACD对他的帮助：

和交易期权相比，交易商品期货完全不同。在期权交易中，你以专家身份出现，而且总是知道客户是谁。执行交易指令的同行们都在为摩根，美林，或者其他某家大型公司工作，这些公司的人询问某个期权报价时，你知道他们以前做过什么，所以你知道他们现在大概会做什么，他们是否会加仓，是要单边买断，还是要卖出套头要看涨期权或是看跌期权。

在商品期货交易中，你要站在交易场里公开喊价。同一个经纪商可能前15分钟在为一个客户买进，下一个15分钟就为另外一个客户卖出，这是一个很难把握的环境。我开始做原油期货的时候，做期差交易，我做后面月份的市场，错开前面特别不好把握的两个月。记得有一天我做期差，买进了20张后面月份的合约，然后必须卖掉前面月份的合约来实现期差，由于我过于专注获得那个期差，一时疏忽，对前面月份报出一个很愚蠢的低价。交易池里一个交易人极其蔑视地看了我一眼，那一刻我简直想躲到洗手间痛哭一场！

但是马克对我很信任，他相信我做得还不错。有一次，我一天内损失了7.5万美元，以为他这下一定会炒掉我，但他还是给了我支持。遇到马克之前，我一直自认为能够把握市场的走势。但这并不是交易的核心问题。你怎么做，选错方向的时候怎么反应，如何给损失设置限度，才是最难的。从这个方面说，ACD对我而言是世界上最好的系统。

我认为你不能单凭一套呆板的系统就会获得交易成功。交易很大程度上同情感和直觉关系密切，马克最与众不同的地方就是他的纪律观念，他的资金管理技巧，以及选错方向的时候他绝不感情用事。他把这些能力都结合进ACD方法，他不看重损失，我也不看重损失。大多数人特别关注自己是否正确判断走势，而且他们只关注这一件事。但是对我来说，目的就是赚到钱。

如果我们找来5个交易人，每一个人手上都有两笔交易。我敢说，4/5的人都会过早平掉赚钱的交易，然后等着那笔亏损的交易转为赢利。对我来说，如果我手上有两笔交易，其中一个要有亏损，我会马上平掉这个头寸。在这笔交易中即便损失7.5万块钱也没什么了不起的，我要平掉它然后找下一个机会。如果坚持吊在亏损的交易上，交易人就是在浪费时间，丢掉新的赚钱机会。

要命的是，谁会在意你判断的方向是对的还是错的呢？最终你要做的就是承受最小的风险，赚到最多的钱。如果前面五笔交易都是亏损，你还是要知道，如果下一笔交易失手，要在哪里离场，这就是ACD对我的帮助。

ACD也教会我知道没有价格这回事。在1990年海湾战争期间，我注意到马克每天走进原油交易池里总是买进合约。我那时候常常问自己，行情还没涨到头吗？但是从对马克的观察中我认识到，市场在上涨，那么它就是要上涨，如果市场在下跌，那么它就是要下跌，价格无关紧要。

我可以给你讲讲纳斯达克在2000年年初的一个故事。我感觉到市场要崩盘，但是你必须要选准进场时机，光是看法正确没用。我做空纳斯达克期货，那时它还在5000点左右，然后标准普尔在开盘前提前发布损益报告，标准普尔应声上涨了5把（500点），我不能理解！纳斯达克涨了60点，我一直做空纳斯达克，所以损失了12万美元。我又卖出50张标准普尔，继续做空。股票市场开盘后，道琼斯跌了大概400点，标准普尔跌了30把（3000点），我立刻平掉了标准普尔，然后做了一个愚蠢的决定，又卖出20张纳斯达克期货合约。到这时，纳斯达克已经跌了60点，我赚到50万美元，或者60万美元。然后市场开始反转，涨到爆掉！纳斯达克那一天最后涨了100点！我损失掉所有的赢利还不止。这个故事的经验是，在交易中确实没有价格这一说。如果市场走高，它就是走高。正如马克所说，如果发现某个行情一路上涨，你不知道原因，没关系，坚持做多，直到你找到原因为止。

如果有人认为交易不过是赌博的一种形式，那他们是在自己骗自己。在交易中，你能够控制损失，扩大利润。如果你亏损时损失5-8分钱，但是赢利时能赚到损失的1.5-2.5倍，你就使得赔率对你有利，那么你甚至没必要要求赢利的次数比失手的次数多！

交易中还有一点就是必须保持连续一致性，这是ACD另一条原则。如果你的交易风格每天变来变去，就不会赚到多少钱。

现在我使用ACD来证明我的想法，至少ACD可以给我参考点，告诉我失利的时候在哪里离场。如果我今天要做原油，前一个交易日它在枢轴上方收盘，那我就买进100张合约，在降A点止损。如果我进场，看涨原油，市场落实升A点或者降C点，那么我就用ACD作为后备止损点。在波动幅度特别大的市场上，ACD效果最好。

ACD不只是一些升A点和降A点，我认为它是一种交易哲学。许多交易人进场买进之后，如果行情对他们不利，他们就只是不停地祈祷，因为他们认为市场最终会运行到自己选择的方向上来。大多数交易人亏损超出平均水平，然后就等着市场掉头转向。我不是这么操作交易的，我总是先明确能接受的损失上限，让市场决定我会赚到多少钱。

RN——从头学习ACD系统

RN第一天就学会了ACD，那时候RN是一名大学生，是MBF雇的第一位实习生。那时，ACD系统还在研发过程中，他的工作就是在白银交易池里记录出价格每分钟运行图。他回忆说："我了解这套系统有效，因为我就是那个第一个画出整个图形的人。"今天，RN是纽约商品交易所里最重要的原油交易商，每天把ACD和枢轴概念结合起来帮助他交易上千张原油期货合约：

我是一个非常活跃的刷单员，从开盘铃声响起时就进场，我不能等20分钟形成市场意见以后才开始行动。我使用1分钟开盘价幅，根据的是原油期货第二个有效交易月，不用第一个交易月。我发现使用第二个交易月，可以消除很多市场的"噪音"，让我更清楚地看出市场情况。我不用8个价格增额的A点数值，也不用13个价格增额的C点数值，我用15个价格增额设定A点，用20个价格增额设置C点。

在我的交易方式中，使用8-9个价格增额的A点数值，会特别容易被套住，然后被迫止损离场。我必须找到更适合我的时间域，使用15个点的A值和1分钟开盘价幅，结果看来对我很好用。

我不是等待ACD信号出现，相反，我用ACD帮助我判断我的偏好是否正确。有时我会用这套系统帮助我决定，是否要开立一笔规模很大的刷单仓位；有时我用ACD来确定交易当天的偏好。

例如，交易当天开盘，我决定看空，就马上做空。如果市场开始抛售，确立降A点，我可能会加仓，因为知道ACD在确认我的看法。但是，如果我在开盘做空以后，市场确立升A点，我不会固守己见，我会接受损失接着找机会。

在一天里我可能要买进卖出1000次以上，不停地快速进场和快速离场。假设说开盘价幅是25.90-26.00，市场在25.74确立降A点。如果我已经开立空头头寸，市场下跌到25.60，我就会平掉头寸，然后开仓做多，期待市场弹回。如果我对了，市场止跌反弹到25.74降A点水平，我可能就会平掉多头头寸，第二次开仓做空。如果市场没有从25.60弹回，我就会卖出多头头寸，接受轻微损失。

你看，我使用ACD作为快速买进卖出的工具，进场和离场都用。我不大用C点，通常C点总要到交易尾盘才会出现，那时候我可能已经持有某种头寸了。但是如果我手上头寸已经平掉，而市场在尾盘落实了升C点或者降C点，我就会进场。

我也用枢轴价幅来确定交易参考点。假设说市场在25.74确立降A点，枢轴是下方20个价格增额，就是25.54。如果市场下跌到枢轴附近，比方说在25.58，我就会先平仓，然后看市场在这个区域里怎么运行。在这个例子中，我就是要看到枢轴是否会构成支撑。

我常常发现枢轴是当天的最高点或者最低点。假设说原油开盘价幅是25.15-25.20，枢轴价幅是25.22-25.28，如果当天有任何行情会下跌的迹象，我会毫不犹豫地做空，因为风险不过是到枢轴价幅顶部的10个价格增额。开盘价幅在枢轴价幅下方，这是一个低风险交易，我开仓做空，预期枢轴将会是当天的高点。

做场外交易时，我也用枢轴的概念。在2001年感恩节假期前几天，我持有纳斯达克股指期货空头头寸，我需要决定是平仓还是持仓等待。那天纳斯达克期货的枢轴在1622附近，纳斯达克在1615附近开盘。这种情形下，我决定持有，认为枢轴可能是当天的最高点。结果证明这的确是一个明智的决定——枢轴确实是当天的高点，纳斯达克在枢轴下方73.50个点差报收。总之，使用ACD和枢轴价幅加强了我的信心，就是彻底错了也会及时告诉我。

刷单商斯皮迪

对于斯皮迪来说，交易中的几分钟可能和永恒没分别。斯皮迪原来是场内经纪商，现在是天然气期货自营商，他全部的职业生涯都在纽约商品交易所里度过。身为自营商，他努力利用市场机会的瞬间变化做快速投机交易，在几秒中内进场离场。对他来说，ACD是进场的参考点，也是离场的参考点。在这种超短线风格的交易中，他主要是使用微观ACD——A点、B点、C点和D点来策划交易：

我一般在微观基础上运用ACD系统，因为我的交易是超短线的。我也了解那些长线指标，但没把它们用到我的交易中。一年中也许有一两次我会持有长线仓位，基本上是在期权交易上，多数时间我做短线交易，长线指标对我没有用，等到长线指标出现时，我已经能在市场里进场离场几百次了。

不论做场内交易，还是在屏幕前交易，你要知道自己是哪一种类型的交易人。我不喜欢坐在那里分析市场。做交易的时候，我的能力是在交易场里了解发生的情况，对行情做出瞬间反应。我要找到感觉，了解市场是否因为贪婪被高估，因为恐惧被低估。

这些才是我的能力，是我在场内交易和谋生的方式。别人可能盯住一个市场，研究这个市场和另一个市场的关系，判断两者之间的关系是不是出现异常，还有一些人可能看得到更大范围的形势，策划耗时一个星期的交易，那不是我的所为，我要判断出大家对行情每一秒的反应，尝试比他们快1/4的节奏。

我也喜欢用ACD作为印证工具。如果我的想法和ACD不谋而合，就会感觉很得意。如果ACD印证了你对市场的想法，就很容易用，如果我对行情的看法和ACD不同，就很难用ACD控制风险。一星期总是有几次，我对市场的想法和ACD相左，结果总是要吃点苦头。我认为市场会走高，可是市场却落实了降A点，我没有平仓离场，就耗在那里，交易最难的地方就是承认自己失手。我希望能更多地使用ACD从亏损的交易中及时平仓离场，就像用它来确认我的赢利交易一样。

黑箱系统你只能单独使用，ACD不是这样，这正是这套系统的好处，它完全可以和你用的其他短线指标一同使用。我也看很多其他指标：一星期内前几个交易日的高点和低点，一分钟移动平均线和其他的指标，ACD可以对你使用的其他任何指标起到辅助作用。

我现在是MBF的交易员，就工作在ACD的大本营。如果我们这些交易员都做同样的事情，都做同样的交易，我们20个做天然气的交易员在损益表上是不是就会一模一样！事实并非如此。我们都有自己的想法，有时候在交易池里还我们相互较劲呢。但在分析时，我们都以自己的方式使用ACD，对我而言，最好的使用方法就是用它来管理交易风险。

利比——远离受罚席

利比，是纽约商品交易所最大的天然气期货交易商，主要做期差交易，期差交易就是根据两个月之间的价差买卖合约。他不用ACD进场离场。当他做买断卖断交易的时候，就会用ACD系统，作为在受损仓位上免于溺死的救生工具：

我真是希望能多使用ACD系统。我认为它是最好的资金管理系统。遇到交易亏损的时候，我就看ACD数字，比如落实的升C点或降C点，来盘算在哪里出逃合适。

我做的交易中百分之九十都是期差交易，每天交易期差无数次，因此我不会像其他交易人一样那么频繁地使用ACD。但我还是在用，持仓时就会用，尤其是失手的时候，我用ACD来判断事情会坏到什么程度，看看会不会出现A点或C点，看看市场会不会置我于死地。

例如，假设说市场在下跌，但我一直在做多。如果市场会确立降C点，我就会改主意，不做多头的价差，或者至少应该这么做，如果我还能遵守纪律的话。如果市场果然确立降C点，我就会感觉到压力，如果我一直在错误的市场方向上，就会感觉到很难受。

ACD让我看见市场上会发生什么，就好像是船上的暴风雨指示器。用这个暴风雨指示器，我就能判断市场是否真的会很糟糕，我要不要划上岸，或者能否等到它平息下来。同样，如果我被套住，尤其是由于破坏纪律造成这样的结果，ACD帮助我看清事情会糟糕到什么程度。

可以告诉你，如果你遵守纪律，把ACD用到你的交易中，你肯定会赚到钱，这毫无疑问。如果你没有纪律，系统就会失效，百分之九十的问题都是如此。如果你不会管理仓位，这套系统会告诉你怎么做，这个难题的关键就是纪律，越遵守纪律，交易做得越好。

最优秀的交易人开立仓位以后都会严格遵守纪律，他们会果断斩仓止损离场。对于很多交易人来说这是世界上最难的事情。也许有时候，你开仓做多，但是指标说要马上离场，可是你离场以后，市场开始上涨，那时你就会怀疑系统，但是如果你坚持按照系统指示行事，效果会好得多。

这就是我面对的挑战。我蒙受大笔损失，不得不离开休整一段时间，设法重新获得纪律观念。留在受罚席里的时候，我认识到，必须要控制好自己，不然就再远离交易一些时间。使用ACD系统，保持纪律，这才是交易中真正有效的方法。

弗南——找到当天的偏好

弗南交易商品、股票和外汇，既在场内做，也在场外做。对他来说，ACD是一个很重要的工具，帮助他确定偏好，操作即日交易和开立长线仓位。像其他交易人一样，弗南把ACD和其他交易系统一同使用，来得到更多的市场观点：

我喜欢用ACD系统确定交易当天偏好。如果确立了升A点，那天就看多；如果确立了降A点，那天就看空；如果市场确立C点，当然那不常出现，就是一个强烈的信号。如果出现这种情形，那当然要整装上阵。

做即日交易的时候，ACD系统给我总体偏好。因此，如果市场确立升A点，我就寻找回调的时候做多；如果市场确立降A点，我就会在反弹时做空，我会坚持持仓，直到市场突破开盘价幅。

做长线交易时，我使用完全不同的图表和指标，但是ACD系统还是给我提供了决定进场的交易日形态。比如，如果市场确立降A点，这个交易日我就不能进场开立长线仓位，交易日形态总是固定的，不论你喜欢这个行情，还是不喜欢这个行情。形态不对，你就不能进场交易。

如果你看多，可能也要等两天，直到市场确立降A点和另外一个降A点。到第三天，市场确立升A点时，就是你开立多头头寸的时候了。

尾盘出现ACD信号时，我尤其喜欢用它。在我交易的市场里，尾盘信号往往会伴随显著的市场变化。开盘价幅（用来确定A点，B点，C点和D点）彼此差别很大，最长的时候，我曾经用过半小时的开盘价幅，现在我用20分钟，只要你始终如一就没关系，找到最适合自己的时间域，然后坚持住。

多芬——改编ACD

多芬是一个原油期货交易商，原来只做场内交易，现在转型到场内场外都做。多年来，他的交易方法已经发展成——按照他的话说——ACD改编版，使用开盘价幅和枢轴价幅作为即日交易和长线交易的指南。

我用ACD很多年了，开始时，我丝毫不差的使用它，后来渐渐的我把它改编一下，让它适应我的交易。例如，开盘价幅我使用半小时，其他人也许用5分钟，15分钟或者20分钟。但我发现，至少直到"9·11事件"扰乱原油市场以前，开盘前半小时对我来说是最好的时间域。

由此你能看到交易当日谁会在游戏中出场。如果基金准备出手，他们会在前半小时进场。因为这个原因，大多数时间，我发现前半小时或者是一天的高点或者是低点。一旦市场突破前半小时的区间，我就跟上趋势。

例如，假设开盘价幅的高点是30，低点是15。如果市场突破30，我就做多，开盘价幅是当天的底部，但是如果市场穿破15，我就做空。

我用的另一个ACD概念就是枢轴价幅。这个区间基本上可以看出前一个交易日的大部分交易是在哪里发生的。假设说枢轴价幅是60-25，如果市场停留在60下方，我就预期市场会下行穿过整个区间，而不会在60就做空，在55买进，我会等行情在这个区间出现更大幅的变化，我就会做比一个刷单员做得更长时间的交易。

还有另外一种方式，我把枢轴价幅和开盘价幅一起用。假设市场跳空低开，比前一天最低点更低，然后从开盘价幅开始止跌回升，我就开仓做多。如果市场回到前一个交易日的区间，我就预期市场会继续反弹到枢轴价幅区间，因为前一个交易日里大部分交易都是在这个区间发生的。

但是必须说，我学到了最重要的一件事，尤其是我在MBF工作的时候，那就是纪律。我认识到，交易是百分之三十的技术和百分之七十的纪律。系统有时候确实不能做到连续3天都效果显著，你可能就会说："算了，它再也不好用了。"但是你必须坚持，必须一致，ACD要强调的最重要的一件事就是纪律。

格莱尼特——离场交易

格莱尼特在交易所楼上办公室做各种能源期货交易，不受交易池里的情绪、噪音和混乱气氛的干扰。之前他是华尔街一家大型公司的能源室内经纪人，他认为交易大厅最适合做超短线刷单交易，但是对于应用操作系统的即日交易人和持仓数日的长线交易者来说，远离交易场的楼上办公室对他来说是更合适的地方。在他的交易系统中，使用ACD开盘价幅和枢轴价幅作为参考点，用来决定进场和控制交易仓位：

开盘价幅给我一个参考点，来测量市场在这个水平的反应。例如，如果大多数交易人看空，市场开盘后就会立刻走低，如果市场开始向开盘价幅折回的时候，你会看到很多空头回补。这时，如果市场没有突破开盘价幅，我就开始卖出，直到市场到达这个区间的顶部，我预期市场将会再次走低。但是如果市场确实止跌回升，上行突破开盘价幅，那么就出现坏消息好行动的交易情形了。在这种情况下，我就会转而做多。

我用枢轴价幅的方式和用开盘价幅一样，基本上两个价幅区间都给我提供了交易参考点。

如果在场外交易，使用ACD系统会更好一些。在交易场里，你总是处于周围人情绪的干扰中，很难按照系统交易。我在操作场内交易时，就常常用ACD做刷单交易。在场内，我很容易感受到指令方向，就能判断出会发生什么，这使得人们改变本身惯性，交易场里的各种情绪自然会使你更迅速地平仓离场。

我几乎都是做场外交易，即日交易和长线交易都做，开盘价幅和枢轴价幅的参考点帮助我管理仓位。有时你必须在长线仓位上做即日交易来保护长线仓位，这些参考点就帮我做这个事情。

假设你持有长线空头头寸，但是在某一个交易日市场走强，落实了升A点，尽管市场的短期走势不会改变你的长期偏好，你还是必须用短线做多来保护你的长线空头仓位。

你能看到，本章里采访的所有交易人都具有下面这两种特点：

1. 他们都用开盘价幅和枢轴价幅做参考点。不论他们使用哪一种系统，这些交易人都把ACD作为确认工具或者作为观察市场活动和情绪的晴雨表。

2. 对纪律的重视（这是最重要的特质）。在MBF曾经有两个和我一道工作的交易人，他们现在应该已经带着银行里上百万的存款退休了。其中一个对ACD的技巧比任何人都了解得透彻，另一个可能是我见过的反应最快，技巧最熟练的场内交易人。但是，两个人现在都不再做交易，没有进一步发挥他们的潜能，他们由于不能严守纪律，不能控制好情绪，不得不放弃交易工作。不论是做短线投机，还是长线交易，不论在场内还是场外，成功的交易人总是知道，当赔率对他们有利时，是纪律帮助他们进场交易的。更重要的是，当他们失利的时候，纪律帮助他们止损离场。正如凯西所说，正确判断市场方向不是关键的问题，失利的时候怎么应对，才是问题的关键。

| 附录 |

表A.1

ACD系统——商品

当月第一个交易日

星期一　2001年12月3日

商品	月份	最高价	最低价	收盘价	枢轴	+/−	枢轴价幅	
CRUDE	F	2050	1938	2009	1999	5	1994	2004
CRUDE	G	2073	1965	2039	2026	7	2019	2033
NAT GAS	F	2690	2555	2634	2626	4	2622	2630
NAT GAS	G	2785	2670	2746	2734	6	2728	2740
UNL GAS	F	5670	5390	5602	5554	24	5530	5578
UNL GAS	G	5755	5505	5695	5652	22	5630	5674
HEAT	F	5690	5430	5577	5566	6	5560	5572
HEAT	G	5750	5510	5659	5640	10	5630	5650
S&P	Z	113600	112500	112950	113017	33	112984	113050
NASDAQ	Z	159200	156300	156700	157400	350	157050	157750
GOLD	G	2787	2755	2779	2774	3	2771	2777
SILVER	H	4250	4145	4227	4207	10	4197	4217
US BOND	H	10408	10319	10403	10331	1	10330	10400
SUGAR	H	768	751	764	761	2	759	763
COFFEE	H	4700	4560	4610	4623	7	4616	4630

表A.2
商品——2001年1月前两星期

商品代码	最高价	日期	最低价	日期	收盘价	日期	枢轴低点	枢轴高点
澳洲债券，3月份合约	94695	1010103	94485	1010104	94610	1010112	94590	94603.3
玉米，3月份合约	232	1010102	218.25	1010112	219.25	1010112	221.208	225.125
可可，3月份合约	870	1010112	752	1010103	860	1010112	811	843.667
商品研究局股指期货	23091	1010111	22411	1010103	22954	1010112	22751	22886.3
棉花，3月份合约	6180	1010102	5910	1010105	6112	1010112	6045	6089.67
法兰克福DAX指数	655694	1010104	617244	1010103	649405	1010112	636469	645093
德国债券，3月份合约	10978	1010105	10837	1010112	10850	1010112	10869.2	10907.5
德国马克，3月份合约	4925	1010103	4760	1010103	4867	1010112	4842.5	4858.83
美元，3月份合约	11040	1010103	10804	1010103	10932	1010112	10922	10928.7
欧元，3月份合约	96150	1010105	92870	1010104	95190	1010112	94510	94963.3
欧洲美元，3月份合约	94810	1010108	94135	1010102	94545	1010112	94472.5	94520.8
咖啡，3月份合约	6800	1010108	6200	1010109	6500	1010112	6500	6500
布伦特原油，3月份合约	2572	1010105	2390	1010109	2556	1010112	2481	2531
木材，3月份合约	22620	1010112	20960	1010110	21280	1010112	21450	21790
活牛，3月份合约	8025	1010112	7605	1010109	7957	1010112	7815	7909.67
伦敦FTSE100股指期货，3月份合约	63035	1010102	60380	1010103	61860	1010112	61707.5	61809.2
英国债券，3月份合约	11666	1010103	11465	1010112	11481	1010112	11509.2	11565.5
生猪，2月份合约	5775	1010103	5545	1010111	5670	1010112	5660	5666.67
纳斯达克股指期货，3月份合约	265000	1010103	210800	1010103	254000	1010112	237900	248633
橙汁，3月份合约	8250	1010105	7490	1010104	7660	1010112	7730	7870
五花肉，3月份合约	6830	1010102	6377	1010111	6612	1010112	6603.5	6609.17
英镑，3月份合约	15100	1010103	14752	1010112	14786	1010112	14832.7	14926
原油，2月份合约	3015	1010112	2665	1010102	3005	1010112	2840	2950
黄金，2月份合约	2738	1010102	2639	1010111	2646	1010112	2660.17	2688.5
铜，3月份合约	8440	1010112	8020	1010103	8415	1010112	8230	8353.33
燃油，2月份合约	8900	1010102	8020	1010109	8421	1010112	8434	8460
美国天然气，2月份合约	9050	1010112	7800	1010102	9008	1010112	8425	8813.67
日元，3月份合约	8907	1010103	8525	1010112	8533	1010112	8594	8716
天然气，2月份合约	9870	1010109	8140	1010103	8472	1010112	8649.67	9005
铂，4月份合约	6400	1010111	6045	1010102	6331	1010112	6222.5	6294.83
瑞士法郎，3月份合约	6304	1010103	6160	1010103	6204	1010112	6213.33	6232
银，3月份合约	4675	1010112	4535	1010103	4655	1010112	4605	4638.33
标准普尔股指期货，3月份合约	137000	1010103	128750	1010108	133030	1010112	132875	132978
白糖，3月份合约	1049	1010109	996	1010112	1000	1010112	1007.5	1022.5
大豆，3月份合约	510	1010102	477.25	1010112	482.5	1010112	486.208	493.625
美国债券，3月份合约	10620	1010103	10408	1010112	10414	1010112	10423	10514
小麦，3月份合约	294.5	1010111	275	1010102	289	1010112	284.75	287.583

表A.3　商品数字线表——2001年12月12日

标准普尔 9:30—4:15	10/30	10/31	11/26	11/27	11/28	11/29	11/30	12/3	12/4	12/5	12/6	12/7	12/10	12/11	30	29
（价格）	118050	106070	115520	115050	112930	114450	114000	112970	114750	116850	116850	116050	113950	113650		
净值	Z	Z	Z	Z	Z	Z	Z	Z	Z	Z	Z	Z	Z	Z		
乖离率	118050	-11980	220	-470	-2120	1520	-450	-1030	1780	2100	0	-800	-2100	-300		
情绪指标	N	S	b	b	s		b				n	n		S		
加减	57	22	**80**	73	35	61	60	52	69	87	83	73	33	28	0	—
ABCD	0	-1	0	0	0	0	0	0	0	2	0	0	-4	-4		
12天的+/-总和	-2	0	0	0	-3	-2	-2	2	-1	2	2	0	2	1		
12天的ABCD总和	0	-1	6	6	1	1	-6	-4	-1	1	-2	-5	-2	-8		
30天的+/-总和	4	-1	0	0	3	2	2	2	1	1	2	2	2	1	0	—
30天的ABCD总和	0	4	23	19	16	18	16	16	17	23	21	17	11	9		
到+/-9的数字	2	3												11/1		

商品研究局指数 10:00—4:00	10/29	10/30	11/26	11/27	11/28	11/29	11/30	12/3	12/4	12/5	12/6	12/7	12/10	12/11	30	29
（价格）	0	118050	18953	19023	18896	18930	19266	19251	19048	18986	18912	18957	18858	18891		
净值		Z	Z	Z	Z	Z	Z	Z	Z	Z	Z	Z	Z	Z		
乖离率		118050	-59	70	-127	34	336	-15	-203	-62	-74	45	-99	33		
情绪指标		N		b								n				
加减		57	44	45	33	45	77	75	63	61	55	58	55	57	2	0
ABCD	0	0	-1	1	-1	-2	0	0	0	-2	-3	4	0	0		
12天的+/-总和	0	0	-2	4	-4	2	2	1	1	2	0	-1	-1	-1		
12天的ABCD总和	-4	0	2	3	4	2	2	2	-2	-2	-7	-5	-5	-3		
30天的+/-总和	0	0	2	3	4	2	2	2	1	2	2	2	1	1	2	3
30天的ABCD总和	-20	-18	0	1	4	0	2	4	0	0	-3	1	1	3		
到+/-9的数字																

纳斯达克 9:30—4:15	10/30	10/31	11/26	11/27	11/28	11/29	11/30	12/3	12/4	12/5	12/6	12/7	12/10	12/11	30	29
（价格）	118050	136900	161800	161500	155900	160500	159800	156800	164000	172000	172400	167700	164750	165555		
净值	Z	Z	Z	Z	Z	Z	Z	Z	Z	Z	Z	Z	Z	Z		
乖离率	118050	18850	3850	-300	-5600	4600	-700	-3000	7200	8000	400	-4700	-2950	805		
情绪指标	N		b	b	s							B		b		
加减	57	**24**	75	70	31	63	60	47	71	90	**80**	75	41	**40**	0	0
ABCD	-2	-3	0	0	0	2	0	0	0	0	0	-2	-1	0		
12天的+/-总和	0	0	0	0	-3	1	0	0	1	2	-2	-2	1	1		
12天的ABCD总和	10	3	-4	0	-3	-3	-3	1	1	3	-1	-1	2	2		
30天的+/-总和	10	0	2	2	2	3	3	1	3	3	3	-3	3	3	-3	-3
30天的ABCD总和	10	9	11	7	4	8	6	2	2	4	-3	-4	-5	-3		
到+/-9的数字																

表A.3　商品数字线表——2001年12月12日（续）

美国债券 8：20—3：00

	10/29	10/30	11/26	11/27	11/28	11/29	11/30	12/3	12/4	12/5	12/6	12/7	12/10	12/11	30	29
净值	N	N	10312	10321	10220	10330	10322	10404	10500	10221	10116	9915	9931	10012		
	0	0	Z	Z	H2	H2	H2	H2	H2	H2	H2	H2	H2	H2		
乘离率			-3/32	9/32	-1 1/32	1 5/16	-1/4	7/16	7/8	-2 11/32	-1 5/32	-2 1/32	1/2	13/32		
情绪指标			s[11]	s14	s[17]	61	s56	63	s72	s12	9	4	s15	18	0	0
加减	2		0	3	0	2	0	0	2	0	-2	-2	0	0	0	0
ABCD			-1	-1	-1		-1		-1	-2	-1		-3		-10	
12天的+/-总和	14	16	-15	-14	-11	-7	-7	-5		-1	-5	-5	-6	-1		
12天的ABCD总和	0	0	0	0	0	0	0	0	0	0	0	-4		-10		
30天的+/-总和	16	18	3	6	4	4	2	2	6	2	0	-3	-1	-10		
到+/-9的数字														12/11		

欧洲美元 8：20—3：00

	10/29	10/30	11/26	11/27	11/28	11/29	11/30	12/3	12/4	12/5	12/6	12/7	12/10	12/11	30	29
净值	N	N	97890	97978	98015	97940	97950	97965	97965	97800	97780	97890	97985	98055		
	0	0	Z	Z	Z	H2	H2	H2	H2	H2	H2	H2	H2	H2		
乘离率			5	88	37	150	10	15	0	-165	-20	110	95	70		
情绪指标			[35]	s41	s43	N49	N59	n60	n61	n44	41	69	B73	b74		
加减	0	0		1	0	0	2	0	0	-2	2	2	0	2	-2	
ABCD	0	0	2	2	2	2	2	1	1	2	2	2	2	2	-9	
12天的+/-总和	8	6	-16	-11	-7	-1	1	2	1	2	0	6	9	14		
12天的ABCD总和	0	0	-1	2	2	2	2						2	2		
30天的+/-总和	12	12	-13	-13	-13	-11	-11	-13	-13	-15	-13	-11	-11	-9		
到+/-9的数字														11/16		

可可 7：30—9：00

	10/29	10/30	11/26	11/27	11/28	11/29	11/30	12/3	12/4	12/5	12/6	12/7	12/10	12/11	30	29
净值	N	N	1303	1286	1292	1347	1339	1307	1271	1277	1274	1246	1221	1285		
	0	0	H2	H2	H2	H2	H2	H2	H2	H2	H2	H2	H2	H2		
乘离率			43	-17	6	55	-8	-32	-36	6	-3	-28	-25	64		
情绪指标			b87	b[78]	b[75]	b91	b86	b78	b61	b65	b63	b58	N36	n77		
加减	0	0	2	-2	0	2	-2	-1	-2	3	2	0	-3	2	2	
ABCD	2	2	2	-1	0	2	2			2	2	2	-1	-1	14	
12天的+/-总和	0	2	15	11	9	8	6	5	3	4	2	2	1	1		
12天的ABCD总和	2	0	3	2	2	2	2	2	2	2	2	2	2	-2		
30天的+/-总和	-4	-4	19	17	19	19	15	14	14	17	15	17	14	14		
到+/-9的数字														11/9		

表A.3　商品数字线表——2001年12月12日（续）

咖啡 9:30—11:00

	10/26	10/29	11/26	11/27	11/28	11/29	11/30	12/3	12/4	12/5	12/6	12/7	12/10	12/11	30	29
净值	N	N	4970	4650	4615	4550	4620	4610	4530	4590	4560	4650	4685	4770		
	0	0	H2	H2	H2	H2	H2	H2	H2	H2	H2	H2	H2	H2		
乖离率			-40	-320	-35	-65	70	-10	-80	60	-30	90	35	85	0	0
情绪指标			n	n	s	s	s	s	s	s	s	s	s	s		
加减			33	14	13	7	11	13	10	18	19	25	25	28		
ABCD	-2	-2	-1	0	0	-1	1	0	0	1	-1	1	0	0	2	
12天的+/-总和	0	0	-2	-1	0	-1	0	0	-1	0	0	0	0	-1	-3	
12天的ABCD总和	-4	-4	-4	-4	-4	-2	0	0	-2	0	-2	0	-2	-1		
30天的+/-总和	-4	-4	-4	-1	-1	0	-1	-1	-1	2	-2	2	-2	-2		
30天的ABCD总和	-8	-12	-6	-4	-4	-4	-4	-6	-6	-4	-4	-4	-4	-3		
到+/-小的数字														9/28		

棉花 1:30—3:00

	10/26	10/29	11/26	11/27	11/28	11/29	11/30	12/3	12/4	12/5	12/6	12/7	12/10	12/11	30	29
净值	N	N	3630	3712	3778	3900	3920	3774	3706	3678	3793	3734	3634	3711		
	0	0	H2	F2	F2	F2	H2	F2	F2	H2	F2	F2	H2	H2		
乖离率			17	82	66	122	20	-146	-68	-28	115	-59	-100	77	0	0
情绪指标			n	b	b	b	s	b	b	b	b	b	N	n		
加减			63	66	81	87	84	63	61	55	64	60	58	62		
ABCD	0	0	0	1	0	0	-2	0	0	0	1	-1	-2	0	10	
12天的+/-总和	0	-6	0	4	1	2	-1	-3	1	-1	2	-2	0	-1		
12天的ABCD总和	-8	0	6	10	8	1	8	3	3	4	4	4	0	-2		
30天的+/-总和	-20	-22	-1	0	0	14	12	3	3	0	4	4	10	10		
30天的ABCD总和			4	10	8	14	12	9	13	12	14	12	10	10		
到+/-小的数字			3											11/27		

橙汁 3:30—5:00

	10/26	10/29	11/26	11/27	11/28	11/29	11/30	12/3	12/4	12/5	12/6	12/7	12/10	12/11	30	29
净值	N	N	9550	9600	9530	9470	9500	9490	9480	9415	9115	9010	9145	8990		
	0	0	F2	F2	F2	F2	F2	F2	F2	N	F2	F2	H2	H2		
乖离率			130	50	-70	-60	30	-10	-10	-65	-300	-105	135	-155	0	0
情绪指标			n	n	n	B	s	s	b	N	n	s	s	s		
加减			64	65	54	49	53	55	55	47	15	14	31	25		
ABCD	0	0	0	0	0	0	1	0	0	0	0	0	1	0	-2	
12天的+/-总和	4	4	-4	-4	-4	-4	-2	-1	-2	0	-2	1	0	2	-2	
12天的ABCD总和	4	4	2	2	2	4	2	2	3	2	0	2	2	-2		
30天的+/-总和	-8	0	0	2	-4	-4	-3	-3	-3	-2	-3	-3	-2	-2		
30天的ABCD总和	-8	-10	4	4	4	4	4	4	4	2	-2	-2	-2	-2		
到+/-小的数字														11/27		

表A.3　商品数字线表——2001年12月12日（续）

糖　11：20—1：00

	10/29	10/30	11/26	11/27	11/28	11/29	11/30	12/3	12/4	12/5	12/6	12/7	12/10	12/11	30	29
净值	Z	Z	755	757	754	768	765	764	769	779	784	775	750	734		
乖离率	0	0	H2	H2	H2	H2	H2	H2	H2	H2	H2	H2	H2	H2	0	0
情绪指标		2	2	2	-3	14	-3	-1	b	10	5	-9	-25	-16		
加减			b	b	b	b	b	b	b	b	b	b	b	N		
			【76】	【75】	73	79	76	73	75	【71】	【73】	【75】	63	54	-1	0
ABCD	0	0	3	0	0	0	0	0	0	2	2	0	0	-2	9	
12天的+/-总和	-6	-4	2	2	2	2	2	2	0	2	2	2	-2	-2		
12天的ABCD总和	0	0	5	3	3	7	7	7	5	7	9	9	9	5		
30天的+/-总和	-16	-14	-1	-1	-1	-1	5	-1	-1	-1	-1	-1	-1	-1		
30天的ABCD总和			1	1	1	3	4	4	2	9	11	9	9	9		
到+/-的数字														12/5		

DXY指数　9：30—4：15

	10/30	10/31	11/26	11/27	11/28	11/29	11/30	12/3	12/4	12/5	12/6	12/7	12/10	12/11	30	29
净值		11490	11717	11682	11617	11627	11546	11600	11605	11625	11566	11618	11650	11587		
乖离率	0	N	-30	-35	-65	10	-81	54	5	20	-59	52	32	-63	0	0
情绪指标		63	90	83	71	【69】	54	67	【65】	70	63	77	79	73	6	6
加减			b	s	b	b	N	b	S	N	n	n	n	s	7	7
ABCD		0	0	0	0	0	0	0	0	0	0	0	0	0		
12天的+/-总和		2	2	-2	-3	2	-2	2	0	2	-2	0	-2	-4		
12天的ABCD总和		0	5	3	3	3	-2	2	-1	3	-1	0	-1	0		
30天的+/-总和		7	6	2	-1	-1	-3	-1	5	6	6	6	6	-7		
30天的ABCD总和		7	6	5	5	5	5	13	13	15	13	13	11	6		
到+/-的数字		11	20	16	13	15	13	13	13	15	13	13	11	7	10/31	

欧元　2：30—3：00

	10/31	11/1	11/26	11/27	11/28	11/29	11/30	12/3	12/4	12/5	12/6	12/7	12/10	12/11	30	29
净值	9001	9027	8807	8823	8881	8885	8961	8918	8901	8883	8948	8896	8909	8915		
乖离率	9001	26	29	16	58	4	76	-43	-17	-18	65	-52	13	6		
情绪指标	n	【0】	s	s	s	N	B	b	b	N	B	b	b	N	—	0
加减	83	0	21	25	46	49	68	35	33	17	59	21	23	25	2	14
ABCD	-1	0	0	0	0	0	1	-1	0	1	1	-1	0	0		
12天的+/-总和	-2	-1	2	2	4	2	3	-3	0	2	2	2	0	-1		
12天的ABCD总和	-4	-4	10	8	8	12	11	8	8	0	10	0	6	6		
30天的+/-总和	-1	-1	3	3	3	3	4	8	3	8	3	8	6	2		
30天的ABCD总和	-12	-10	8	8	12	14	19	18	20	18	20	18	16	14		
到+/-的数字			1	1										11/28		

表A.3 商品数字线表——2001年12月12日（续）

欧元外汇 8:20~3:00

	10/29	10/30	11/26	11/27	11/28	11/29	11/30	12/3	12/4	12/5	12/6	12/7	12/10	12/11	30	29
8:20~3:00	Z	Z	87970	88160	88710	88830	89540	89410	88970	88350	89180	88630	88620	88810		
	Z	Z	Z	Z		Z	Z	Z	Z	H2	H2	H2	H2	H2		
净值	0	0	200	190	550	120	710	-130	-440	-620	830	-550	-10	190		
乘离率															30	29
情绪指标															0	0
加减	0	0	-2	1	0	0	0	0	0	-1	0	0	0	0	-1	
ABCD	-2	0	-2	2	2	2	2	-2	-2	-2	2	-2	2	2		
12天的+/-总和	0	0	-5	2	-1	-1	1	-2	-2	-4	-2	-4	0	0		
12天的ABCD总和	0	0	-5	-3	-1	-1	1	-1	6	-4	-2	0	2	5		
30天的+/-总和	-12	-5	-5	-2	-1	1	1	-1	-6	-8	-6	-4	-2	0		
30天的ABCD总和		-12	-4	-3	-1	-3	-4	-6	-6	-8	-6	-4	-2	-1		
到+/-9的数字																

瑞士法郎 8:20~3:00

	10/29	10/30	11/26	11/27	11/28	11/29	11/30	12/3	12/4	12/5	12/6	12/7	12/10	12/11	30	29
8:20~3:00	Z	Z	6011	6029	6072	6049	6090	6044	6047	6016	6071	6028	6011	6044		
	Z	Z	Z	Z		Z	Z	Z	Z	H2	H2	H2	H2	H2		
净值	0	0	-28	18	43	-23	41	-46	3	-31	55	-43	-17	33		
乘离率	s	N	s	s	s	N	n	n	n	n	n	n	n	n	30	29
情绪指标	61	57	19	22	41	25	55	22	25	14	45	18	21	25	0	0
加减	0	-1	0	1	0	-1	2	0	1	-1	2	0	0	0	1	
ABCD	0	-1	0	1	2	-2	2	-2	-2	-2	2	0	2	3		
12天的+/-总和	4	-1	2	6	8	10	2	2	0	0	2	0	0	0		
12天的ABCD总和	4	-1	2	6	8	10	12	8	6	2	0	0	2	5		
30天的+/-总和	-10	-1	0	-2	-1	-6	-4	-6	-6	-8	-6	-4	-2	0		
30天的ABCD总和	-10	-11	0	-2	-1	-6	-3	-3	-3	-1			-2	1		
到+/-9的数字	-4															

英镑 2:30~3:00

	10/30	10/31	11/26	11/27	11/28	11/29	11/30	12/3	12/4	12/5	12/6	12/7	12/10	12/11	30	29
2:30~3:00	14554	14554	14114	14144	14253	14270	14257	14253	14217	14165	14286	14332	14356	14383		
	N	b	s	s	s	N	n	n	n	n	n	B	b	b		
净值	57	70	10	30	109	17	-13	-4	-36	-52	121	46	24	27		
乘离率	57	70	10	13	29	41	25	25	21	19	58	62	63	66	30	29
情绪指标	0	2	0	0	0	0	0	0	0	-1	-1	3	0	3	0	+
加减	0	1	-2	1	2	0	-1	-1	0	-2	2	3	0	3	0	0
ABCD	0	2	-1	0	-2	-4	-1	-2	0	0	0	0	0	0	1	
12天的+/-总和	-2	2	-12	-8	-6	-4	-4	-2	0	0	0	3	5	8		
12天的ABCD总和	8	2	-11	-7	-5	-5	-3	-1	1	-1	0	3	0	0		
30天的+/-总和	-1	12														
30天的ABCD总和																
到+/-9的数字																

表A.3　商品数字线表——2001年12月12日（续）

日币 9：00—3：00	10/29	10/30	10/31	11/26	11/27	11/28	11/29	11/30	12/3	12/4	12/5	12/6	12/7	12/10	12/11	30	29
净值			8167	8058	8064	8121	8078	8098	8059	8054	8052	8016	7970	7936	7927		
乖离率		0	0	16	6	57	-43	20	-39	-5	-2	-36	-46	-34	-9		
情绪指标	N	N	s **39**	s 9	s 13	s 34	s 18	s 22	s 16	s **15**	s **17**	s 12	s 10	s 9	s **14**		
加减	57	57	0	0	0	0	-1	1	0	0	0	-1	-2	-2	3	0	
ABCD	-4	-4	-4	0	3	2	-1	-4	-4	-1	0	-2	-2	-2	3	0	0
12天的+/-总和	2	-12	0	-11	-1	-1	-2	-1	-8	-4	-2	-2	-7	-7	-2		
12天的ABCD总和	-2	0	-18	-1	-10	-8	-10	-6	-8	-4	1	-7	-7	0	-13		
30天的+/-总和	0	0	0	-1	-1	1	0	-6	0	-4	1	0	0	0	0		
30天的ABCD总和	-14	-34	-36	-19	-18	-16	-20	-16	-16	-14	-12	-10	-14	-16	-13	11/15	

加拿大美元 8：00—3：00	10/29	10/30	10/31	11/26	11/27	11/28	11/29	11/30	12/3	12/4	12/5	12/6	12/7	12/10	12/11	30	29
净值				6249	6270	6311	6324	6356	6349	6363	6358	6356	6350	6331	6342		
乖离率	0	0	0	-6	21	41	13	32	-7	14	H2 -5	H2 -2	H2 -6	H2 -19	H2 11		
情绪指标	Z	Z	N	Z	Z	n	Z	Z	Z	Z	b	b	b	b	N		
加减	61	61	57	15	23	44	47	60	**62**	B 66	62	43	37	23	24		
ABCD	0	0	0	0	0	2	0	0	0	0	0	0	0	-2	1		
12天的+/-总和	2	2	-2	0	-2	2	0	2	2	-2	0	-1	-1	-1	2	1	
12天的ABCD总和	-2	-2	-2	0	-7	-2	0	-2	0	-2	-5	-2	0	0	0	-5	
30天的+/-总和	0	0	0	0	0	0	1	0	0	0	1	0	0	0	2		
30天的ABCD总和	-14	-16	-16	-11	-11	-11	-11	-9	-7	-9	-7	-9	-7	-9	-5	11/9	

黄金 8：20—2：30	10/29	10/30	10/31	11/26	11/27	11/28	11/29	11/30	12/3	12/4	12/5	12/6	12/7	12/10	12/11	30	29
净值				2733	2742	2750	2745	2749	2778	2763	2746	2750	2747	2730	2729		
乖离率	0	0	0	-8	9	8	-5	G2	29	-15	-17	4	-3	-17	G2		
情绪指标	s	Z	N	G2	G2	G2	G2	G2	G2	G2	n	n	n	G2	G2		
加减	61	57	57	**15**	20	23	**25**	27	53	49	45	**44**	43	35	33		
ABCD	0	0	0	0	0	0	0	0	0	0	0	0	0	0	0		
12天的+/-总和	4	0	0	0	0	-2	-2	-1	2	-1	-2	0	-1	-2	-2	-2	
12天的ABCD总和	4	2	2	-4	-4	-2	-2	-4	-1	0	-1	0	-1	-2	-2	0	
30天的+/-总和	2	0	0	-1	-1	-1	-4	-2	-2	0	-4	-2	-4	-8	-8	-8	
30天的ABCD总和	2	2	2	-2	-4	-4	-3	-6	-2	-4	-4	-4	-3	-1	-1		

表A.3 商品数字线表——2001年12月12日（续）

白银 8:25—2:25

	10/29	10/30	11/26	11/27	11/28	11/29	11/30	12/3	12/4	12/5	12/6	12/7	12/10	12/11	30	29
白银 8:25—2:25	Z	Z	4050	4065	4140	4090	4157	4215	4153	4200	4238	4268	4243	4275		
	s	N	H2	H2	H2	H2	F2	H2	H2	B	H2	H2	F2	H2		
净值	0	57	-20	15	75	-50	67	58	-62	47	38	30	-25	32	0	0
乖离率	61	57	b	s	s	b	b	b	n	B	b	s	b	b		
憎结指标	61	57	15	19	35	31	39	61	57	60	63	65	60	63	0	0
加减	0	-2	-1	0	2	-1	0	1	0	1	2	0	0	0	2	2
ABCD	0	-2	-1	-1	-1	-2	-2	2	-1	0	2	0	0	2	0	0
12天的ABCD总和	2	0	-2	4	-2	0	0	-1	-1	2	4	6	6	8		
12天的+/−总和	0	-2	-2	4	-2	-3	4	0	-2	-1	-1	-1	-1	-1	-1	-2
30天的+/−总和	-6	0	-2	-2	-2	-10	4	-2	-2	-1	-1	-1	-4	-2		
30天的ABCD总和	-3	-2	-8	-10	-8	-10	3	-6	-8	-6	-4	-4	-4	-2		
到+/−9的数字															11/8	

白金 8:20—2:30

	10/29	10/30	11/26	11/27	11/28	11/29	11/30	12/3	12/4	12/5	12/6	12/7	12/10	12/11	30	29
白金 8:20—2:30	Z	Z	4397	4384	4360	4430	4491	4570	4542	4536	4633	4700	4744	4607		
	s	N	F2	F2	F2	b	F2	b	H2	F2	F2	F2	F2	F2		
净值	0	57	-23	-13	-24	70	61	79	-28	-6	97	67	44	-137	0	0
乖离率	61	57	b	b	b	b	b	b	b	b	b	s	b	s		
憎结指标	61	57	45	44	42	56	63	75	70	66	73	77	78	55	4	14
加减	0	0	0	0	0	0	0	0	-1	0	2	2	1	2		
ABCD	-4	-6	4	1	0	0	0	6	4	4	-1	-1	0	0		
12天的ABCD总和	0	0	4	4	4	4	4	4	3	3	3	6	8	8		
12天的+/−总和	-6	-6	2	-2	-2	2	3	8	6	8	10	12	14	14		
30天的+/−总和	-3	-6	2	-2	-2	2	3	1	1	1	10	12	14	14		
30天的ABCD总和															12/6	

铜 8:10—2:00

	10/29	10/30	11/26	11/27	11/28	11/29	11/30	12/3	12/4	12/5	12/6	12/7	12/10	12/11	30	29
铜 8:10—2:00	Z	Z	6910	7130	7145	7235	7320	7135	7090	7030	6965	6855	6850	6890		
	s	N	b	H2	H2	b	b	b	H2	H2	H2	N	H2	N		
净值	0	57	55	220	15	90	85	-185	-45	-60	-65	-110	-5	-40	0	0
乖离率	61	57	b	b	b	b	b	b	b	b	b	N	s	s		
憎结指标	61	57	77	89	**85**	85	88	45	44	42	38	32	**35**	39	0	0
加减	0	2	-3	0	1	0	0	-3	0	0	-1	0	0	0		
ABCD	-14	-8	0	0	1	1	2	-3	-3	0	0	-2	0	2	0	0
12天的ABCD总和	0	0	0	2	1	1	2	-3	-3	-3	-5	-5	-3	0	2	-4
12天的+/−总和	-6	-8	0	0	1	1	2	-3	-3	-3	-5	-5	-3	0		
30天的+/−总和	-6	0	0	2	1	1	2	-7	-5	-5	-3	-5	-6	-4		
30天的ABCD总和	-28	-26	-20	-16	-14	-10	3	1	1	1					9/27	
到+/−9的数字															9/27	

表A.3 商品数字线表——2001年12月12日（续）

原油

	10/29	10/30	11/26	11/27	11/28	11/29	11/30	12/3	12/4	12/5	12/6	12/7	12/10	12/11	30	29
原油	Z	Z	1869	1948	1915	1860	1944	2009	1965	1949	1854	1904	1837	1808	30	29
10:00—2:30			F2	F2	F2	F2	F2	F2	F2	F2	F2	F2	F2	F2		
净值	0	0	-27	79	-33	-55	84	65	-44	-16	-95	50	-67	-29		
乖离率	s	N	n	n	n	n	n	n	n	n	n	n	n	n		
情绪指标	61	57	22	66	62	57	64	71	63	58	22	45	24	21		
加减	0	0	0	2	0	0	1	0	-1	-1	0	1	0	0	0	0
ABCD	-2	-2	-1	1	1	-2	4	2	-3	-2	-2	-1	-3	2		
123天的+/-总和	-17	-15	-2	0	0	1	2	2	4	0	-1	-1	-1	0		
123天的ABCD总和	0	0	0	0	-3	-5	3	3	4	4	-1	-1	-2	2		
30天的+/-总和	0	0	0	0	0	0	0	0	0	-1	-1	-1	-2	0		
30天的ABCD总和	-12	-14	-25	-19	-17	-19	-13	-11	-14	-20	-18	-11	-10	-8		
到+/-9的数字													10/29			

天然气

	10/29	10/30	11/26	11/27	11/28	11/29	11/30	12/3	12/4	12/5	12/6	12/7	12/10	12/11	30	29
天然气	Z	Z	2696	2606	2720	2550	2701	2630	2563	2491	2565	2568	2747	2803	30	29
10:00—2:30			F2	F2	F2	F2	F2	F2	F2	F2	F2	F2	F2	F2		
净值	0	0	-117	-90	114	-170	151	-71	-67	-72	74	3	179	56		
乖离率	s	N	n	n	n	n	n	n	n	n	n	s	s	s		
情绪指标	61	57	46	49	21	60	23	20	17	14	23	25	44	47		
加减	-2	-2	0	0	-4	0	1	0	0	-2	0	0	1	0	5	0
ABCD	2	0	4	3	2	-3	2	3	0	3	2	2	2	2	6	
123天的+/-总和	12	12	3	7	2	2	3	1	0	3	2	1	-1	0		
123天的ABCD总和	0	0	7	7	3	-1	3	-1	3	4	4	-3	-1	-1		
30天的+/-总和	0	0	0	0	0	-2	4	-1	4	4	4	4	5	5		
30天的ABCD总和	16	14	21	23	19	14	18	14	12	6	10	4	8	6		
到+/-9的数字													10/22			

燃油

	10/29	10/30	11/26	11/27	11/28	11/29	11/30	12/3	12/4	12/5	12/6	12/7	12/10	12/11	30	29
燃油	Z	Z	5217	5394	5300	5180	5459	5565	5418	5314	5066	5168	5066	4999	30	29
10:00—2:30			F2	F2	F2	F2	F2	F2	F2	F2	F2	F2	F2	F2		
净值	0	0	-125	177	-94	-120	279	106	-147	-104	-248	102	-102	-67		
乖离率	s	N	s	s	s	s	s	s	s	s	s	s	s	s		
情绪指标	61	57	21	62	60	55	66	75	70	62	25	36	27	23		
加减	-2	0	0	0	0	-3	0	-1	-1	0	0	0	0	0	-2	0
ABCD	0	-3	0	2	2	0	1	2	-1	-2	-2	-2	-1	2	-11	
123天的+/-总和	-7	0	-2	0	0	-1	3	-1	0	-5	0	-1	-5	0		
123天的ABCD总和	0	0	0	0	0	3	-1	5	-2	5	-1	-5	-5	-1		
30天的+/-总和	0	-3	-2	-2	-2	0	-1	-2	-2	-1	-2	-2	-2	-2		
30天的ABCD总和	-3	-3	-15	-9	-5	-10	-8	-7	-11	-11	-10	-12	-12	-11		
到+/-9的数字													11/14			

表A.3　商品数字线表——2001年12月12日（续）

无铅汽油　10:00—2:30

	10/29	10/30	11/26	11/27	11/28	11/29	11/30	12/3	12/4	12/5	12/6	12/7	12/10	12/11	30	29
（情绪指标）	Z	Z	Z	Z	Z	Z	F2	F2	F2	F2	F2	F2	F2	F2		
净值			5217	5381	5260	5190	5387	5580	5503	5420	5175	5250	5109	5061		
乖离率	0	0	−56	164	−121	−70	197	193	−77	−83	−245	75	−141	−48		
情绪指标	s	N					s	N	B	N	n			n		
加减	61	57	25	64	57	57	68	77	65	61	22	53	21	20		
ABCD	0	0	0	0	0	−2	1	0	−4	−2	−4	4	−2	0		
12天的+/-总和	−2	−0	2	2	0	1	3	2	6	6	1	1	1	2		
12天的ABCD总和	0	−4	5	7	5	1	8	10	6	6	−1	−1	−3	−1		
30天的+/-总和	−16	−16	1	1	1	1	2	2	2	2	2	−3	3	3	3	
30天的ABCD总和	0	0	−20												−7	
到+/-0的数字	−15	−19	−20	−14	−12	−14	−9	−8	−14	−16	−18	−11	−9	−7	10/15	

伦敦布伦特原油　5:02—3:12

	10/31	11/1	11/26	11/27	11/28	11/29	11/30	12/3	12/4	12/5	12/6	12/7	12/10	12/11	30	29
（情绪指标）	Z	Z	F2	F2	F2	F2	F2	F2	F2	F2	F2	F2	F2	F2		
净值	2037	1963	1836	1902	1869	1841	1914	1971	1921	1922	1839	1903	1817	1791		
乖离率	2037	−74	−92	66	−33	−28	73	57	−50	1	−83	64	−86	−26		
情绪指标																
加减	0	0	0	0	0	0	1	2	−1	−1	0	1	−2	0		
ABCD	−2	−3	−2	2	0	−2	2	2	−3	−4	2	4	−1	0		−4
12天的+/-总和	0	0	1	2	4	1	2	6	3	−5	−1	0	−1	−1		
12天的ABCD总和	−20	−23	2	2	1	−2	2	2	−12	−5	−5	3	−1	0		
30天的+/-总和	0	0	−1	−2	−1	1	2	2	3	0	−5	1	−6	0		
30天的ABCD总和	−30	−31	−23	−21	−19	−19	−17	−13	−12	−16	−12	−8	−6	−4		
到+/-0的数字															9/27	

有价差的燃油品种　10:05—2:30

	10/29	10/30	11/26	11/27	11/28	11/29	11/30	12/3	12/4	12/5	12/6	12/7	12/10	12/11	30	29
（情绪指标）	Z	Z	F2	F2	F2	F2	F2	F2	F2	F2	F2	F2	F2	F2		
净值			364	359	348	365	348	333	310	282	273	266	291	291		
乖离率	0	0	−36	−5	−11	17	−17	−15	−23	−28	−9	−7	25	0		
情绪指标																
加减	0	0	0	0	0	0	0	0	0	0	0	0	0	0		
ABCD	0	4	−2	0	0	−2	0	−2	−2	−2	−2	0	0	0		
12天的+/-总和	4	4	1	−7	−9	−9	−7	−7	−9	−8	−10	−10	−10	−10		−10
12天的ABCD总和	0	0	−5	2	2	2	2	2	2	2	2	2	2	2		
30天的+/-总和	0	0	2	−1	2	−3	−5	−5	−7	2	2	2	2	2		
30天的ABCD总和	−6	−6	−1	−1	−1	−4	−4	−4	0	−11	−15	−15	−15	−13		−13
到+/-0的数字															12/5	

表A.3　商品数字线表——2001年12月12日（续）

有价差的燃油品种　10:05—2:30

	10/29	10/30	11/26	11/27	11/28	11/29	11/30	12/3	12/4	12/5	12/6	12/7	12/10	12/11	30	29
净值	N	N	344	339	329	347	318	343	346	327	319	301	309	317		
	0	0	F2	F2	F2	F2	F2	F2	F2	F2	F2	F2	F2	F2		
乖离率			−17	−5	−10	18	−29	25	3	−19	−8	−18	8	8	0	0
情绪指标																
加减	0	0	0	0	0	0	0	0	0	0	0	0	0	0		
ABCD	−3	0	0	−1	−1	0	0	2	2	0	0	0	0	0	1	
12天的+/-总和	0	−9	7	5	−3	−1	2	4	6	6	4	4	4	4	14	
12天的ABCD总和	−9															
30天的+/-总和	0															
30天的ABCD总和	−9		4													
到+/-9的数字	−13	−13	4	4	15	4	4	6	8	1	−1	10	12	14	12/7	

生牛　10:05—2:00

	10/30	10/31	11/26	11/27	11/28	11/29	11/30	12/3	12/4	12/5	12/6	12/7	12/10	12/11	30	29
净值	6807	6807	6963	7020	7040	7058	7018	7000	6985	6988	6930	6860	6820	6850		
	N	N	G2	G2	G2	G2	G2	G2	G2	G2	G2	G2	G2	G2		
乖离率	0	6807	−47	57	20	18	−40	−18	−15	3	−58	−70	−40	30	4	+
情绪指标	N	N	n	B	b	b		b	b	b		n	n	s		
加减	57	59	83	85	**77**	**75**	71	68	66	**62**	61	55	55	59		
ABCD	−2	1	0	1	0	0	0	−3	0	0	0	−2	0	−1	4	1
12天的+/-总和	0	2	−2	2	0	3	3	3	0	1	−2	2	−1	0		
12天的ABCD总和	6	10	1	3	3	3	17	10	8	7	3	−1	−4	2		
30天的+/-总和	0	1	2	3	3	3	3	3	3	3	3	−3	−4	−6		
30天的ABCD总和	−15	−11	13	17	15	17	17	14	14	13	11	5	5	1	11/21	
到+/-9的数字																

生猪　10:05—2:00

	10/30	10/31	11/26	11/27	11/28	11/29	11/30	12/3	12/4	12/5	12/6	12/7	12/10	12/11	30	29
净值	5165	5165	5415	5433	5485	5443	5525	5403	5320	5265	5305	5290	5160	5205		
	N	N	G2	G2	G2	G2	G2	G2	G2	G2	G2	G2	G2	G2		
乖离率	0	5165	−7	18	52	−42	82	−122	−83	−55	40	−15	−130	45		
情绪指标	N	N	n									s	s	s	1	0
加减	57	85	69	70	73	66	73	22	18	15	23	22	18	25	6	
ABCD	0	0	0	1	0	0	0	−2	−2	−4	2	0	−2	−1		
12天的+/-总和	0	2	−2	4	0	0	2	0	0	1	1	1	−1	2		
12天的ABCD总和	−2	2	−1	10	12	12	14	8	4	2	2	2	−2	−2		
30天的+/-总和	0	0	6	0	0	0	0	0	0	0	0	0	0	0		
30天的ABCD总和	−16	−12	−4	10	8	6	8	10	8	0	12	8	6	6	11/27	
到+/-9的数字			3													

表A.3　商品数字线表——2001年12月12日（续）

猪肚　10:05—2:00

	10/30	10/31	11/26	11/27	11/28	11/29	11/30	12/3	12/4	12/5	12/6	12/7	12/10	12/11	30	29
净值		7010	7505	7612	7877	7865	7910	7685	7475	7408	7518	7485	7308	7400		
	N	G2	G2	G2	G2	G2	G2	G2	G2	G2	G2	G2	G2	G2		
乖离率	57	7010	105	107	265	-12	45	-225	-210	-67	110	-33	-177	92		
情绪指标		b 83	n 74	n 77	B 82	n 75	n 76	b 25	b 14	**15**	n 44	n 37	n 25	s 28	2	
加减	-2	0	-2	-2	0	0	2	0	0	0	1	0	0	1	12	
ABCD	-8	2	0	0	-1	-1	0	-2	-1	0	4	-1	-2	2		
12天的+/-总和	0	0	-2	2	9	7	13	-2	3	4	8	3	1	2		
12天的ABCD总和	-26	-4	-3	4	7	0	0	-7	3	4	-2	-1	-1	3		
30天的+/-总和		-1	0	3	7	0	0	0	3	4	8	-1	1	3		
30天的ABCD总和		0	4	7	0	9	11	11	11	9	13	12	10	12		
到+/-的数字		-22		4	0									11/29		

大豆　10:30—2:15

	10/30	10/31	11/26	11/27	11/28	11/29	11/30	12/3	12/4	12/5	12/6	12/7	12/10	12/11	30	29
净值		4284	4430	4446	4362	4380	4482	4512	4472	4450	4442	4482	4462	4410		
	Z	F2 1/2	H2 3/4	H2 3/4	H2 1/2	H2 3/4	H2 1/4	Z	H2	H2 1/4	H2 -3/4	H2 4	H2	H2		
乖离率	57	428 1/2	-11 3/4	1 3/4	-8 1/2	1 3/4	10 1/4		-4	-2 1/4	-3/4		-2	-5 1/4	3	
情绪指标		**37**	17	18	10	13	30	34	33	30	29	35	33	18	-7	
加减	2	0	0	0	-4	0	0	0	-1	0	-1	-2	-2	0		
ABCD	0	-4	-2	4	-4	1	1	0	-1	0	-2	-1	-1	-2		
12天的+/-总和	1	-1	-3	3	-5	-7	-2	-2	-4	-6	-8	-4	-6	-1		
12天的ABCD总和	0	0	-4	4	-4	4	4	4	3	3	2	3	3	3		
30天的+/-总和	-11	-13	-4	2	-2	-5	-3	-1	-3	-3	-5	-5	-5	-7		
30天的ABCD总和					-4	-4					-2		-4			

玉米　10:30—2:15

	10/30	10/31	11/26	11/27	11/28	11/29	11/30	12/3	12/4	12/5	12/6	12/7	12/10	12/11	30	29
净值		2054	2152	2160	2102	2114	2210	2210	2216	2190	2162	2190	2194	2200		
	Z	Z 1/2	H2 3/4	H2 3/4	H2 3/4	H2 1/4	H2 1/2	n	3/4	H2 3/4	H2 3/4	H2 3/4	H2 1/2	H2 1/2		
乖离率	57	205 1/2	-4 3/4	1 3/4	-5 3/4	1 1/4	9 1/2	n		-2 3/4	-2 3/4	2 3/4			1	+
情绪指标		**19**	13	15	8	13	55	59	63	60	36	44	**43**	45	2	
加减	2	0	-2	0	-2	0	2	2	0	0	0	1	0	0		
ABCD	0	1	0	-1	0	0	0	1	0	0	-2	0	0	0		
12天的+/-总和	5	7	1	0	-3	-3	-1	0	-2	-1	-1	0	-1	-1		
12天的ABCD总和	0	1	4	6	0	1	5	0	4	0	0	0	2	1		
30天的+/-总和	-1	1	4	6	0	1	5		4	2	0	0	2	2		

表A.3　商品数字线表——2001年12月12日（续）

	10/30	10/31	11/26	11/27	11/28	11/29	11/30	12/3	12/4	12/5	12/6	12/7	12/10	12/11	30	29
小麦 10：30—2：15	Z	2932 Z	2850 H2	2854 H2	2822 H2	2820 H2	2800 H2	2872 H2	2840 H2	2852 H2	2814 H2	2840 H2	2834 H2	2864 H2		
净值	N 0	293 1/4	−11 3/4	1/2	−3 1/4	−1/4	−2	7 1/4	−3 1/4	−1 1/4	−3 3/4	2 1/2	−1/2	3		
乖离率	N	b	n	n	n	n	n	n	n	n	s	s	s			
增长指标	57	73	14	22	14	13	47	44	39	45	29	32	31	31		
加减		−1	0		−2	0	0	−1	0	0	−1	2	0	1	0	−
ABCD	2	−1	−2	−2	0	0	0	−2	−2	−1	−2	−1	0	2	−3	
12天的+/−总和	0	4	0	1	−3	−1	−1	−5	−5	−7	−9	−5	−5	−3		
12天的ABCD总和	0	−1	−2	0	−1	−1	−1	−2	−2	−1	−2	−1	−1	0		
30天的+/−总和	−4	−2	−1	−1	−3	−7	−5	−9	−9	−9	−9	−9	−7	−3		12/3
30天的ABCD总和			−2	1	−2	−4	−2	−9								
到+/−9的数字																
商品研究局指数 3：00—12：30	11801 Z 11801	11864 Z	11650 Z	11557 Z	11601 Z	11602 H2	11625 H2	11649 H2	11658 H2	11543 H2	11465 H2	11371 H2	11400 H2	11428 H2		
净值		63	18	−93	44	1	23	24	9	−115	−78	−94	29	28		
乖离率	0	0	0	0	0	1	0	0	0	0	0	0	0	0	0	0
增长指标	0	2	3	−2	0	2	2	0	3	−2	−2	−2	1	1	−2	
加减						−1	1	5	6	1	1	0	1	2	−2	0
ABCD	11	13	−1	−1	−5	−1	3	2	2	2	2	2	2	2		
12天的+/−总和	0	0	−1	−1	1	2	2	9	12	8	4	2	0	−2		
12天的ABCD总和	13	17	10	8	5	7	9	9								12/11
30天的+/−总和																
30天的ABCD总和																
到+/−9的数字																
德国债券 2：00—1：00	11200 Z 11200	11286 Z	11029 Z	10932 Z	10970 Z	10994 H2	11018 H2	11040 H2	11075 H2	10905 H2	10860 H2	10774 H2	10802 H2	10827 H2		
净值		86	29	−97	38	24	24	22	35	−170	−45	−86	28	25		
乖离率	0	0	0	0	0	0	0	1	0	−1	0	0	0	0	−1	0
增长指标	4	2	4	−2	4	4	2	2	4	−2	−4	−4	−4	4	−9	
加减	0	0	−6	−8	−9	−7	−3	−1	4	4	−2	−2	−2	−4		
ABCD	14	16	−1	−1	−1	−1	−1	−1	3	−1	−1	−1	−1	−1		
12天的+/−总和	0	0	5	3	3	1	7	7	0	7	1	−5	−7	−9	12/11	
12天的ABCD总和	14	18							11			−2	0			
30天的+/−总和																
30天的ABCD总和																
到+/−9的数字																

表A.3　商品数字线表——2001年12月12日（续）

标准普尔	10/31	11/1	11/26	11/27	11/28	11/29	11/30	12/3	12/4	12/5	12/6	12/7	12/10	12/11	30	29
标准普尔 3：00—1：30	N	Z	Z	Z	Z	Z	Z	Z	Z	Z		Z	Z	Z		
（价格）			515150	506050	494100	493500	498400	500850	503200	527900	527900	522700	521101	514300		
净值	0	0	-1750	-9100	-11950	-600	4900	2450	2350	24700	0	-5200	-1599	-6801		
乖离率																
情绪指标																
加减																
ABCD	0	0	-2	-2	-2	0	0	0	2	2	0	-1	-2	0	0	0
12天的+/-总和	0	0	2	0	2	-2	-2	2	2	2	2	-3	-3	2		3
12天的ABCD总和	0	-2	1	1	0	-2	-1	2	2	2	2	-1	-3	-1	-1	
30天的+/-总和	0	0	1	-1	-2	-2	-2	2	2	2	1	0	0	0	0	
30天的ABCD总和	-4	-2	2	0	2	0	2	4	4	6	6	3	1	3	3	

英国FT100指数	10/31	11/1	11/26	11/27	11/28	11/29	11/30	12/3	12/4	12/5	12/6	12/7	12/10	12/11	30	29
英国FT100指数 3：00—12：30	Z	Z	Z	Z	Z	Z	Z	Z	Z	Z	Z	Z	Z	Z		
（价格）	50350	50800	53130	52730	52005	52000	51990	51890	52140	53370	53800	52770	51940	51680		
净值	50350	450	105	-400	-725	-5	-10	-100	250	1230	430	-1030	-830	-260		
乖离率																
情绪指标																
加减																
ABCD	1	1	-1	0	0	0	0	0	0	0	0	-1	-2	0	-3	+
12天的+/-总和	2	2	-2	-4	-2	-4	-3	-2	-2	-2	4	-2	-3	0	4	
12天的ABCD总和	4	6	-4	-4	-8	-8	-6	-2	-2	-2	-2	-3	-4	-2		
30天的+/-总和	1	2	-2	-2	-2	0	-2	0	0	-2	-2	-3	-3	-3		
30天的ABCD总和	22	26	6	0	0	0	0	2	0	3	3	3	4	4		

日经指数	10/30	10/31	11/26	11/27	11/28	11/29	11/30	12/3	12/4	12/5	12/6	12/7	12/10	12/11	30	29
日经指数 7：45—1：30	Z	Z	Z	Z	Z	Z	Z	Z	Z	Z	Z	Z	Z	Z		
（价格）	10515	10515	11055	10905	10675	10665	10675	10415	10450	10960	10835	10818	10605	10545		
净值	0	10515	375	-150	-230	-10	10	-260	35	510	-125	-17	-213	-60		
乖离率																
情绪指标	S 57	S 45	b 87	b 76	b 55	b 62	b 63	N 39	n 41	n 69	n 63	n 60	n 35	n S 33		
加减																
ABCD	-2	0	2	2	-2	-2	2	2	0	0	-2	0	-2	-2	-1	0
12天的+/-总和	0	0	1	5	5	5	3	5	1	2	-1	1	0	2	-14	
12天的ABCD总和	0	-2	1	5	5	5	9	5	3	3	-1	0	-1	-6		
30天的+/-总和	0	0	0	-6	0	0	0	0	0	0	0	0	-1	-1		
30天的ABCD总和	-10	-8	-4	-6	-10	-10	-10	-12	-12	-12	-12	-12	-14	-14		
到+/-9的数字														9/28		

表A.4
商品枢轴表——2001年12月12日

商品代码	最高价	最低价	收盘价	枢轴高点	枢轴低点	30日均线	14日均线	动能	8日收盘价	7日收盘价
SPZ1	115200	113650	113650	114275	113858	113231	114701+	−350	114000 *	112950
RSPZ1	115200	113650	113650	114275	113858	112971	114669−	−350	114000 *	112950
CRY	18893	18800	18891	18876	18847	18856	19008−	−375	19266	19251
NQZ1	169700	165550	165550	167025	166042	156979	162405+	5750	159800	156700
RNQZ1	169700	165550	165550	167500	166200	156363	162410+	5750	159800	156700
USH2	101 5/32	100 5/32	100 13/32	100 21/32	100 16/32	105 15/32	102 17/32−	−3 9/32	103 22/32	104 3/32
USDH2	101 4/32	100 6/32	100 13/32	100 21/32	100 16/32	102 12/32	102 17/32−	−3 9/32	103 22/32	104 3/32
EDH2	98100	97995	98065	98059	98048	97869	97833+	115	97950	97965
EDZ2	96330	96140	96260	96252	96235	96428	96112+	−55	96315	96350
COH2	1295	1241	1290	1283	1268	1189	1285−	−49	1339	1307
KCH2	4790	4615	4780	4754	4703	4798	4718−	160	4620	4610
CTH2	3720	3635	3711	3700	3678	3519	3724+	−216	3927	3774
OJF2	9080	8990	8990	9035	9005	9361	9355−	−520	9510	9490
SBH2	756	731	735	744	738	731	760+	−33	768	764
DXY	11637	11598	11605	11618	11609	11597	11640−	59	11546	11603
DXH2	11690	11655	11664	11673	11667	11664	11697−	59	11605	11659
FXEUUS.CSV	8925	8881	8916	8912	8903	8893	8871+	−46	8962	8917
RECH2	88870	88490	88810	88767	88880	88629	88367+	−430	89240	88840
RSFH2	6047	6011	6044	6039	6029	6061	6036−	−47	6091	6045
FXUSSF.CSV	16637	16537	16553	16587	16564	16511	16570+	143	16410	16545
RBPH2	14316	14268	14294	14293	14292	14345	14146+	138	14156	14172
FXBPUS.CSV	14393	14308	14374	14366	14351	14345	14220+	128	14246	14254
RJYH2	7973	7955	7962	7964	7963	8191	8091−	−179	8141	8105
FXUSJY.CSV	12633	12569	12621	12614	12601	12294	12432+	272	12349	12399
CDH2	6360	6329	6357	6353	6345	6294	6316+	4	6353	6346
GCG2	2734	2721	2729	2729	2728	2772	2747−	−20	2749	2779
RGCG2	2734	2721	2729	2729	2728	2771	2747−	−20	2749	2779
SIH2	4295	4230	4275	4271	4263	4168	4162+	118	4157	4227
RSIH2	4295	4245	4275	4273	4270	4168	4162+	118	4157	4227
PLF2	4730	4560	4607	4645	4642	4362	4514+	147	4493	4577
RPLF2	4645	4560	4607	4606	4603	4360	4512+	114	4493	4577
HGH2	6945	6840	6890	6893	6891	6736	7019−	−430	7320	7140
RHGH2	6945	6850	6890	6898	6893	6739	7025−	−430	7320	7140
CLF2	1845	1792	1808	1819	1812	1991	1910+	−136	1944	2009
RCLF2	1840	1792	1808	1816	1811	1987	1907+	−136	1944	2009
CLG2	1883	1832	1846	1858	1850	2012	1940+	−118	1964	2039
RCLG2	1875	1832	1846	1854	1849	2009	1937+	−118	1964	2039
NGF2	2854	2670	2803	2789	2762	2938	2733−	102	2701	2634
RNGF2	2820	2670	2803	2784	2745	2932	2733−	102	2701	2634
NGG2	2925	2750	2868	2858	2838	2987	2820−	82	2786	2746
RNGG2	2875	2750	2868	2850	2813	2983	2819−	82	2786	2746
HOF2	5085	4960	4999	5023	5007	5658	5342−	−460	5459	5577
RHOF2	5070	4960	4999	5015	5004	5650	5336−	−460	5459	5577
HUF2	5140	4990	5061	5065	5062	5475	5325−	−326	5387	5602
RHUF2	5140	4990	5061	5065	5062	5471	5325−	−326	5387	5602
LBCF2	1821	1780	1791	1801	1794	1919	1888−	−123	1914	1971
SCF2	1797	1791	1791	1794	1792	1929	1879+	−124	1915	1970
LGOF2	15450	15225	15275	15338	15296	17078	16449−	−1100	16375	17125
LCG2	6870	6815	6850	6848	6843	6922	6960−	−167	7017	7000
LHG2	5240	5105	5205	5194	5173	5357	5355−	−320	5525	5402
PBG2	7420	7230	7400	7375	7325	7366	7549−	−510	7910	7685
SH2	447	439	440 6/8	443	441 4/8	447 1/8	446 2/8−	−6 4/8	447 2/8	451
CH2	220 4/8	218	219 4/8	219 3/8	219 2/8	217 6/8	218 1/8−	−1	220 4/8	221
WH2	287	281	286 6/8	285 7/8	284	290 6/8	286 5/8−	−2 6/8	289 4/8	287 2/8
LGLH2	11457	11412	11428	11435	11430	11658	11553−	−197	11625	11649
DGBH2	10856	10818	10827	10837	10830	11054	10942−	−191	11018	11040
AXBH2	94105	94080	94105	94101	94093	94453	94195−	−220	94325	94365
DAXY	516915	507543	514645	513840	512229	497420	509156+	17543	497102	499386
MCAY	458017	451032	455194	454971	454525	449908	454615−	6612	448582	444550
LFTZ1	52000	51470	51680	51735	51698	52474	52620−	−310	51990	51890
SNIZ1	10615	10460	10545	10543	10538	10545	10699−	−130	10675 *	10415

表A.4
商品枢轴表——2001年12月12日（续）

商品代码	6日收盘价	风险指数	9日最高价	20日最高价	45日最高价	9日最低价	20日最低价	45日最低价	1.3xRng
SPZ1	114770	4155	116870	116870	116870	112950	112930	105920	2716
RSPZ1	114770	3745	116870	116870	116870	112950	112930	105920	2413
CRY	19048	678	19266	19266	19266	18858	18637	18352	198
NQZ1	164100	5176	172400	172400	172400	156700	155300	130850	8038
RNQZ1	164100	4602	172400	172400	172400	156700	155300	125450	7293
USH2	105	1296	105	108 24/32	110 14/32	99 15/32	99 15/32	99 15/32	1 17/32
USDH2	105	1199	105	108 24/32	110 14/32	99 15/32	99 15/32	99 15/32	1 14/32
EDH2	97965 High_20	275	98065	98065	98125	97780	97600	97505	144
EDZ2	96400	450	96400	96585	97095	95910	95865	95865	205
COH2	1271	306	1349	1349	1349	1221	1166	986	36
KCH2	4540 High_9	490	4780	5280	5280	4540	4540	4515	195
CTH2	3706	450	3927	3927	3927	3634	3460	3022	113
OJF2	9480 Low_20	161	9510	9600	9605	8990	8990	8175	165
SBH2	770 Low_9	146	784	784	784	735	714	615	20
DXY	11605	658	11627	11733	11733	11546	11546	11360	100
DXH2	11665	497	11705	11797	11797	11605	11605	11460	48
FXEUUS.CSV	8902	75	8962	8962	9106	8867	8777	8777	94
RECH2	88670	561	89240	89240	90900	88350	87470	87470	509
RSFH2	6047	392	6091	6091	6165	6011	5990	5990	30
FXUSSF.CSV	16537	665	16641	16673	16700	16410	16410	16236	184
RBPH2	14134 High_9	361	14294	14332	14516	14076	14018	14018	61
FXBPUS.CSV	14217 High_9	496	14374	14415	14623	14152	14104	14104	129
RJYH2	8097 Low_45	393	8141	8282	8400	7962	7962	7962	25
FXUSJY.CSV	12414 High_45	528	12621	12621	12621	12349	12155	12007	113
CDH2	6360	261	6360	6360	6405	6321	6240	6233	35
GCG2	2763 Low_45	190	2779	2793	2938	2729	2729	2729	31
RGCG2	2763 Low_45	159	2779	2793	2938	2729	2729	2729	27
SIH2	4153 High_20	330	4275	4275	4693	4097	4057	4057	85
RSIH2	4153 High_20	272	4275	4275	4693	4097	4057	4057	73
PLF2	4542	418	4744	4744	4744	4442	4197	4101	119
RPLF2	4542	316	4744	4744	4744	4442	4197	4101	97
HGH2	7090	334	7320	7320	7320	6850	6645	6130	159
RHGH2	7090	307	7320	7320	7320	6850	6645	6130	139
CLF2	1965 Low_9	955	2009	2190	2378	1808	1784	1784	127
RCLF2	1965 Low_9	765	2009	2190	2378	1808	1784	1784	100
CLG2	2001 Low_9	894	2039	2197	2382	1846	1806	1806	115
RCLG2	2001 Low_9	739	2039	2197	2382	1846	1806	1806	91
NGF2	2563 High_9	1747	2803	3041	3464	2491	2491	2491	232
RNGF2	2563 High_9	1451	2803	3041	3464	2491	2491	2491	188
NGG2	2703 High_9	1392	2868	3081	3452	2624	2624	2624	205
RNGG2	2703 High_9	1202	2868	3081	3452	2624	2624	2624	169
HOF2	5418 Low_45	945	5577	6183	6813	4999	4999	4999	295
RHOF2	5418 Low_45	800	5577	6183	6813	4999	4999	4999	240
HUF2	5503 Low_9	898	5602	5888	6426	5061	4975	4975	285
RHUF2	5503 Low_9	806	5602	5888	6426	5061	4975	4975	247
LBCF2	1929 Low_9	884	1971	1990	2275	1791	1733	1733	119
SCF2	1932 Low_9	171	1970	2096	2284	1791	1732	1732	17
LGOF2	16800 Low_45	530	17125	17500	20350	15275	15275	15275	729
LCG2	6985	273	7057	7057	7275	6820	6662	6515	124
LHG2	5320	390	5525	5525	5525	5160	5160	5037	146
PBG2	7475	708	7910	7910	7910	7307	6967	6607	274
SH2	447 6/8	250	451	454 6/8	465	438 2/8	436 4/8	432 4/8	7 3/8
CH2	221 2/8	140	221 2/8	221 2/8	226 2/8	211 6/8	210 4/8	210 4/8	3 3/8
WH2	283 6/8	217	289 4/8	297 2/8	302 2/8	281 6/8	281 6/8	281 6/8	6 4/8
LGLH2	11658	898	11658	11710	11866	11371	11371	11371	34
DGBH2	11075	632	11075	11083	11284	10774	10774	10774	64
AXBH2	94320	80	94380	94740	95000	94090	94060	94060	8
DAXY	503332	2884	527653	527653	527653	492466	491887	448055	17722
MCAY	444587	832	467755	467755	467755	444550	437658	416476	13034
LFTZ1	52140 Low_20	1297	53800	53800	53800	51680	51680	50180	1376
SNIZI	10450	781	10835	11055	11055	10415	10140	9935	287

表A.5

商品数字线数值——2001年12月12日

商品代码	月份	开盘价幅 分钟	交易时间	A点参数	C点参数
C-玉米	H-3月份	5	10:30-2:15	1.6	1.2
CO-可可	H-3月份	5	8:30-1:30	10	15
CT-棉花	H-3月份	5	10:30-2:40	15	40
ED-欧洲美元	H-3月份	5	8:20-3:00	5	5
GC-黄金	G-2月份	5	8:20-2:30	1.2	4
LC-活牛	G-2月份	5	10:05-2:00	20	20
LH-生猪	G-2月份	5	10:05-2:00	20	20
OJ-橙汁	F-1月份	5	10:15-2:15	150	150
PB-五花肉	G-2月份	5	10:05-2:00	40	50
PL-铂	F-1月份	5	8:20-2:30	25	100
S-大豆	H-3月份	5	10:30-2:15	5	1
SI-银	H-3月份	5	8:25-2:25	3.14	4.64
W-小麦	H-3月份	5	10:30-2:15	24	12
AXB-澳洲债券	H-3月份	15	6:30pm-2:30am	3.5	5
HG-铜	H-3月份	15	8:10-2:00	26	155
NQ-纳斯达克	H-3月份	15	9:30-4:15	17.5	20.5
SP-标准普尔500	H-3月份	15	9:30-4:15	2	1.5
US-债券	H-3月份	15	8:20-3:00	7	10
LBC-布伦特	F-1月份	20	5:02-3:12	7	12
英镑/美元	现金（货）交易	30	2:30am-3:00pm	28	56
加元/美元	现金（货）交易	30	8:00am-3:00pm	7	7
欧元/美元	现金（货）交易	30	2:30am-3:00pm	12	23
日元/美元	现金（货）交易	30	9:00pm-3:00pm	8	15
DGB-德国债券	H-3月份	30	2:00am-1:00pm	7	11
LFT-英国FTSE100指数	H-3月份	30	3:00am-12:30pm	70	90
SB-白糖	H-3月份	30	9:30-1:20	4	21
CL-原	F-1月份	5	9:45-3:10	8	13
HO-暖	F-1月份	5	9:50-3:10	35	135
HU-无铅	F-1月份	5	9:50-3:10	25	85
KC-咖啡	H-3月份	5	9:15-1:32	115	150
NG-天然的	F-1月份	5	9:30-3:10	1.6	5.6

表A.6

商品趋势变化——2001年12月

星期日	星期一	星期二	星期三	星期四	星期五	星期六
2	3 木材 美国债券 玉米 无铅汽油 有价差的燃油品种	4 黄金 天然气	5 白糖 活牛	6 标准普尔 棉花 银	7 瑞士法郎 日元 橙汁	8
9	10 澳元 燃油 伦敦油 天然气	11 英镑 加元 伦敦布伦特油 无铅汽油	12 大豆 铜 无铅汽油	13 生猪 原油 天然气	14 白糖 美元 有价差的燃油品种	15
16	17 可可 棉花 小麦 橙汁	18 标准普尔 美国债券 黄金	19 日元 玉米	20 银 五花肉 燃油	21 加元 伦敦汽油 有价差的无铅汽油品种	22
23	24 生猪 大豆 天然气	25 澳元	26 小麦 橙汁 活牛 美元	27 白糖 伦敦布伦特油	28 有价差的燃油品种 天然气 银 瑞士法郎	29
30	31 燃油 原油 日元 英镑 有价差的无铅汽油品种 标准普尔					

表A.7

能源股趋势变化——2001年12月

星期日	星期一	星期二	星期三	星期四	星期五	星期六
2	3 —	4 EPN	5 EE	6 BP	7 TOT DUK	8
9	10 XOM	11 ENE	12 ETR	13 RD EPN	14 SRE	15
16	17 —	18 —	19 DUK EE	20 —	21 —	22
23	24 —	25 XOM	26 RD EPG BP	27 TOT ETR	28 ENE EPN SRE	29
30	31 —					

表A.8

股票（反转系统）趋势变化——2001年12月

星期日	星期一	星期二	星期三	星期四	星期五	星期六
2	3 ADBE, CBS, QLGC QQQ, SUNQ	4 AFFX, AOL, BGEN JPM, KLAC, MO NOK, SBC, TMX	5 AET, AMGN, BAC GM, GMST, GTW IMNX, LSI, SEBL, T UTX	6 AKAM, BEAS, CA CCU, DELL, HD HWP, IDPH, INKT ORCL, PG, QCOM	7 AES, AGN, CSCO FDX, IBM, JNJ, LEH	8
9	10 AMZN, CC, CRA HGSI	11 C, CCL, ENE SBUX, SNE	12 CAT, SCH, SUNW	13 ADRX, GLW, KLAC NT	14 AFFX, AIG, CLX MU, TLAB	15
16	17 AAPL, CB, CBS CPQ, CSCO, DELL GS, KO, LSI, PVN TXN	18 ADBE, CDO, DISH EMC, FDX, INTC PFE, T, TMX	19 AXP, DUK, GE, PG	20 AET, AGN, GMST LEH	21 HD, LU, USW	22
23	24 BGEN, IBM, MOT UN, UTX ADBE,CDO,DISH,T	25 —	26 AES, BAC, CCL COST, LLY, UAL TMX,PFE,FDX,EMC INTC	27 ADRX, BEAS, SGP TLAB	28 C, CA, DD, HWP JPM, QLGC, TXT	29
30	31 AMGN, ORCL QCOM					

218

表A.9

逻辑交易人每日能源市场评述——2001年12月12日

商品代码	月份	最高价	最低价	收盘价	枢轴	+/−	枢轴	枢轴价幅
CRUDE	F	1840	1792	1808	1813	3	1810	1816
CRUDE	G	1875	1832	1846	1851	3	1848	1854
NAT GAS	F	2820	2670	2803	2764	19	2745	2783
NAT GAS	G	2875	2750	2868	2831	19	2812	2850
UNL GAS	F	5140	4990	5061	5064	1	5063	5065
UNL GAS	G	5280	5150	5220	5217	2	5215	5219
HEAT	F	5070	4960	4999	5010	5	5005	5015
HEAT	G	5200	5090	5145	5145	0	5145	5145
S&P	Z	115200	113350	113650	114067	208	113859	114275
NASDAQ	Z	169700	165300	165550	166850	650	166200	167500

今日逻辑方法：天然气期货F评述

昨日本评述就天然气期货谈到移动平均线形态和出现假突破的可能。昨日出现的行情高点，以及随后出现的市场抛售，印证了ACD系统所指示的方向不明的市场状态。

今日，美国煤气协会（AGA）报告发布前市场表现谨慎轻仓。发布后，三日滚动枢轴价幅2.655-2.675底部构成今日重要支撑。

两周前的星期三，11月28日，盘面大幅震荡。当日市场创出3.200高点，尾盘出现抛售逼近2.700点。当日枢轴价幅顶部2.93-2.95构成今日重要阻力。

今日逻辑方法：原油期货F评述

过去几天里，市场持续走低，枢轴价幅为盘中短线做空提供了行情依据和参考点。

今日枢轴价幅在18.10-18.16。如果市场在18.10下方持续运行，并逼近今日重要支撑区17.45-17.50，ACD做空信号将得到印证。注意，由于历史数据表明本周末走势将出现变化，市场对于最低点17.12的挑战将于明日结束。

本周初开始出现的复苏，将在本周剩余交易时间扭转下跌走势，上冲今日重要阻力区18.80-18.86。枢轴水平从周一开始变化不大，周一当日市场未能上行突破枢轴价幅，随后出现跌落。

表A.10
股票枢轴表——2001年12月12日

股票代码	最高价	最低价	收盘价	枢轴高点	枢轴低点	30日均线	14日均线	动能	8日收盘价
A	30.21	29.26	29.29	29.74	29.44	25.744	27.608+	2.16	27.13
AA	38.77	37.75	38.53	38.44	38.26	36.644	38.464+	−0.07	38.6*
AAPL	22.85	21.65	21.78	22.25	21.94	20.087	21.397+	0.48	21.3
ABGX	33.29	31.1	32.04	32.19	32.09	32.59	34.979−	−3.96	36
ABI	34.37	33.25	33.25	33.81	33.44	30.652	33.616−	0.15	33.1
ABK	56.15	55.16	55.32	55.65	55.43	53.306	55.546+	−0.76	56.08
ABS	33.21	31.7	32.06	32.46	32.19	33.179	33.695−	−1.5	33.56
ABT	55.97	53.8	54.14	54.89	54.39	53.883	54.563+	−0.86	55
ABX	15.18	14.88	15.18	15.13	15.03	15.171	14.929+	0.05	15.13*
ACF	29.25	27.5	27.95	28.38	28.09	22.035	24.743+	4.85	23.1
ACS	99.8	96.55	96.98	98.18	97.38	93.662	95.696+	3.6	93.38
ADBE	35.8	33.65	33.98	34.72	34.23	31.68	34.072+	1.9	32.08
ADI	46.6	44.44	44.57	45.52	44.89	43.404	43.751+	2.07	42.5
ADLAC	27.83	26.7	27.17	27.26	27.2	23.373	25.075+	2.06	25.11
ADP	59.12	58.48	58.78	58.8	58.79	55.439	56.849+	3.32	55.46
ADRX	70.68	67.44	67.71	69.06	68.16	68.221	72.126+	−6.11	73.82
ADSK	42.19	39.95	40.73	41.07	40.84	36.196	37.758+	3.53	37.2
ADVP	27.88	26.02	27.15	27.08	26.95	28.254	27.226−	−0.54	27.69
AEIS	27.98	27.13	27.55	27.56	27.55	23.341	24.917+	3.89	23.66
AEOS	25.65	24.88	25.06	25.26	25.13	26.996	25.021−	0.62	24.44
AEP	42.32	41.44	41.7	41.88	41.76	42.584	41.883−	0.45	41.25
AES	14.7	13.53	13.93	14.11	13.99	15.388	16.34−	−2.59	16.52
AET	30.7	29.93	30.64	30.53	30.32	30.098	30.823+	−0.53	31.17
AFCI	20.34	19.45	19.67	19.9	19.74	19.776	19.997−	0.19	19.48
AFFX	36.89	34.5	35.75	35.73	35.69	34.174	36.534+	−0.47	36.22*
AFL	25.39	24.87	24.92	25.13	24.99	25.957	26.422−	−2.48	27.4
AGE	44.71	43.66	44.22	44.21	44.18	42.686	43.524+	1.62	42.6
AGN	77.07	75.45	75.78	76.26	75.94	73.418	76.144+	0.29	75.49
AHAA	25.55	23.126	23.55	24.34	23.81	26.345	25.611−	−0.45	24
AHC	58.2	57.5	57.53	57.85	57.64	58.028	57.629+	−0.57	58.1
AHP	60.45	58.44	58.75	59.44	58.98	58.179	59.613+	−1.35	60.1
AIG	80	79.16	79.7	79.66	79.58	81.134	81.592−	−2.7	82.4
AL	37.26	35.88	36.74	36.68	36.57	34.381	36.042+	0.74	36
ALA	19.73	19.28	19.34	19.51	19.4	17.665	18.571+	1.33	18.01
ALKS	24.65	21.29	23.01	23	22.97	25.544	24.667−	−1.37	24.38
ALL	32.4	31.5	31.5	31.95	31.65	32.567	33.121−	−2.74	34.24
ALO	24.2	23.3	24.01	23.92	23.75	24.08	23.94+	0.03	23.98
ALTR	25.55	24.42	24.56	24.99	24.7	23.785	24.074+	1.8	22.76
AMAT	45.35	43.5	43.94	44.42	44.1	39.806	41.653+	4.2	39.74
AMGN	65.88	63.88	64.3	64.88	64.49	61.464	65.675+	−2.13	66.43
AMKR	17.8	16.92	17	17.36	17.12	15.2	16.056+	1.43	15.57
AMR	23.22	22.1	22.75	22.72	22.66	19.993	21.575+	1.39	21.36
AMT	7.4	7	7.3	7.27	7.2	8.285	8.272−	−1.5	8.8
ANDW	22.35	21.68	21.91	22.01	21.94	21.385	21.931+	0.9	21.01
ANEN	19	18.14	18.26	18.57	18.36	16.488	17.538+	1.89	16.37
ANF	25.4	24.64	24.86	25.02	24.91	22.335	24.41+	0.86	24
ANN	30.25	28.05	28.62	29.15	28.8	26.669	28.627+	1.35	27.27
AOC	35.23	34.89	34.96	35.06	34.99	36.139	35.635−	−0.87	35.83
AOL	32.78	31.37	32	32.08	32.02	35.152	34.958−	−2.9	34.9
APA	48.69	47.16	47.43	47.92	47.59	48.309	47.047+	1.44	45.99
APC	54.3	53.3	53.7	53.8	53.73	54.737	53.378−	1.8	51.9
APCC	15.31	14.84	15	15.08	15.02	14.143	14.331+	1.24	13.76
APD	46.82	45.6	46.31	46.28	46.21	44.206	46.027+	0.59	45.72
APOL	47.75	45.74	45.74	46.75	46.08	42.722	44.115+	0.86	44.88
ARW	30.02	29.5	29.82	29.8	29.76	26.889	28.057+	2.3	27.52
ASMI	19.3	18.562	18.87	18.93	18.89	16.381	16.289+	4.06	14.81
ASML	19.23	18.64	18.64	18.93	18.74	17.496	18.168+	1.23	17.41
ASO	18.87	18.52	18.67	18.69	18.68	18.302	18.501+	0.35	18.32
AT	62.32	61.7	62.02	62.02	62.01	62.019	63.479−	−3.06	65.08
AVCT	26.3	25.64	25.64	25.97	25.75	21.474	24.666+	1.77	23.87
AVIR	47.1	45.08	46.03	46.09	46.05	37.108	41.02+	8.98	37.05
AVP	49.17	47.9	48.9	48.78	48.53	47.816	48.236+	1.16	47.74
AVT	25.95	25.3	25.34	25.63	25.44	23.218	24.33+	1.59	23.75
AW	12.75	12.46	12.74	12.69	12.6	11.259	11.7+	0.9	11.84
AXP	35.25	34.05	34.25	34.65	34.38	32.735	33.83+	1.34	32.91
AYE	35.79	34.96	34.98	35.38	35.11	36.113	35.066−	0.13	34.85
AZN	45.09	44.26	44.27	44.67	44.41	45.901	45.342−	−1.18	45.45
BA	37.65	36.65	37.07	37.15	37.1	34.89	35.698+	1.97	35.1
BAC	63.05	61.1	62.45	62.32	62.07	62.415	62.83−	1.07	61.38
BAX	51.75	51	51.33	51.38	51.35	49.319	50.587+	−0.67	52
BBBY	32.689	31.8	32.08	32.24	32.13	30.841	32.908+	−0.39	32.47
BBT	35.22	34.66	34.81	34.94	34.85	34.081	34.528+	0.66	34.15
BBY	70.47	68.67	69.2	69.57	69.32	65.436	70.268+	−2.19	71.39
BDK	38	37.74	37.97	37.94	37.87	35.933	36.871+	0.93	37.04
BDX	33.14	32.1	32.59	32.62	32.6	33.868	33.058+	−1.28	33.87
BEAS	17.15	16.53	16.78	16.84	16.8	15.887	17.057+	−0.01	16.79*
BEN	36.55	35.8	36.3	36.26	36.17	35.61	36.404−	0.55	35.75
BGEN	56.66	55.38	55.89	56.02	55.93	56.644	57.832−	−3.02	58.91
BHI	33.8	32.9	33.57	33.5	33.35	34.232	33.655+	0.6	32.97*
BJ	43.09	41.1	41.11	42.1	41.44	47.117	44.284−	−3.89	45

表A.10
股票枢轴表—2001年12月12日（续）

股票代码	7日收盘价	6日收盘价	H／L收盘价	$风险	9日最高价	20日最高价	45日最高价	9日最低价	20日最低价	45日最低价
A	27.51	28.15		95	30.15	30.15	30.15	27.13	23.78	20.79
AA	37.85	38.1		92	39.95	39.95	39.95	37.85	36.3	31.51
AAPL	21.05	22.4		89	23.76	23.76	23.76	20.42	18.97	16.01
ABGX	35.26	35.79	Low_9	156	37.46	37.46	37.46	32.04	31.11	24.69
ABI	30.98	31.84		123	35.18	35.25	35.25	30.98	30.98	25.67
ABK	55.75	55.9	Low_9	128	56.35	56.35	56.35	55.32	51.56	48
ABS	33.54	33.8	Low_20	73	35.44	35.44	35.44	32.06	32.06	31.43
ABT	55.46	55.09	Low_9	87	55.5	55.5	55.5	54.14	52.03	50.98
ABX	15.29	15.25		32	15.49	15.49	16.93	14.96	14.06	14.06
ACF	22.15	22.91		172	28.61	28.61	36.25	22.15	22.15	14.98
ACS	93.61	95.4		195	97.57	97.57	97.57	93.38	91.29	87.3
ADBE	31.96	34.33		155	37.27	37.27	37.27	31.96	30.67	26.4
ADI	41.96	44.65		205	47.73	47.73	47.73	41.96	40.8	35.7
ADLAC	25.46	26.53		99	27.75	27.75	27.75	24.6	20.91	20.91
ADP	55.27	56.09		104	59.85	59.85	59.85	55.27	55.18	48.17
ADRX	72.57	72.89	Low_9	216	75.59	75.59	75.59	67.71	62.88	62.88
ADSK	36.69	37.15	High_45	112	40.73	40.73	40.73	36.69	33.95	33.22
ADVP	27.38	26.8		133	27.69	31.42	39.91	25.97	25.97	25.6
AEIS	22.59	26.83		141	28.91	28.91	28.91	22.59	21.7	16.33
AEOS	22.57	23.26		117	25.63	30.55	30.55	22.57	22.57	22.57
AEP	41.5	42.01		92	42.86	44.48	44.85	40.58	40.44	40.44
AES	16.07	16.61	Low_20	72	16.98	17.64	17.64	13.93	13.93	12.95
AET	30.82	30.94		65	31.55	31.55	32.01	30.63	29.46	27.64
AFCI	18.41	19.01		113	21.71	21.71	22.47	18.41	18.41	17.36
AFFX	35.61	36.03		160	38.09	38.09	38.09	35.51	32.74	16.2
AFL	26.99	26.8	Low_9	57	27.4	27.4	27.4	24.92	24.89	24.46
AGE	41.73	42.55		92	44.81	44.81	44.81	41.73	41.73	36.17
AGN	75.25	74.74		145	76.4	78.1	78.1	74.74	68.8	64.26
AHAA	24.15	26.39	Low_20	186	28.52	28.52	30.05	23.55	23.55	18.9
AHC	58.4	58.75	Low_9	131	60.26	60.68	68.62	57.53	54.15	54.15
AHP	60.99	60.1	Low_9	104	60.99	60.99	60.99	58.75	56.41	55.83
AIG	81.75	82		138	83.15	83.15	86.12	79.6	79.6	77.35
AL	35.32	35.83		83	37.53	37.53	37.53	35.32	34.3	29.65
ALA	17.52	18.42		60	19.89	19.89	19.89	17.52	16.88	11.41
ALKS	23.55	23.5	Low_20	116	25.44	27.1	28.19	23.01	23.01	20.11
ALL	33.95	32.8	Low_20	72	34.24	34.54	36.54	31.5	31.5	31.38
ALO	23.86	23.96		51	24.27	24.51	30	23.86	21.8	20.9
ALTR	22.49	24.32		138	26.98	26.98	26.98	22.49	21.83	18.5
AMAT	39.27	42.43		187	45.91	45.91	45.91	39.27	36.65	31.15
AMGN	65.48	66.66	Low_9	169	68.49	68.49	68.49	64.3	56.52	56.27
AMKR	15.399	16.53		78	18.02	18.02	18.02	15.399	14.18	10.82
AMR	20.94	21.29		82	23.34	23.34	23.34	20.94	17.01	16.46
AMT	8.09	8.1		66	9.35	9.35	16.27	6.9	6.41	5.98
ANDW	21.05	22.64		95	23.82	23.82	23.82	21.01	20.9	17.38
ANEN	16.31	17.8		86	19	19	19	16.31	15.2	13.85
ANF	24.5	24.8		93	26.02	26.02	26.02	23.39	20.75	17.7
ANN	28.4	28.84		115	31.96	31.96	31.96	27.06	26.1	21.67
AOC	35	35.58	Low_9	63	35.9	36.1	43.13	34.96	34.72	34
AOL	33.58	34.75		128	35.83	38.25	38.25	31	31	29.9
APA	47.06	47.93		145	49.23	51.14	54.41	45.99	43.85	43.85
APC	52.8	54.21		149	55.23	58.88	60.44	51.9	50.75	50.75
APCC	13.71	14.36		54	15.26	15.26	15.26	13.71	13.63	12.77
APD	45.6	46.61		93	47.59	47.59	47.59	45.48	43.01	36.84
APOL	44.57	45		118	47.13	47.13	47.13	44.26	39.62	39.62
ARW	27.26	27.95		76	30.7	30.7	30.7	27.26	26.18	22.01
ASMI	14.82	16.79	High_45	73	18.87	18.87	18.87	14.81	14.35	12.2
ASML	17.05	17.85		64	20.12	20.12	20.12	17.05	16.85	13
ASO	18.17	18.49		31	18.81	18.81	18.81	18.17	18.1	16.5
AT	64.98	64.59	Low_9	89	65.08	65.08	65.08	62.02	61.27	57.14
AVCT	23.75	25.6		105	26.62	26.62	26.62	23.75	22.47	15.5
AVIR	41.42	45.15		168	48.77	48.77	48.77	35.59	34.01	26.693
AVP	47.95	47.94		81	49.05	49.05	49.05	47.74	47.3	43.62
AVT	23.85	24.1		70	26.46	26.46	26.46	23.74	22.71	19.31
AW	11.36	11.69	High_20	46	12.74	12.74	13.84	10.74	10.74	9.1
AXP	32.14	33.35		121	35.16	35.16	35.16	32.14	32.14	29
AYE	34.86	35.5		74	36.04	38.27	38.74	34.01	34.01	34.01
AZN	44.5	45.37	Low_45	68	45.77	46.94	48.14	44.27	44.27	44.27
BA	35	35.38		90	37.3	37.3	37.68	35	33.61	32.6
BAC	61.43	62.34		129	63.6	64.99	64.99	61.38	61.38	52.52
BAX	51.48	51.38		96	52	52	53.45	49.6	48	45.95
BBBY	32.4	32.98	Low_9	114	34.94	34.94	34.94	32.08	30.77	24.3
BBT	33.85	34.38		48	35.12	35.12	35.12	33.85	33.85	32.1
BBY	72.55	72.37		192	73.31	73.31	73.31	68.3	64.97	47.2
BDK	36.57	37.05		86	39.4	39.4	39.4	35.55	34.49	32.25
BDX	33.98	34.68		85	34.68	34.68	38.11	32.02	32.02	32.02
BEAS	16.09	17.2		95	18.38	18.38	18.38	16.09	15.75	11.7
BEN	35.2	35.25		81	36.91	37.55	37.55	35.2	35.2	31.64
BGEN	57.35	59.41	Low_9	143	59.41	59.41	59.41	55.89	54.96	53.05
BHI	34.05	35.34		130	36.75	37.38	37.7	32.97	30.65	30.65
BJ	44.24	43.65	Low_45	147	45.15	50.36	52.85	41.11	41.11	41.11

表A.11
股票——2001年7月前两星期

股票代码	最高价	日期	最低价	日期	收盘价	日期	枢轴高点	枢轴低点	A值	升A点	降A点
ADBE	47.84	1010702	39.82	1010713	40.37	1010713	41.52	43.83	0.38	48.22	39.44
ADI	46.31	1010702	38.41	1010710	43.04	1010713	42.36	42.81	0.56	46.87	37.85
AIG	87.10	1010703	83.27	1010711	84.51	1010713	84.74	85.19	0.25	87.35	83.02
AMAT	51.13	1010703	42.16	1010711	46.36	1010713	46.46	46.65	0.43	51.56	41.73
AMR	37.94	1010713	35.01	1010706	37.94	1010713	36.48	37.45	0.24	38.18	34.77
AOL	53.30	1010702	47.63	1010711	49.81	1010713	50.03	50.47	0.29	53.59	47.34
AXP	40.06	1010703	36.60	1010711	39.36	1010713	38.33	39.02	0.22	40.28	36.38
BBY	69.22	1010712	64.09	1010711	68.17	1010713	66.66	67.67	0.50	69.72	63.59
CAT	52.69	1010713	48.77	1010710	52.48	1010713	50.73	51.90	0.32	53.01	48.45
CLS	50.50	1010702	39.90	1010711	45.45	1010713	45.20	45.37	0.56	51.06	39.34
CMVT	58.75	1010702	23.50	1010711	26.82	1010713	31.59	41.13	0.78	59.53	22.72
CPQ	15.50	1010705	13.73	1010711	15.22	1010713	14.62	15.02	0.15	15.65	13.58
DAL	45.89	1010712	42.57	1010706	45.70	1010713	44.23	45.21	0.28	46.17	42.29
DUK	42.30	1010711	38.83	1010703	41.36	1010713	40.57	41.10	0.20	42.50	38.63
ENE	51.50	1010706	47.50	1010702	48.78	1010713	49.02	49.50	0.37	51.87	47.13
ENZN	63.30	1010703	51.34	1010712	55.11	1010713	55.85	57.32	0.60	63.90	50.74
GE	50.20	1010702	44.30	1010711	47.45	1010713	47.25	47.38	0.31	50.51	43.99
HWP	29.16	1010702	25.01	1010711	27.98	1010713	27.09	27.68	0.26	29.42	24.75
IBM	115.40	1010702	101.56	1010711	108.53	1010713	108.48	108.51	0.62	116.02	100.94
IP	38.84	1010713	35.21	1010706	38.65	1010713	37.03	38.11	0.18	39.02	35.03
IR	44.70	1010713	40.63	1010702	44.42	1010713	42.67	43.84	0.28	44.98	40.35
JBL	30.15	1010702	23.08	1010711	27.13	1010713	26.62	26.96	0.40	30.55	22.68
JNPR	32.85	1010702	24.01	1010711	27.44	1010713	27.77	28.43	0.53	33.38	23.48
KLAC	59.11	1010703	45.45	1010711	50.70	1010713	51.23	52.28	0.60	59.71	44.85
KO	46.14	1010713	44.29	1010711	46.01	1010713	45.22	45.75	0.21	46.35	44.08
LEH	77.00	1010705	68.44	1010711	75.19	1010713	72.72	74.37	0.50	77.50	67.94
LSI	20.50	1010702	17.05	1010711	19.19	1010713	18.78	19.05	0.23	20.73	16.82
MEDI	48.08	1010702	40.78	1010711	43.19	1010713	43.60	44.43	0.58	48.66	40.20
MER	59.85	1010703	51.50	1010711	54.50	1010713	54.89	55.68	0.41	60.26	51.09
MMM	117.50	1010703	109.25	1010702	112.23	1010713	112.61	113.38	0.67	118.17	108.58
MO	49.76	1010703	44.00	1010712	44.99	1010713	45.62	46.88	0.30	50.06	43.70
MRK	65.28	1010705	60.35	1010711	61.50	1010713	61.94	62.82	0.25	65.53	60.10
MSFT	73.82	1010703	64.20	1010711	71.34	1010713	69.01	70.56	0.54	74.36	63.66
NKE	45.99	1010712	40.33	1010710	45.13	1010713	43.16	44.47	0.36	46.35	39.97
NTAP	14.22	1010702	10.25	1010711	11.67	1010713	11.86	12.24	0.22	14.44	10.03
NXTL	17.50	1010702	14.30	1010711	17.02	1010713	15.90	16.65	0.23	17.73	14.07
PMCS	31.99	1010702	23.56	1010710	30.05	1010713	27.77	29.29	0.54	32.53	23.02
PSFT	49.35	1010702	39.75	1010711	43.91	1010713	44.12	44.55	0.54	49.89	39.21
QCOM	67.95	1010713	55.22	1010711	65.58	1010713	61.58	64.25	0.82	68.77	54.40
QLGC	65.67	1010702	46.68	1010711	53.06	1010713	54.10	56.18	0.83	66.50	45.85
SANM	24.00	1010702	19.00	1010711	22.14	1010713	21.50	21.93	0.33	24.33	18.67
SGP	37.63	1010710	34.50	1010712	36.89	1010713	36.07	36.62	0.21	37.84	34.29
SLB	54.65	1010706	48.70	1010711	50.45	1010713	50.86	51.68	0.46	55.11	48.24
SWY	49.70	1010705	40.75	1010712	43.05	1010713	43.78	45.23	0.35	50.05	40.40
TER	37.45	1010703	29.76	1010711	33.76	1010713	33.61	33.71	0.41	37.86	29.35
TLAB	19.35	1010702	14.47	1010711	16.98	1010713	16.91	16.96	0.26	19.61	14.21
UNH	65.99	1010713	61.00	1010705	65.79	1010713	63.50	65.03	0.28	66.27	60.72
VRSN	63.22	1010702	48.65	1010711	54.48	1010713	54.97	55.94	0.84	64.06	47.81
XLNX	42.48	1010702	35.08	1010710	40.90	1010713	38.78	40.19	0.50	42.98	34.58
YHOO	20.87	1010705	15.31	1010711	18.25	1010713	18.09	18.20	0.29	21.16	15.03

表A.12
ACD系统—商品—3日滚动枢轴价幅——2001年12月12日

	期货价格				3日滚动枢轴				
Crude Oil **January**	3 D HIGH 1909 7-Dec	3 D LOW 1792 11-Dec	3 D SETTLE 1808 11-Dec	CLF2	3 D PIV 1836	+/-' 14	3 D PIVOT BOX 1822	1850	
Natural Gas **January**	3 D HIGH 2820 11-Dec	3 D LOW 2490 7-Dec	3 D SETTLE 2803 11-Dec	NGF2	3 D PIV 2704	+/-' 49	3 D PIVOT BOX 2655	2753	
Unleaded Gas **January**	3 D HIGH 5275 7-Dec	3 D LOW 4990 11-Dec	3 D SETTLE 5061 11-Dec	HUF2	3 D PIV 5109	+/-' 24	3 D PIVOT BOX 5085	5133	
Heating Oil **January**	3 D HIGH 5200 10-Dec	3 D LOW 4930 7-Dec	3 D SETTLE 4999 11-Dec	HOF2	3 D PIV 5043	+/-' 22	3 D PIVOT BOX 5021	5065	
S&P **December**	3 D HIGH 116550 7-Dec	3 D LOW 113350 11-Dec	3 D SETTLE 113650 11-Dec	SPZ1	3 D PIV 114517	+/-' 433	3 D PIVOT BOX 114084	114950	
Nasdaq **December**	3 D HIGH 171100 7-Dec	3 D LOW 164300 10-Dec	3 D SETTLE 165550 11-Dec	NDZ1	3 D PIV 166983	+/-' 717	3 D PIVOT BOX 166266	167700	
Gold **February**	3 D HIGH 2755 7-Dec	3 D LOW 2717 10-Dec	3 D SETTLE 2729 11-Dec	GCG2	3 D PIV 2734	+/-' 2	3 D PIVOT BOX 2732	2736	
Silver **March**	3 D HIGH 4295 11-Dec	3 D LOW 4220 10-Dec	3 D SETTLE 4275 11-Dec	SIH2	3 D PIV 4263	+/-' 6	3 D PIVOT BOX 4257	4269	
US Bonds **March**	3 D HIGH 10206 7-Dec	3 D LOW 9913 7-Dec	3 D SETTLE 10013 11-Dec	USDH2	3 D PIV 10021	+/-' 5	3 D PIVOT BOX 10016	10026	
Sugar **March**	3 D HIGH 784 7-Dec	3 D LOW 731 11-Dec	3 D SETTLE 735 11-Dec	SBH2	3 D PIV 750	+/-' 8	3 D PIVOT BOX 742	758	
Coffee **March**	3 D HIGH 4790 11-Dec	3 D LOW 4560 7-Dec	3 D SETTLE 4780 11-Dec	KCH2	3 D PIV 4710	+/-' 35	3 D PIVOT BOX 4675	4745	

表A.13
股票数字线数值表——2001年12月12日

日期	Tues.Oct.30	Wed.Oct.31	Mon.Nov.26	Tue.Nov.27	Wed.Nov.28	Thu.Nov.29	Fri.Nov.30	Mon.Dec.3	Tues.Dec.4	Wed.Dec.5	Thu.Dec.6	Fri.Dec.7	Mon.Dec.10	Tue.Dec.11	
AA	33.17	32.31	38.24	38.28	37.94	37.98	38.8	37.66	38.05	39.95	39.5	38.91	38.51	38.48	
Net	-0.88	-0.86	-0.1	0.04	-0.34	0.04	0.82	-1.14	0.39	1.9	-0.45	-0.59	-0.4	-0.03	
plus-	0	0	-2	1	0	0	0	0	0	0	0	0	0	0	
ABCD	0	0	0	0	0	0	0	-2	0	2	0	1	0	-1	Wed.Oct.31
12 Day Cum ABCD	5	5	4	0	2	1	1	0	-1	-1	3	0	4	2	
30 Day Cum +/-	-2	-2	-2	0	0	0	0	0	-1	-1	1	1	0	0	
30 Day Cum ABCD	8	9	11	9	10	8	10	12	12	10	10	11	8	4	
AAPL	17.6	17.56	21.37	21	20.53	20.42	21.3	21.04	22.41	23.75	22.79	22.53	22.54	21.81	
Net	-0.02	-0.04	1.53	-0.37	-0.47	-0.11	0.88	-0.26	1.37	1.34	-0.96	-0.26	0.01	-0.73	
plus-	0	0	0	-2	0	1	0	1	2	0	0	0	0	0	
ABCD	0	0	2	0	-1	2	1	0	0	0	-2	0	0	-2	Thu.Nov.8
12 Day Cum ABCD	-1	-2	0	2	3	0	1	4	5	8	0	6	8	7	
30 Day Cum +/-	1	1	0	0	0	0	0	0	0	0	1	0	0	0	
30 Day Cum ABCD	-2	4	5	4	3	2	5	8	9	9	15	11	9	9	
ABGX	28.61	29.76	34.85	36.12	34.24	35.6	36	35.27	35.84	37.47	37.12	35.66	32.74	32.03	
Net	-0.69	1.15	1.42	1.27	-1.88	1.36	0.4	-0.73	0.57	1.63	-0.35	-1.46	-2.92	-0.71	
plus-	1	0	0	0	-2	1	0	0	0	0	-1	0	0	0	
ABCD	-2	-2	-1	2	-1	-1	0	0	0	2	-1	-2	-2	1	
12 Day Cum ABCD	5	8	-2	-1	6	4	5	0	-1	0	6	3	3	3	
30 Day Cum +/-	-4	-4	-3	-3	-3	-3	-1	-1	-1	-1	-1	0	0	0	
30 Day Cum ABCD	5	8	0	4	4	0	4	4	1	1	5	2	9	-6	
ABI	28.72	29.2	34.7	35.15	33.36	33.66	32.96	30.95	31.79	32.89	35.36	34.74	33.68	33.26	
Net	-0.88	0.48	0.34	0.45	-1.79	0.3	-0.7	-2.01	0.84	1.1	2.47	-0.62	-1.06	-0.42	
plus-	-2	-1	4	3	-4	4	-2	-2	4	3	2	0	-4	-3	
ABCD	-1	-1	-1	0	0	0	0	-1	-1	-1	-1	-1	-1	-1	Thu.Dec.6
12 Day Cum ABCD	-3	-9	-3	4	7	5	9	5	5	9	13	13	13	10	
30 Day Cum +/-	1	1	-2	-2	-2	-2	-2	-3	-3	-3	-2	-2	-2	-2	
30 Day Cum ABCD	3	1	-3	-3	1	0	6	6	6	8	15	15	11	5	

表A.13
股票数字线数值表——2001年12月12日（续）

ABK	48.54	47.99	55.42	55.41	54.03	55.35	55.97	55.66	56.1	56.1	55.92	56.35	55.33	55.33	
Net	-0.29	-0.55	0.05	-0.01	-1.38	1.32	0.62	-0.31	0.44	0	-0.18	0.43	-1.02	0	
plus-	0	0	0	-1	0	1	0	0	0	0	0	0	0	0	
ABCD	0	0	0	1	-2	2	-2	2	0	-3	-2	0	-2	1	
12 Day Cum +/-	1	1	-1	-1	-2	-2	-1	-1	-1	-1	-1	-1	-1	0	
12 Day Cum ABCD	2	0	5	3	6	6	7	3	5	5	2	-2	-4	-4	
30 Day Cum +/-	2	2	1	1	0	0	1	1	1	0	0	0	0	0	Mon.Oct.29
30 Day Cum ABCD	7	5	11	9	8	5	9	9	13	11	10	6	6	1	
ABS	31.52	31.92	33.38	33	33.32	33.7	33.57	33.44	33.79	35.33	34.91	34.05	33.65	32.05	
Net	-0.84	0.4	-0.33	-0.38	0.32	0.38	-0.13	-0.13	0.35	1.54	-0.42	-0.86	-0.4	-1.6	
plus-	0	1	0	0	1	0	0	0	0	0	0	0	0	0	
ABCD	-2	2	-2	-2	2	2	-2	1	0	2	1	-2	1	-2	
12 Day Cum +/-	-1	-1	0	0	0	1	1	1	1	1	2	2	1	1	
12 Day Cum ABCD	2	0	-1	-2	-6	-5	-3	-4	-2	-4	0	4	0	3	
30 Day Cum +/-	-1	-1	0	0	0	1	1	1	1	1	2	2	2	2	
30 Day Cum ABCD	1	3	1	-1	-4	-2	1	1	2	-1	3	6	3	2	
ABT	53.78	53.07	54.04	53.83	54.1	54.5	54.88	55.38	55.09	55.16	54.93	55.14	55.45	54.11	
Net	-0.29	-0.71	0.14	-0.21	0.27	0.4	0.38	0.5	-0.29	0.07	-0.23	-0.21	-0.31	-1.34	
plus-	0	0	0	0	0	0	0	0	0	1	0	0	0	0	
ABCD	0	-2	0	0	0	2	0	2	-2	-1	1	0	2	-2	
12 Day Cum +/-	2	1	1	1	1	1	0	0	0	0	1	1	1	1	
12 Day Cum ABCD	7	5	4	3	3	5	5	5	9	5	6	6	4	4	
30 Day Cum +/-	2	2	2	1	1	1	1	1	1	1	2	2	1	1	Fri.Oct.26
30 Day Cum ABCD	7	8	13	11	9	9	12	14	16	12	13	12	8	10	
ABX	15.81	15.57	14.16	14.68	14.85	14.93	15.13	15.3	15.28	15.4	15.48	15.09	15.03	15.18	
Net	0.01	-0.24	-0.02	0.52	0.17	0.08	0.2	0.17	-0.02	0.12	0.08	-0.39	-0.06	0.15	
plus-	-1	0	0	0	0	0	0	0	0	0	0	0	0	0	
ABCD	0	0	0	2	-1	-1	0	0	2	0	2	-2	0	2	
12 Day Cum +/-	1	0	0	0	0	0	0	0	0	0	0	0	0	0	
12 Day Cum ABCD	4	2	-4	-6	-2	-5	-6	-5	-3	-1	-1	3	-1	0	
30 Day Cum +/-	2	1	0	0	0	-1	-1	-1	-1	-1	-1	-1	-1	-1	
30 Day Cum ABCD	6	2	4	2	4	1	-2	1	1	2	5	7	3	2	
ACF	16.15	15.49	24.74	24.3	22.76	22.8	23.12	22.15	22.9	23.11	27.92	28.6	28.25	27.96	
Net	-1.19	-0.66	0.74	-0.44	-1.54	0.04	0.32	-0.97	0.75	0.21	4.81	0.68	-0.35	-0.29	
plus-	0	0	0	0	0	0	0	0	0	0	0	0	0	0	
ABCD	0	-2	0	0	-2	0	2	0	0	0	2	2	0	1	
12 Day Cum +/-	0	0	0	0	0	0	-1	-1	-1	-1	-1	-1	-1	0	
12 Day Cum ABCD	-1	1	4	2	4	2	0	0	-1	1	1	1	2	4	
30 Day Cum +/-	-2	-2	-1	-1	-1	-1	-1	-1	-1	-1	-1	-1	-1	-1	
30 Day Cum ABCD	-1	-3	-1	1	3	-1	1	3	0	0	0	1	5	4	

日期	Tues.Oct.30	Wed.Oct.31	Mon.Nov.26	Tue.Nov.27	Wed.Nov.28	Thu.Nov.29	Fri.Nov.30	Mon.Dec.3	Tues.Dec.4	Wed.Dec.5	Thu.Dec.6	Fri.Dec.7	Mon.Dec.10	Tue.Dec.11	
ACS	90.61	88.06	96.05	95.92	94.4	95.25	93.51	93.63	95.4	96.3	97.13	97.54	96.75	96.95	
Net	-1.29	-2.55	-0.11	-0.13	-1.52	0.85	-1.74	0.12	1.77	0.9	0.83	0.41	-0.79	0.2	
plus-	0	-1	0	1	0	0	-3	0	0	0	0	0	-1	0	
ABCD	0	-2	0	0	0	0	0	0	2	2	2	-1	0	0	
12 Day Cum +/jm	0	0	0	0	0	0	-1	0	-1	-1	-1	-1	0	-1	
12 Day Cum ABCD	6	7	-4	-4	-1	-1	-1	-3	-5	-5	-1	2	6	4	
30 Day Cum +/-	1	0	-1	0	-1	-1	-1	0	0	0	-1	-1	-1	-2	
30 Day Cum ABCD	21	19	8	7	8	4	6	5	3	6	8	8	8	5	Thu.Oct.18
ADBE	28.74	26.4	34.93	34.28	32.06	33.62	32.09	31.97	34.36	36.64	37.25	36.45	35.73	33.86	
Net	-1.57	-2.34	2	-0.65	-2.22	1.56	-1.53	-0.12	2.39	2.28	0.61	-0.8	-0.72	-1.87	
plus-	-2	2	2	0	-2	2	0	-1	2	2	2	1	0	-2	
ABCD	-1	-1	1	0	1	-1	0	0	-2	0	0	0	0	0	
12 Day Cum +/-	5	4	0	0	2	1	2	0	1	1	5	5	8	7	
12 Day Cum ABCD	0	0	0	0	0	-1	1	0	1	1	1	1	1	1	
30 Day Cum ABCD	15	14	8	11	11	8	12	12	9	9	11	11	9	9	Tue.Sep.4
ADI	35.5	37.99	44.27	42.8	40.75	42.55	42.11	41.97	44.62	47.32	47.73	46.38	44.95	44.57	
Net	-2.5	2.49	2.07	-1.47	-2.05	1.8	-0.44	-0.14	2.65	2.7	0.41	-1.35	-1.43	-0.38	
plus-	-2	0	0	0	-2	3	0	1	0	0	-1	-2	0	0	
ABCD	-2	0	2	-2	-1	-1	-1	-1	2	2	0	0	0	-2	
12 Day Cum pl/-	0	-4	-2	-2	-2	-6	-5	-5	-2	0	0	3	3	3	
12 Day ABCD	-2	0	-2	-2	-2	-2	-1	-1	-1	-1	2	3	3	3	
30 Day Cum +/-	4	2	-2	0	0	-4	1	4	5	5	7	7	9	9	
30 Day Cum ABCD	4	2	-2	0	0	-4	1	4	5	5	7	7	9	9	
ADLAC	21.99	22.1	23.02	23.2	23.15	24.6	25.11	25.46	26.5	27.76	27.72	26.7	26.35	27.07	
Net	-1.05	0.11	0.36	0.18	-0.05	1.45	0.51	0.35	1.04	1.26	-0.04	-1.02	-0.35	0.72	
plus-	0	0	0	1	0	0	2	2	2	0	1	0	0	1	
ABCD	-2	-2	0	-1	1	2	0	2	2	0	0	-2	0	0	
12 Day Cum +/-	-1	-1	0	0	0	0	0	0	0	0	0	0	0	0	
12 Day Dum ABCD	-1	-3	3	6	3	6	8	12	14	16	16	15	11	11	
30 Day Cum +/-	-1	-1	-1	-2	-1	-1	0	0	-1	-1	0	0	-2	0	
30 Day Cum ABCD	-8	-10	-3	-2	-3	-2	2	2	4	4	6	7	4	7	0

227

表A.14
加特曼20个简单交易法则

1. **要想交易成功，必须像基本面信奉者一样深入思考，像技术面信奉者一样操作交易**。必须明白，市场是由基本面驱动的，但是市场也是倚仗技术推动的。只有理解这一点，才可以去交易，才有能力去交易。

2. **要像那些被雇佣的游击队一样交易**。我们的职责是为胜利的一方作战，如果发现另一方占得上风，随时愿意改变立场，把所有资本（心理的和金钱的）都投进去。在这两种资本中，心理资本更重要，也更昂贵。

3. **目标不是低买高卖，而是高买高卖**。我们不知道什么价格是低价，也不知道什么价格是高价。但是，我们勉强可以知道市场的趋势是什么，所以我们要跟趋势走。

4. **在牛市行情里我们只能做多或者保持中性，在熊市行情里我们只能做空或者保持中性**。这好像是明摆着的道理，但是事实并不尽然。

5. **"市场处于非理性的时间会比我们保持有偿债能力的时间要长得多。"** 这是我们的好朋友加利·西灵说的。承认非理智常常主宰市场是明智的，这和学院派的想法完全不同，市场常常完全没有效率，但它在迫使我们平仓离场时又重归理智。

6. **当市场出现极度疲软时要卖出，当市场表现强劲时要买进**。打个比方，熊市时我们要把石头砸向最湿的纸袋，因为他们最容易打破；在牛市时我们需要搭乘最强的风势，因为它能送我们行得最远。

7. **不要急于同市场预测反向操作**。市场预测在重大转折时刻可能出错，但在大趋势运行中却常常正确。保持耐心，不能急躁，进场交易前要三思而行。

8. **要在出现缺口的第一天交易（不论向上跳空还是向下跳空），因为缺口通常预示着市场大幅的价格变化**。在我们对市场进行观察的25年间里，我们越来越重视缺口，但是在24小时交易的世界里，缺口越来越被忽视，在外汇交易中尤其如此。但是，缺口的出现，尤其在股票交易中，仍然常常是很重要的。

9. **交易周期性运行，有时候好，多数时候糟**。交易顺利的时候，要放开胆量扩大规模；不顺利的时候，要小心谨慎缩小仓位。良性时期，小错也会赢利；恶性时期，做足功课都会莫名失败。这就是交易的本质，接受吧。

10. **追加保证金，就是市场以自己的方式告诉你，你的分析和仓位选择实在是错了又错**。别等到追加保证金，平仓吧。

11. **永远都不要增持赔钱的头寸**。永远都不要！没必要再多说了。

12. **在持续的牛市行情或是熊市行情中要重视外部反转交易形态**。图表上的反转日形态预示着驱动市场趋势的动能已经耗竭，要重视这种反转的信号。我们也许无须改变持仓方向，但至少要学会避免在旧趋势上投资。如果出现反转星期和反转月的信号，要更加重视，要更加小心。

13. **要使技术交易系统简单再简单**。复杂系统会引起困惑和迷惘；简单系统则带来效率和精确。

14. **重视并接受正常范围50%–62%的回调，这种回调会把价格带回到主体趋势中**。如果错过了一笔交易，要耐心等待回调时机。在图上价格水平变化之间划出小方格，观察价格回调到这些小方格的频率，然后采取行动。

15. **在交易和投资中，了解大众心理学常常比懂得经济学更重要**。大多数时候，至少部分时候事情确实如此。

16. **要根据牛市行情的强度，熊市行情的弱度，开立新头寸**。如果市场证明趋势有效，第一次加仓也应该根据市场强度，随后的加仓要在回调时进行。

17. **熊市比牛市价格变动更大，熊市的回调比牛市的回调也更剧烈**。

18. **对赢利的交易要充满耐心，对亏损的交易绝对不能有耐心**。

19. **市场是所有参与者知识和智慧的总和；我们没有胆量和市场的智慧背道而驰**。仅仅学到这个道理，就已经学到很多了。

20. **最后，所有规则都有待打破**。问题是打破规则的机会少之又少。

表A.15　ACD方法

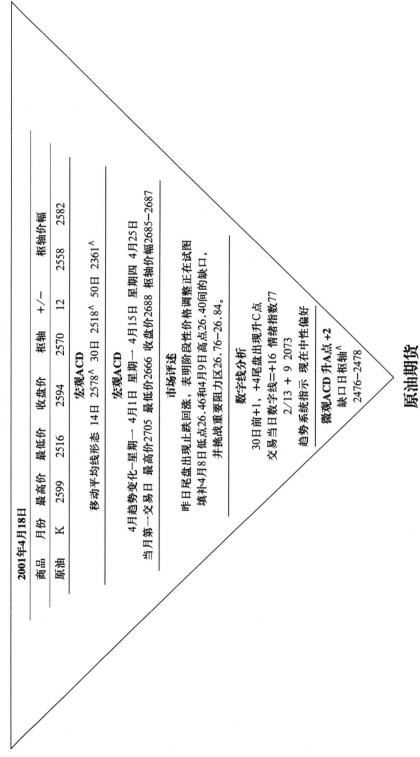

2001年4月18日

商品	月份	最高价	最低价	收盘价	枢轴	+/-	枢轴价幅	
原油	K	2599	2516	2594	2570	12	2558	2582

宏观ACD
移动平均线形态　14日 2578^　30日 2518^　50日 2361^

宏观ACD
4月趋势变化-星期一 4月1日　星期一 4月15日　星期四 4月25日
当月第一交易日　最高价2705　最低价2666　收盘价2688　枢轴价幅2685-2687

市场评述
昨日尾盘出现止跌回涨，表明阶段性价格调整正在试图
填补4月8日低点26.46和4月9日高点26.40间的缺口，
并挑战重要阻力区26.76-26.84。

数字线分析
30日前+1，+4尾盘出现升C点
交易当日数字线=+16 情绪指数77
2/13 + 9 2073
趋势系统指示 现在中性偏好

微观ACD升A点+2
缺口日枢轴^
2476-2478

原油期货

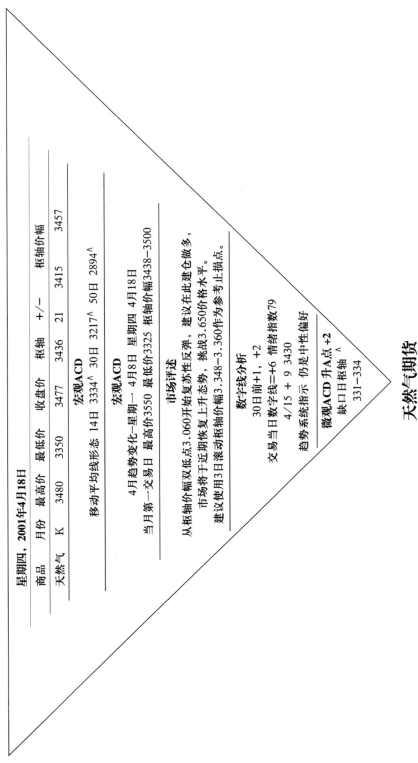

表A.15 ACD方法（续）

星期四，2001年4月18日

商品	月份	最高价	最低价	收盘价	枢轴	+/-	枢轴		枢轴价幅	
天然气	K	3480	3350	3477	3436	21	3415		3457	

宏观ACD

移动平均线形态 14日 3334^ 30日 3217^ 50日 2894^

宏观ACD

4月趋势变化—星期一 4月8日 星期四 4月18日

当月第一交易日 最高价3550 最低价3325 枢轴价幅3438—3500

市场评述

从枢轴价幅双低点3.060开始复苏性反弹，建议在此建仓做多，市场将于近期恢复上升态势，挑战3.650价格水平。

建议使用3日滚动枢轴价幅3.348—3.360作为参考止损点。

数字线分析

30日前+1，+2

交易当日数字线=+6 情绪指数79

4/15 + 9 3430

趋势系统指示 仍是中性偏好

微观ACD 升A点 +2

缺口日枢轴 ^

331—334

天然气期货

231

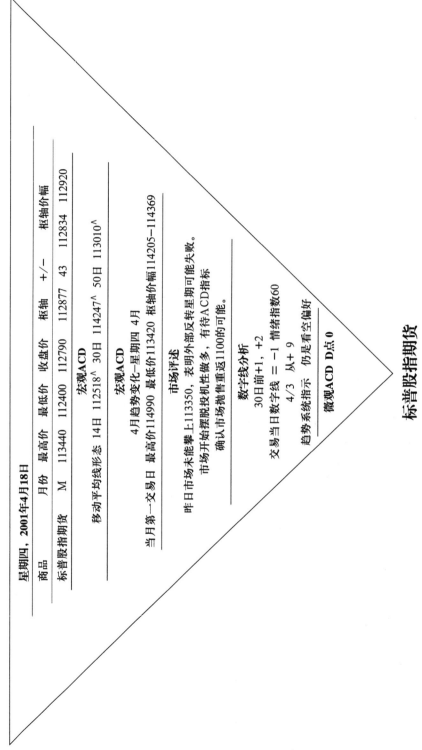

ACD方法（续）

星期四, 2001年4月18日

商品	月份	最高价	最低价	收盘价	枢轴	+/-	枢轴	枢轴价幅
标普股指期货	M	113440	112400	112790	112877	43	112834	112920

宏观ACD
移动平均线形态 14日 112518^ 30日 114247^ 50日 113010^

宏观ACD
4月趋势变化—星期四 4月
当月第一交易日 最高价114990 最低价113420 枢轴价幅114205—114369

市场评述
昨日市场未能攀上113350，表明外部反转星期可能失败。
市场开始摆脱投机性做多，有待ACD指标
确认市场抛售重返1100的可能。

数字线分析
30日前+1, +2
交易当日数字线 = −1 情绪指数60
4/3 从+9
趋势系统指示 仍是看空偏好

微观ACD D点0

标普股指期货

表A.15 ACD方法（续）

星期四，2001年4月18日

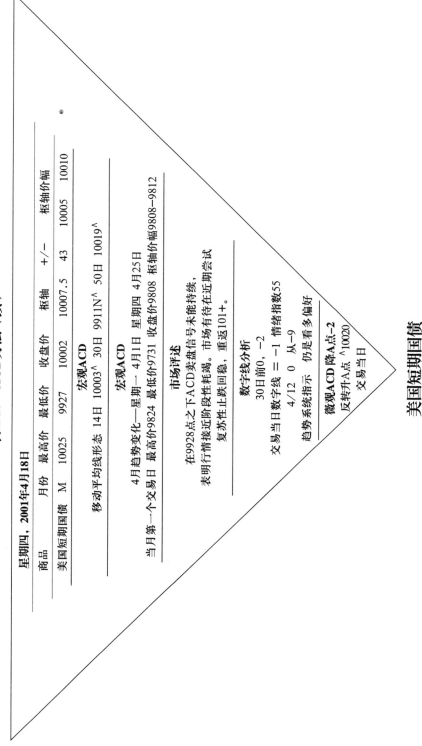

商品	月份	最高价	最低价	收盘价	枢轴	+/-	枢轴价幅	
美国短期国债	M	10025	9927	10002	10007.5	43	10005	10010

宏观ACD

移动平均线形态 14日 10003^ 30日 9911N^ 50日 10019^

宏观ACD

4月趋势变化—星期—4月1日 星期四 4月25日
当月第一个交易日 最高价9824 最低价9731 收盘价9808 枢轴价幅9808—9812

市场评述

在9928点之下ACD卖盘信号未能持续，表明行情近接近阶段性耗竭，市场有待在近期尝试复苏性止跌回稳，重返101+。

数字线分析

30日前0，-2
交易当日数字线 = -1 情绪指数55
4/12 0 从-9
趋势系统指示 仍是看多偏好

微观ACD 降A点-2

反转升A点 ^10020
交易当日

美国短期国债

| 词汇表 |

ACD方法（ACD methodology）　是一套逻辑严谨的交易方法，帮助交易者确定低风险高回报的交易形态。短线交易和长线交易都可以应用。

ACD开盘价幅（ACD opening range）　是根据某个市场开盘所设定的连续应用的时间域。用来计算ACD参考点，并被用做全天交易的参考区。

ACD系统（ACD system）　ACD系统是本书作者马克·费舍尔研发的交易系统，可以用于交易商品期货、股票和货币。

降A点（A down）　是指某种商品期货或股票开盘价幅下方的某个价格水平，距离开盘价幅的位置由这种商品或股票的A值参数来确定。是开仓做空或确定看空的进场价格水平。

升A点（A up）　是指某种商品期货或股票开盘价幅上方的价格水平，距离开盘价幅的位置由这种商品或股票的A值参数来确定。是开仓做多或确定看多的进场价格水平。

A值（A values）　价格增额参数，用于确定升A点或降A点。A值根据所交易的商品或股票而各不相同。

市场的熊市阶段（Bearish phase of the market）　当不同时间域的三条枢轴移动平均线都向下倾斜时，市场就处于熊市阶段，此时价格走势下行。

市场的牛市阶段（Bullish phase of the market）　当不同时间域的三条枢轴移动平均线都向上倾斜时，市场就处于牛市阶段，此时价格走势上行。

公交乘客（Bus people）　是指那些市场交易中的业余的人、信息不足的人和门外汉，在投资中他们几乎总是百分之百选错方向。

降C点（C down）　某种股票或商品的开盘价幅下方的价格水

平，距离开盘价幅一定的价格增额。是确立做空或看空偏好的进场参考点。市场确立降C点的前提是市场已经落实了升A点。

升C点（C up）　某种股票或商品开盘价幅上方的价格水平，距离开盘价幅一定的价格增额。是确立做多或看多偏好的进场参考点。市场确立升C点的前提是市场已经落实了降A点。

C值（C values）　价格增额参数，用于确定升C点和降C点。C值根据不同商品和股票而有所不同。同一商品交易中C值和A值是不同的，同一股票交易中C值和A值完全相同。

市场趋势的转变（Change in trend）　ACD工具使用专有的电脑识别模型技术，判断某个市场小趋势和大趋势统计学的持续平均时长。根据不同的识别模型研究，ACD趋势转变指标会为各种市场在下一个交易月的潜在走势变化做出预测。它是根据各主要商品和股票15年历史价格数据做出的统计分析。

方向不明的市场（Confused market）　当三条不同时间域的枢轴移动平均线出现相互背离时，就会出现方向不明的市场行情，一条向上倾斜，一条向下倾斜，还有一条平行伸展。

每日枢轴价幅（Daily pivot range）　枢轴价幅根据前一个交易日的最高价格、最低价格和收盘价格来计算。ACD系统把这个价格区域看做前一个交易日的核心区。

枢轴价幅公式（Daily pivot range formula）　应用ACD方法计算每日枢轴价幅的公式：

$$\frac{高点+低点+收盘价}{3} = 当天枢轴价格$$

$$\frac{高点+低点}{2} = 第二个数值$$

$$当天枢轴价格 - 第二个数值 = 当天枢轴价差$$

$$\frac{当天枢轴价格}{+/-枢轴价差} = 当天枢轴价幅$$

纪律（Discipline）　纪律的概念怎么强调都不过分。如果交易者不能做到自我克制，ACD系统的概念、观点和方法就不会对他有任何帮助。（见第07章，"ACD版的'雷普利的信不信由你'"）

236

落空的A点（Failed Point A） 根据下面的情形会发生落空的A点：（1）市场到达A点，但是没有在这个价格水平持续停留，随后反转方向，回到开盘价幅区间；（2）市场到达A点，在这个价格水平有所停留，甚至可能穿过这个价格水平。但是没有在这个区域停留超过开盘价幅的一半时长，就反转方向，回到开盘价幅区间。

枢轴价幅附近或区间内落空的A点（Failed A against/within the pivot） 如果枢轴价幅构成强力支撑或者阻力，使得市场在A点或其附近停步不前，就出现枢轴价幅附近或区间内落空的A点。例如，在枢轴价幅区间落空的升A点，确认了这一区间的阻力，提高了在这个价格水平开仓做空的成功概率。相反，在枢轴价幅区间内落空的降A点，确认了这个区域的支撑力，提高了在这个价格水平开仓做多的成功概率。

落空的C点（Failed C） 根据下面出现的情形确定了落空的C点形态：（1）市场到达C点，未能在这个水平停留，随后反转方向，回到开盘价幅；（2）市场到达C点，在这个价格水平持续并突破了这个价格水平，但未能在这里持续停留开盘价幅的一半时长，就反转方向回到开盘价幅区间。

落空的枢轴C点（Failed C against the pivot） 也被称为"险中求胜的交易形态"，通常发生在波动异常剧烈的市场条件下。市场试图反转方向到达C点，直接进入前一个交易日的核心区——枢轴价幅。然后市场像橡皮筋一样反弹回到开盘价幅，这样交易者可以在落空的C点水平得到明确的参考点。

恐惧和贪婪（Fear and greed） 交易者获得成功所必需的两种元素，两种元素必须相辅相成。恐惧，是指对参与市场拥有适度的尊敬；贪婪，是指交易者必须有适度的欲望，愿意促成赢利交易，扩大市场机会。

加特曼20个简单交易法则（"Gartman's 20 Ridiculously Simple Rules of Trading） 《加特曼全球投资通讯》的作者丹尼斯·加特曼出版。这本书给交易人提出许多充满智慧的建议和忠告。

好消息坏行动（Good news/bad action） 是一个常见的交易形态，交易者把ACD方法和市场心理学相结合。这种形态是，市场本应该根据新的基本面进展出现预期的走势变化，但是，由于某种原因，市场没有从技术上回应预期走势变化的信息，使得大多数交易人迷惑不解。

岛形反转形态（Island Reversal Formation） 当市场向上或向下做出假动作时，就出现岛形反转形态，在出现跳空走高后，又出现跳空下跌（或者相反）。

尾盘C点枢轴交易（Late-day Point C pivot trade） 这是ACD系统交易形态中最难得的交易机会。这种形态成功率非常之高，风险非常之低，使得这种交易机会极其富有吸引力。这种形态出现在尾盘时，使得被套住的投机者被迫在闭市前平仓，使得交易成功几率更大。

流动性（Liquidity） 流动性是指买卖价差是否足够小并且市场上是否有足够多的买卖双方，允许交易者进场离场而不会导致大额的投资损失。ACD系统要求有足够的流动性，使交易者可以在特定ACD价格水平或接近这些价格水平进场离场。例如，一个5手合约交易商在铂金期货的市场上能找到足够的流动性，而一个500手合约的投机商可能会认为铂金市场流动性过小。

仓位最大，风险最小（Maximize size, minimize risk） 这个概念是所有成功交易的重要元素。ACD方法应用这个概念来判断交易形态，这些交易形态使用低风险的价格参考区间，如开盘价幅、枢轴价幅和其他ACD区间。

宏观ACD（Macro ACD） ACD系统可以用于长线交易，而不仅仅限于微观短线交易和刷单交易。交易者使用ACD指标，如上涨日或下跌日、数字线数值、趋势反转、滚动枢轴、交易年的前两星期和枢轴移动平均线的斜率，在特定市场确定长期偏好。

缴械投降的交易形态（Mad as hell（MAH）trade） ACD系统判断的这种交易形态，是指与市场主导走势持相反意见的一方，由于情感受挫，导致最终放弃坚持的情形。通常发生在假期延长和市场停盘之后。这期间，交易人有更长的时间对亏损忧虑不安，终于决定在市场复盘时投降放弃。

微观ACD（Micro ACD） ACD系统可以在短线基础上被场内

交易人和即日交易人有效使用。主要由A点、C点、开盘价幅、枢轴价幅、第一小时高点和低点、B点和D点构成。

下跌日（Minus day） ACD系统按照下列公式定义下跌日：

开盘价幅 > 枢轴价幅 > 收盘价 = 下跌日

动能（Momentum） 长线交易人可以使用宏观ACD指标用来判断离场时间。在ACD系统中，动能可以清楚的表明在一段时期内市场中谁是赢家谁是输家。ACD系统工具把交易当日的收盘价和最近8天的收盘价相比较，来判断空方和多方谁占上风。

移动平均线（Moving averages） 移动平均线传统上根据收盘价格确定。由于认为根据收盘价格确定的移动平均线在时间上过于主观，ACD系统使用滚动枢轴移动平均线。

移动平均线背离交易（Moving average divergence（MAD）trade） ACD系统帮助交易者在市场走势上做逆势交易。当三条枢轴移动平均线表现市场方向不明时（一条线向上倾斜，一条线向下倾斜，一条线水平延伸），这种交易形态效果最好，因为快速重新确立趋势的机会很小。合理设置止损点对于MAD交易形态也很重要。并且，应该依据市场情况，根据落实/落空的A点，或者落实/落空的C点进场交易。理想的MAD交易把岛形反转形态的概念也结合进来。

移动平均线的假动作交易（MAF）（Moving average fake-out（MAF）trade） 这种交易情形使用由ACD系统定义的枢轴移动平均线。三条枢轴移动平均线要清晰地在同一方向上运行，市场在枢轴移动平均线斜率方向上出现大幅移动后，开始回探到最短期的枢轴移动平均线上方或下方。但是，市场没有继续回探突破另外两条枢轴移动平均线，而是最后弹回到三条枢轴均线的主导方向，于是交易者在主导趋势上得到明确的建仓参考点。

中性市场（Neutral market） 三条不同时间域的枢轴移动平均线相互平行并水平伸展，就表明市场是中性的。这时，ACD系统要求交易者要保持旁观，等待突破。

下一个！（Next!） 这个概念是依据进场交易后要寻求快速获利的前提。ACD系统不认同"没有付出就没有收获"的说法，这种说法认为，为了成功，应该忍受市场带来的所有情感创痛和经济损失，等待亏损的仓位变为赢利。在"下一个！"概念中，认为如果市场在开仓后一段给定时间未能向预期方向运行，就应该平仓离场，寻找下一个机会。

数字线（Number line）　数字线的主要目标是为了识别市场潜在走势。根据宏观ACD得到过去30个交易日的滚动累计数值总额，如果从0运行到+/−9以上，而且在+/−9以上的数值水平上保持连续两个交易日，就可以表明市场趋势。

外部反转星期（Outside reversal week）　这种ACD交易形态考察当前交易星期和前一交易星期的关系。正如安然公司（ENRON）和1929年以及1933年道琼斯图示所示（见第06章），这种形态给交易者提供低风险参考点，判断潜在的主要的市场反转区域。

枢轴第一小时高点和低点（Pivot first hour highs and lows）　在这个形态中，交易当天第一小时发生的市场活动，用来判断当日枢轴价幅是否包含第一小时出现的高点或低点。随后出现的升A点或降A点，确认了交易当天的偏好，给交易者提供了非常好的低风险进场点。

缺口日枢轴（Pivot on gap）　如果市场跳空开盘，在当日枢轴价幅上方或下方，从这个交易日起市场没有再回到当日枢轴价幅区间，就确立了缺口日枢轴。缺口日枢轴就形成对未来交易日的重要支撑或阻力。

枢轴移动平均线（Pivot moving averages）　枢轴移动平均线是根据枢轴而不是根据收盘价格计算的移动平均线。枢轴移动平均线更真实地表现了每个交易日里交易量集中的价格区间。

上涨日（Plus day）　ACD系统根据下列公式定义上涨日：

开盘价幅 ＜ 枢轴价幅 ＜ 收盘价 ＝ 上涨日

突破枢轴的A点（Point A through the pivot）　如果市场突破A点（升或降）和当日枢轴价幅（见当日枢轴价幅），在确认的A点方向上建仓的风险极小。止损点不在B点，交易者应该把止损点设置在当日枢轴价幅的另一侧。

B点（Point B）　B点是偏好转为中性的价格水平。一旦A点（升或降）确立，止损点就是B点。对于升A点来说，B点水平就是开盘价幅的底部；对于降A点来说，B点水平就是开盘价幅的顶部。

突破枢轴的C点（Point C through the pivot） 如果行情穿过C点（升或降）和当日枢轴价幅（见当日枢轴价幅），在落实的C点方向上建仓的风险就很小。止损点不在D点，交易者要把止损点设置在枢轴价幅的另一侧。

D点（Point D） D点是把偏好转为中性的价格水平，是市场在某个方向上已经确立C点之后的止损点。市场一旦到达D点，交易者就不能再承受更多的损失了，应该平仓离场。

参考点（Points of reference） 这是ACD方法的基石，是指如果选错方向要在哪里离场。ACD方法给交易者提供参考价格水平，凭借这些参考点可以使交易风险降到最小。

随机游走理论（Random walk theory） 随机游走理论认为市场运动是随机发生的，不可预测。这个理论还认为，从长期看，没有人能跑赢大市。在我看来，ACD方法恰好反驳了这个理论（见ACD方法和统计学意义）。

反转交易（Reversal trade） 在近两三年里，这显然是最好的交易形态。不论在公开喊价的交易场里，或者在电脑屏幕前，都是如此。这种交易形态同你在其他出版物中读到的都有所不同，ACD反转交易判断的是市场失效的形态，使得交易者可以在大多数人出现恐慌前抢先进场建仓，从而在随后的市场变化中获益。

滚动枢轴价幅（Rolling pivot range） 通常贯穿3~6个交易日，是交易者进场和离场的参考点。ACD系统使用滚动枢轴价幅作为赢利交易的跟踪止损点，它也可以作为快速退出亏损交易的参考点。滚动枢轴价幅的功能之一就是防止交易者把赢利头寸变得亏损。

情绪背离（Sentiment divergence） 这种ACD交易形态判断出市场价格行为和市场参与者情绪出现的背离状态。这种交易试图辨识出市场出现许多交易者不相信市场近期行为而做出逆市操作的机会。这个交易形态提示交易人，如果市场出现缺口会造成选错方向的交易者随后出现恐慌出逃的行为，可以利用这个机会抢先进场建仓。

重要的时间域（Significant time frames） 短线投机人无需留意长线指标，反之亦然。交易者必须使用适合自己交易风格的指标才能获得成功，并要保持连续性。例如，长线交易人大量使用每年前两星期数据指标（见第02章，图2.5，天然气期货交易实例），而短线交易人完全不用这个指标。

斜率（Slope） 使用枢轴移动平均线时（见枢轴移动平均线），关键是要考察这些线条斜率的变化。斜率的变化体现了市场观念的变化幅度。

小枢轴价幅（Small pivot ranges） 拥有正常交易价格区间的交易日，如果所确定的交易次日枢轴价幅非常狭窄，通常意味着交易次日会出现大幅的价格波动。

统计学意义（Statistically significant） ACD系统最重要的命题就是每个交易日的开盘价幅具有统计学意义。用外行听得懂的语言表达就是说，开盘价幅同交易日里其他的5分钟或者10分钟不同。开盘价幅的时间段在交易日里是最有统计学意义的一个部分，在波动充足的市场里能确立市场五分之一交易时间的顶部或底部。这一概念同随机游走理论恰好相悖。

寿司卷（Sushi roll） 在ACD系统中，寿司卷特指市场走势出现变化的早期示警信号。寿司卷使用5个滚动交易日（或者对于短线交易来说，使用5个10分钟柱）。寿司卷比较最近5个时间增量和前5个时间增量，来判断市场走势是否出现变化。

系统失效交易（System-failure trades） 当市场剧烈震荡，走势不明时出现的交易形态。在这种情形下，确立A点和C点后，市场不能延续走势，常常出现反转，迫使交易者平仓离场。系统失效的交易形态判断出市场不能在这些价格水平上持续，从而交易者可以决定逆市进场。当枢轴滚动平均线处于方向不明的状态时，系统失效交易成功率较高。

3日滚动枢轴（Three-day rolling pivot） 中期持仓者可以使用3日滚动枢轴持仓几天，或在某些赢利的交易中持仓几周。3日滚动枢轴由过去3个交易日内的最高价格、最低价格和收盘价格确定。

时间因素（Time factor） 在交易中，时间比价格重要得多。当确定是否落实升A点或降A点时，市场在这个价格水平停留的时间比这个价格更重要。不成功的交易者确定进场和离场时，更倾向于依赖价格，而对时间倚重不够。

趋势反转交易（TRT）（Trend reversal trade） 在这种ACD交易形态中，市场必须跳空创出新高或新低，并在与缺口相反方向上落实降A点或升A点，随后在交易尾盘出现落空的升C点或降C点。如果市场折回到开盘价幅区间，交易者就可以逆落空C点操作，抓住市场大幅反转的机会。

双向摇摆区（Two-way swing area） 双向摇摆区是指对于这个市场同时构成重要支撑或阻力的价格区间。当市场跳空下跌低于原来的重要支撑区或跳空上涨高于原来的重要阻力区，就形成了双向摇摆区（见第06章，纳斯达克综合指数情形）。

波动性（Volatility） 波动性考察在一段时间内市场的变化幅度。市场可能出现交易量很大的情况，但是市场变化幅度并不显著，那么这种市场并不适宜采用ACD方法操作交易。

书 名	作 者	译 者	定 价
"引领时代"金融投资系列书目			
世界交易经典译丛			
我如何以交易为生	〔美〕加里·史密斯	张 轶	42.00元
华尔街40年投机和冒险	〔美〕理查德·D.威科夫	蒋少华、代玉簪	39.00元
非赌博式交易	〔美〕马塞尔·林克	沈阳格微翻译服务中心	45.00元
一个交易者的资金管理系统	〔美〕班尼特·A.麦克道尔	张 轶	36.00元
非波纳奇交易	〔美〕卡罗琳·伯罗登	沈阳格微翻译服务中心	42.00元
顶级交易的三大技巧	〔美〕汉克·普鲁登	张 轶	42.00元
以趋势交易为生	〔美〕托马斯·K.卡尔	张 轶	38.00元
超越技术分析	〔美〕图莎尔·钱德	罗光海	55.00元
商品期货市场的交易时机	〔美〕科林·亚历山大	郭洪钧、关慧——海通期货研究所	42.00元
技术分析解密	〔美〕康斯坦丝·布朗	沈阳格微翻译服务中心	38.00元
日内交易策略	〔英、新、澳〕戴维·班尼特	张意忠	33.00元
马伯金融市场操作艺术	〔英〕布莱恩·马伯	吴 楠	52.00元
交易风险管理	〔美〕肯尼思·L.格兰特	蒋少华、代玉簪	45.00元
非同寻常的大众幻想与全民疯狂	〔英〕查尔斯·麦基	黄惠兰、邹林华	58.00元
高胜算交易策略	〔美〕罗伯特·C.迈纳	张意忠	48.00元
每日交易心理训练	〔美〕布里特·N.斯蒂恩博格	沈阳格微翻译服务中心	53.00元
逻辑交易者	〔美〕马克·费舍尔	朴兮	45.00元
市场交易策略	〔美〕戴若·顾比	罗光海	48.00元

国内原创精品系列

如何选择超级黑马	冷风树	——	48.00元
散户法宝	陈立辉	——	38.00元
庄家克星（修订第2版）	童牧野	——	48.00元
老鼠戏猫	姚茂敦	——	35.00元
一阳锁套利及投机技巧	一阳	——	32.00元
短线看量技巧	一阳	——	35.00元
对称理论的实战法则	冷风树	——	42.00元
金牌交易员操盘教程	冷风树	——	48.00元
黑马股走势规律与操盘技巧	韩永生	——	38.00元
万法归宗	陈立辉	——	40.00元
我把股市当战场（修订第2版）	童牧野	——	38.00元
金牌交易员的36堂课	冷风树	——	42.00元
零成本股票播种术	陈拥军	——	36.00元
降龙伏虎	周家勋、周涛	——	48.00元

更方便的购书方式：

方法一：登录网站http：//www.zhipinbook.com联系我们；

方法二：登录我公司淘宝店铺（http：//zpsyts.mall.taobao.com）直接购买；

方法三：可直接邮政汇款至：北京朝阳区水碓子东路22号团圆居D座101室

　　　　收款人：白剑峰　　　邮编：100026

注：如果您采用邮购方式订购，请务必附上您的详细地址、邮编、电话、收货人及所订书目等信息，款到发书。我们将在邮局以印刷品的方式发货，免邮费，如需挂号每单另付3元，发货7-15日可到。

请咨询电话：010-85962030 （9：00-17：30，周日休息）

网站链接：http：//www.zhipinbook.com